U0016867

儒家⊛康德

（增訂版）

李明輝

著

原序

　　這五篇論文是筆者於民國75年自西德返國任教以來的一點研究成果，由於它們均直接涉及儒家與康德的觀點之比較，故輯為一冊，名為《儒家與康德》。筆者有這一點小成果，受到兩位恩師——牟宗三先生與黃振華先生——的啟發極大。黃先生是國內知名的康德專家，曾在西德康德研究的重鎮波昂大學研究康德哲學，於1974年以《論康德哲學中理論理性與實踐理性之聯結》的論文取得該校哲學博士學位。據筆者所知，他似乎是中國人在德國攻讀康德哲學而取得博士學位之第一人。筆者在臺灣大學哲學研究所攻讀碩士學位時，曾修過黃先生的「康德哲學」課程，並且在他的指導之下撰寫關於康德哲學的論文。從他那裡，筆者領略了德國學術界的嚴謹作風。也由於他的鼓勵，筆者才決心赴西德波昂大學攻讀康德哲學。

　　牟先生對康德哲學之闡揚亦不遺餘力，曾翻譯《純粹理性批判》、《實踐理性批判》和《道德底形上學之基礎》三書，目前又在翻譯《判斷力批判》。但他並非以康德專家的身分、而毋寧是以哲學家的身分闡揚康德哲學。他的目的不在於對康德哲學作專家式的研究，而在於以康德為橋樑，會通中西哲學，並藉此重新詮釋中國傳統哲學（尤其是儒家哲學）。他一向主張中國哲學

應透過康德融攝西方哲學，並且根據這項構想，在《心體與性體》（三冊）、《智的直覺與中國哲學》、《現象與物自身》、《從陸象山到劉蕺山》、《圓善論》諸書中對儒家哲學作了極具創造性的詮釋，勝義迭出。

今天是西方文化當令的時代，無論我們願不願意，都得面對西方文化的挑戰，而無由迴避。在筆者心智開始成長的階段，我們的知識界瀰漫著一股強烈質疑並反對中國傳統的風氣，知識分子在五四新文化運動的後續影響下，毫無批判地嚮往西方文化。但在筆者今天看來，當時知識分子心目中的西方文化往往不是真實的西方文化，而只是其補償心理的投射下的產物，故不免是片面的、一廂情願的。筆者當時在心智尚未成熟的年紀，已隱約對這股風氣感到不以為然，但因學力與識見之不足，亦無法確切指出其問題之所在。其後筆者偶爾讀了梁漱溟先生的《中國文化要義》一書，深為所動。此書令筆者大開眼界，發現中國傳統文化在西化派的質疑與批評下並非毫無招架的餘地，反倒有許多值得保存與發揚的價值。梁先生在當時一片反傳統聲中，能堅持所信，異軍突起，實不容易，誠屬孟子所謂的「豪傑之士」。筆者因此發心探索中國傳統文化的價值與內蘊，並以此為終身志業。今日筆者對中國文化的理解在許多方面或許已超越了梁先生在此書中的見解，但對此書的啟發仍深懷感激之情，對梁先生的孤懷弘願亦長存敬佩之心。

其後筆者在大學時代接觸了熊十力、唐君毅、牟宗三、徐復觀諸先生的著作，在研究所時代更有幸親炙牟先生門下，得以一窺中國哲學之堂奧。由於牟先生的教誨，筆者領略到：我們今日

闡揚中國哲學，決不能迴避西方哲學之挑戰；中國哲學不能停留在傳統的形態中，而須與西方哲學相照面、相摩盪，始能開出新局面；而在這兩大傳統彼此會通的過程中，康德哲學據有一個關鍵性的地位。

　　牟先生這種看法曾受到許多質疑與批評。以他對儒家思想的詮釋來說，最常受到的批評有兩種：有人認為牟先生將康德哲學的概念硬套在儒家頭上，其實是曲解了儒家。這些人一貫提出的問題是：儒家那有「物自身」、「自律」、「定言令式」等概念？反之，另一些人則認為牟先生所理解的康德是「牟氏的康德」、「英文的康德」，而非康德之原貌，譏其不通德文，無法對康德哲學作專家式的研究。提出第一種批評的人大概不了解概念與思想內涵之分別。譬如，傳統儒家自然沒有「自律」的概念，但這決不表示儒家義理中不包含康德以「自律」概念所表達的思想。我們在孟子的「仁義內在」說之中可見到康德的「自律」概念所包含的全部思想，這決不是比附。這類批評者有時故作學者的謹慎態度，以「不輕下斷言」的姿態自喜。若其說為然，則不但中西哲學不可能相互比較，甚至在同一文化中不同的哲學系統亦不可能相互比較；因為在哲學的領域裡，不但每個系統各有不同的概念，甚至同一個概念在不同的系統中也不會有完全相同的涵義。對於這類批評者，我們只能要求他們深入了解儒家與康德的思想；透過深入的了解，不但可見兩者之同，亦可見其異。牟先生在其書中對儒家所進於康德者，有極透闢而周詳的分析，這決不是一句「硬套」或「比附」就能抹殺的。

　　提出第二種批評的人則不了解哲學思考與專家研究之分

別，或者說，不了解康德所謂「理性知識」與「歷史知識」之分別。康德在《純粹理性批判》的〈先驗方法論〉中指出：一個人縱然學得某位哲學家（譬如吳爾夫）的整個哲學系統，牢記其全部原理、解說和證明、甚至其整個系統的畫分，而至瞭如指掌，仍只能說是擁有吳爾夫哲學的「歷史知識」；因為這些知識並非由他自己的理性所產生，即非由原則所產生，故尚不是「理性知識」。若從「歷史知識」的角度來看，牟先生的康德學自然有所不足，但我們決不能以此抹殺他在「理性知識」方面對康德學的貢獻。提出這種批評者徒然斤斤於某一概念是否符合康德之原意，其實不知哲學思考為何物；更何況他們在歷史知識方面亦不見得超過牟先生！就康德對休謨（David Hume, 1711-1776）哲學的了解而言，他大概不能成為休謨專家，因為他主要係透過德文譯本了解休謨哲學。但誰能否認他在因果律問題上對休謨所作的回應是真正的哲學思考呢？當然，筆者無意否定專家研究之價值；反之，筆者亦反對有些人假哲學思考之名掩飾其基本知識之貧乏。一人而能兼備這兩項條件，固然是最理想之事。但我們決無理由將哲學思考與專家研究混為一談，因為這兩項工作各有其軌範。

德國哲學家尼采（Friedrich Nietzsche, 1844-1900）在《超乎善與惡之外》（*Jenseits von Gut und Böse*）一書中稱康德為「科尼希貝爾格的偉大中國人」，雖是戲言，卻也無意中道出康德與中國哲學（尤其是儒家哲學）在精神上的血緣關係。本書也為這句話提供了一個註腳。因此，筆者要強調：若非牟先生的啟發，決不會有本書之出現。

　　本書的第一篇論文〈儒家與自律道德〉，即是針對黃進興先生的質疑為牟先生的觀點辯護。此文最先於1986年9月28日在第六屆臺北「鵝湖論文研討會」中發表，其後刊載於《鵝湖學誌》第1期（1988年5月）。筆者後來間接得知：黃先生讀了此文之後，不但不以為忤，反而向他的學生推介此文。他這種磊落的胸襟，在目前國內漫無是非的學術環境中彌足珍貴。本書的第二篇論文〈孟子與康德的自律倫理學〉原係應天主教利氏學社之邀於1988年4月23日在臺北「自律與他律研討會」中發表，其後刊載於《鵝湖月刊》第155期（1988年5月）及《哲學與文化》第169期（1988年6月）。第三篇論文〈再論孟子的自律倫理學〉則是就孫振青先生對筆者第二篇論文的評論而作的回應。筆者在此願意強調：當年筆者在國立政治大學求學時，曾修過孫先生的「康德哲學」課程，受益匪淺。筆者在此文中雖對他的觀點作了坦率的辯駁，但絲毫不減筆者對他的敬意與感激之情。第四篇論文〈孟子的四端之心與康德的道德情感〉最初於1989年7月25日在美國夏威夷大學希羅校區（University of Hawaii at Hilo）「國際中國哲學會」第六次國際會議中宣讀，其後刊載於《鵝湖學誌》第3期（1989年9月）。最後一篇論文〈從康德的「幸福」概念論儒家的義利之辨〉則曾於1989年8月17日在中國文化大學主辦的臺北「國際東西哲學比較研討會」中宣讀。

　　本書中這五篇論文可能有不少疏漏之處，切盼高明之士不吝指正。因為筆者深信：真誠的對話與討論是學術進步的真正動力。我們的學術界亟需建立德國哲學家哈柏瑪斯（Jürgen Habermas, 1929- ）所謂「理想的言說情境」或阿培爾（Karl-Otto Apel, 1922-

2017）所謂的「理想的溝通社群」。筆者願藉這本論文集出版的
機會，表達這份衷心的期望。

李明輝

中華民國79年3月於臺北

增訂版序言

　　如果不算譯作，《儒家與康德》是筆者於1986年從德國返國任教後的第一部著作。此書出版於1990年，迄今已逾27個年頭了。此後，「儒家與康德」這個主題依然是筆者的研究重點，並為此陸續發表了不少著作。其中，以專書形式發表的有《康德倫理學與孟子道德思考之重建》（臺北：中央研究院中國文哲研究所，1994年）與《四端與七情——關於道德情感的比較哲學探討》（臺北：臺灣大學出版中心，2005年）[1]二書，均可視為《儒家與康德》一書的續篇。此外，在筆者的下列著作中亦可見到與此相關的篇章：

《當代儒學之自我轉化》。臺北：中央研究院中國文哲研究所，1994年[2]。

1　　【簡體字版】上海：華東師範大學出版社，2008年。
2　　【簡體字版】北京：北京大學出版社，2005年；【韓文版】譯者李敬煥，首爾：全南大學出版部，2013年。

《儒家視野下的政治思想》。臺北：臺灣大學出版中心，2005 年[3]。

《儒學與現代意識》。臺北：臺灣大學出版中心，2016 年增訂版。

Konfuzianischer Humanismus. Transkulturelle Kontexte. Bielefeld: transcript, 2013.

Confucianism: Its Roots and Global Significance. Edited by David Jones, Honolulu: University of Hawai'i Press, 2017.

因此，如果說：「儒家與康德」這個主題貫穿著筆者多年來的哲學研究，亦不算誇張。

在這段期間內，筆者除了在臺灣的大學授課之外，近年來經常應邀到中國大陸的大學（如廣州中山大學、武漢大學、山東大學、上海華東師範大學）講學，難免會涉及「儒家與康德」的主題。不少學生都希望參閱此書。因此，幾年前聯經出版公司就希望筆者修訂並擴充此書的內容。但因筆者的研究工作繁重，加上健康出了問題，此事便耽擱下來。

直到前年六月，美國維思里安大學（Wesleyan University）哲學系教授安靖如（Stephen C. Angle）來信告訴我：他在他的「比較哲學」的課程中讓一位華裔學生余景聰（Maxwell S. Fong）評論我這本書，並寫成一篇評論文章。安靖如教授將這篇文章收入他所編的電子書 *Comparative Philosophy: Reviewing the State of the Art*。我看了余景聰的評論之後，覺得很難簡單回應。因為《儒家與康德》出版之後，在中文學術界引起了一些討論與批評。針對

3　【簡體字版】北京：中國社會科學出版社，2001 年；【越南文版】河內：河內國家大學，2014年。。

這些討論與批評，筆者在其後發表的著作中陸續有所回應與補充。但余景聰的評論並未考慮這些著作。這凸顯西方漢學研究中存在的一個很奇特的現象：除了少數的例外，上一代的西方漢學家幾乎不參考中文的二手資料，只是在西方文獻（特別是英文文獻）裡打轉。這種心態實在很奇怪。因為筆者研究德國哲學時，不會不參考德文的二手資料，為什麼研究中國哲學的西方學者就可以不參考中文的二手資料呢？安靖如教授讓他的學生評論《儒家與康德》，表示他已意識到這個問題，而開始改變態度，並願意與中文世界對話。這是值得肯定的。

　　前年十一月筆者應武漢大學國學院之邀，去年十月應華東師範大學思勉人文高等研究院之邀，擔任講座教授。為了讓研習中國哲學與西方哲學的學生都能受益，筆者在兩校都以「儒家與康德」作為講座的主題。由於這些機緣，筆者深深感受到增訂此書的迫切需要。最近筆者特別騰出時間，對此書作了全面的修訂。此書的主體部分原先包含五篇論文，增訂版增加兩篇尚未收入筆者其他著作的論義，即〈從康德的實踐哲學論王陽明的「知行合一」說〉[4]與〈從康德的「道德宗教」論儒家的宗教性〉[5]。筆者

4　此文原刊於《中國文哲研究集刊》，第4期（1994年3月），頁415-440；亦刊於韓國《中國學報》，第34輯（1994年7月），頁25-43。修訂版刊於王中江主編：《中國觀念史》（鄭州：中州古籍出版社，2005年），頁507-529。本書採用修訂版。

5　此文先後收入哈佛燕京學社編：《儒家傳統與啟蒙心態》（南京：江蘇教育出版社，2005年7月），頁228-269；李志剛・馮達文編：《從歷史中提取智慧》（成都：四川出版集團巴蜀書社，2005年9月），頁1-49；李明輝、林維杰：《當代儒家與西方文化：會通與轉化》（臺北：中央研究院中國文哲研究所，2007年12月），頁15-70。

的修訂主要著重於體例的統一、小標題的擬訂、措辭的修飾與引用資料的更新,在內容方面基本上保持不變。筆者在修訂本書的過程中得到王又仕先生的協助,在此謹致謝忱。

　　正如上文所述,要完整了解筆者關於「儒家與康德」這個主題的觀點,還得參閱筆者上述的其他著作。此書已有金基柱與李基薰的韓文譯本(首爾:Yemoonseowon,2012年),希望增訂版之出版可進一步促進中外哲學界的交流與對話。

李明輝

中華民國107年2月於臺北

本書引用康德著作縮寫表

KGS = Kants Gesammelte Schriften (Akademieausgabe).

KrV = Kritik der reinen Vernunft.

KpV = Kritik der praktischen Vernunft.

MS = Die Metaphysik der Sitten.

GMS = Grundlegung zur Metaphysik der Sitten.

Rel. = Die Religion innnerhalb der Grenzen der bloßen Vernunft.

目次

導 論

　　在西方如此多哲學家當中，特別挑出德國哲學家康德與儒家相比較，這決不是出於一時的興會，亦非出於個人的偏好。對西方哲學稍有了解的人大體都知道：康德在西方哲學中有其獨特的貢獻與地位，因為正如他自己所言，他在知識論中造成一種思考方式的根本轉向，類乎哥白尼在天文學中的貢獻[1]，故這種轉向被稱為「哥白尼式的革命」。這場革命使康德以後的西方知識論不能不正視知識的「主體性」問題。但康德在這方面的貢獻與傳統儒家思想並無直接的相切點，因為知識論並非傳統儒家思想的重點。不但是傳統儒家，甚至整個中國傳統文化均以實踐哲學為其勝場，而在理論哲學方面則極為虛歉。這點與西方哲學正好形成一個鮮明的對比。我們固然不能說：傳統的西方哲學家不重視實踐哲學；但是在康德以前，西方的實踐哲學（尤其是道德哲學）

---

[1]　請參閱：*Kritik der reinen Vernunft* (以下簡稱*KrV*), hrsg. von Raymund Schmidt (Hamburg: Felix Meiner, 1976), BXVI & BXXII Anm. (A = 1781年第1版，B = 1787年第2版)

多半是理論哲學之延伸，其本身無獨立的地位。過去的西方哲學
家在建立其哲學系統時，並不以道德哲學為其基礎或核心。斯賓
諾莎（Baruch de Spinoza, 1632-1677）雖然將其主要著作名為「倫
理學」，但這基本上是一部形上學著作。直到康德建立「道德底
形上學」（Die Metaphysik der Sitten），提出「自律」（Autonomie）
的原則，這種情形才有了根本的扭轉。康德在《道德底形上學之
基礎（*Grundlegung zur Metaphysik der Sitten*）及《實踐理性批判》
（*Kritik der praktischen Vernunft*）二書中對過去西方的倫理學系統
作了全面性的批判，一概歸之於「他律」（Heteronomie）的原則；
可見他也意識到自己在倫理學方面造成了一場革命，美國學者西
爾柏（John R. Silber, 1926-2012）獨具慧眼地稱之為「倫理學中
的哥白尼式革命」[2]。正由於他在倫理學思考中造成的這種革命，
康德哲學與儒家思想才有接榫之處。

　　這種「倫理學中的哥白尼式革命」實具有多方面的涵義，這
些涵義可以顯示康德哲學與儒家思想間的本質關聯。首先，筆者
要指出：康德是西方哲學史中第一個建立「道德底形上學」的哲
學家。根據康德的構想，道德底形上學其實就是「純粹道德學，
其中並無人類學（無經驗條件）作為基礎」[3]。康德建立道德底形
上學，並非要提出一套獨特的倫理學系統，以與其他的倫理學系
統相競爭，而是要說明道德的本質。道德的本質不是任何哲學家

2　John R. Silber: "The Copernican Revolution in Ethics: The Good Reex-
　amined", in: Robert Paul Wolff (ed.), *Kant: A Collection of Critical Essays*
　(Notre Dame: University of Notre Dame Press, 1967), p. 266.

3　*KrV*, A841f./B869f.

所能規定的，而是已經隱含在一般人的道德意識中。但一般人並不能以反省的方式說明其實際秉持的道德法則；借匈牙利裔英國哲學家波藍尼（Michael Polanyi, 1891-1976）的用語來說，一般人對道德法則的意識只是一種「隱默之知」（tacit knowing）[4]。康德將這種存在於一般人的意識中的道德法則稱為「純粹實踐理性底事實」（簡稱「理性底事實」）[5]。道德底形上學旨在藉哲學性反省抉發「理性底事實」之內涵，以確定道德的本質。因此，康德的倫理學係以「通常的人類理性」（gemeine Menschenvernunft）為出發點。故他在《實踐理性批判》一書中針對提泰爾（Gottlob August Tittel, 1739-1816）的批評寫道：

> 一位想對本書有所責難的評論家說：在本書中並未提出一項新的道德原則，而僅提出一項新的程式；當他這麼說的時候，他比他自己可能想要說的還更中肯。但是，有誰真的想為一切道德引進一項新的原理，並且彷彿首度發現道德，就好像在他以前，整個世界對於義務為何物一無所知或者全都弄錯了？[6]

---

4   Michael Polanyi: "Tacit Knowing", in: idem, *The Tacit Dimension* (Garden City/N.Y.: Anchor Books, 1967), pp. 1-25.

5   見 *Kritik der praktischen Vernunft*（以下簡稱 *KpV*），*KGS*, Bd. 5, S. 31 & 47; *Die Metaphysik der Sitten*（以下簡稱 *MS*）, *KGS*, Bd. 6, S. 252; *Opus Postumum*, *KGS*, Bd. 21, S. 21; 參閱拙著Ming-huei Lee: *Das Problem des moralischen Gefühls in der Entwicklung der Kantischen Ethik* (Taipei: Institute of Chinese Literature and Philosophy, Academia Sinica, 1994), S. 218-228. (*KGS = Kants Gesammelte Schriften*, Akademieausgabe)

6   *KpV*, *KGS*, Bd. 5, S. 8 Anm.

　　同樣的，儒家講仁義道德，總不離人倫日用之間，決不抽象地、懸空地說。借用王船山的話來說，儒者必須「即事以窮理」。儒家的聖人制禮作樂，亦本乎人心。聖人不過是「先得我心之所同然」。一般人的道德意識正如孟子所說的，「行之而不著焉，習矣而不察焉，終身由之而不知其道」聖賢不過是能自覺到此「道」之本乎人心而貞定之，且將之落實於生活世界中。這種特色表現在思想方式上，即是偏重具體性解悟。孔、孟在與弟子或時人對談時，多隨事指點之，此即具體性解悟之表現。孔子答弟子問仁，常針對不同的情境提出不同的答案。今人對西方思想略知皮毛者，往往視之為「仁」的定義，而不知唯有在抽象性解悟中始有定義可言。定義而可變換內容，焉得為定義？又如孔子修《春秋》，寄道於史，依事顯理，亦是具體性解悟之表現。在具體性解悟中所顯的事理即宋明儒所謂的「實事實理」，亦即康德所謂的「理性底事實」。

　　依康德之見，「理性底事實」包含「道德之善」與「自然之善」的區別，借西爾柏的用語來說，即「善之異質性」（the heterogeneity of the good）[7]。換言之，一般人只要以有理性者自居，決不會混淆道德意義的「善」與非道德意義的「善」。道德意義的「善」是絕對的、無條件的「善」，即無法化約為其他價值的「善」。康德在《道德底形上學之基礎》第一章的開頭就指出：「在世界之內，甚至根本在它之外，除了一個善的意志之外，我們不可能設想任

7　　John R. Silber, op. cit., p. 278ff.

何事物，它能無限制地被視為善的。」[8] 這句話與《孟子·梁惠王篇》首章論義利之辨的話實有異曲同工之妙，均表現出最純粹的道德意識。東西兩大聖哲可謂莫逆於心！由康德這句話引申出另一項結論：「善的意志之為善，並非由於其結果或成效，即非由於它宜於達成任何一項預定的目的，而僅由於意欲〔……〕」[9] 故康德的倫理學屬於德國哲學家所謂的「存心倫理學」（Gesinnungs-ethik），而非「功效倫理學」（Erfolgsethik）。同樣的，如果我們將「義利之辨」、「義命之分」及「尊王黜霸」之說視為儒家的基本思想，儒家的倫理學無疑也屬於「存心倫理學」。

康德透過哲學性反省分析我們的道德意識中所隱含的「理性底事實」，發現道德的最高原則為「自律」，即道德主體之自我立法。無獨有偶，孟子亦有「仁義內在」說，此說所表示的基本意涵即是道德主體之「自律」[10]。康德的分析充分顯示出：「存心倫理學」必為「自律倫理學」所涵。牟宗三先生即以朱子所倡者為他律道德，判定朱子學非儒學之正宗，而是「別子為宗」。康德倫理學實有助於澄清這段學術公案。

8　*Grundlegung zur Metaphysik der Sitten* (以下簡稱*GMS*), *KGS*, Bd. 4, S. 393. 此書有筆者之中譯本《道德底形上學之基礎》（臺北：聯經出版公司，1990年）。由於此中譯本在邊頁中附有德文原版之頁碼，讀者不難據此找出引文所對應的譯文，故筆者不另註明中譯本之頁碼。

9　同上註，S. 394.

10　請參閱牟宗三：《圓善論》（臺北：臺灣學生書局，1985年），頁12-27〔22: 11-26〕。本書依單行本引用牟先生的著作，但將《牟宗三先生全集》（臺北：聯經出版公司，2003年）的冊數及頁碼附於其後。例如，〔22: 11-26〕表示：第22冊第11-26頁。

　　再者，儘管一般人在其道德意識中隱然含有這項「理性底事實」，但在「百姓日用而不知」的情況下，其道德意識往往不能免於康德所謂「自然的辯證」，亦即「一種癖好，以詭辯反對那些義務法則，懷疑其有效性（至少懷疑其純粹性和嚴格性），並且盡可能使之順應我們的願望和愛好，也就是說，從根敗壞之，且剝奪其全部尊嚴」[11]。因此，建立一門道德底形上學，不僅有思辨上的需要，而且有其重要的實踐意義。康德在《道德底形上學之基礎》中寫道：

　　　　〔……〕一門道德底形上學是不可或缺而必要的，這並非僅出於思辨底動因，以便探索先天地存在於我們的理性中的實踐原理之根源，而是因為倘若我們欠缺這項導引及用以正確地評斷道德的最高規準，道德本身就會不斷受到各種腐蝕。[12]

他在《道德底形上學》一書中也寫道：「〔……〕擁有這樣的一門道德底形上學本身便是是義務，而且每個人自身也擁有它（儘管通常是以隱晦的方式）；因為若無先天原則，他如何能相信自身擁有一種普遍的立法呢？」[13]換言之，建立道德底形上學不止是理論之事，而是實踐工夫的一部分。

11　*GMS*, Bd. 4, S. 405.

12　同上註，S. 389f.

13　*MS, KGS*, Bd. 6, S. 216. 此書亦有筆者之中譯本《道德底形上學》（臺北：聯經出版公司，2015年）。此中譯本在邊頁中亦附有德文原版之頁碼。

　　同樣的，儒家的義利之辨也需要道德底形上學來證成。但儒家並未像康德那樣，發展出一套完整的論證策略，來證成道德法則的有效性[14]。先秦儒家多採「當機指點」的方式來純化道德意識，孟子且提出「擴充」、「養氣」等工夫論。至宋、明儒學（尤其是王學），更發展出各種精微的工夫論。在另一方面，《孟子》、《中庸》、《易》傳亦各自包含一套基於道德主體而建立的形上學，牟宗三先生特別稱之為「道德的形上學」（moral metaphysics），以別於「道德底形上學」[15]。其實依康德對哲學（理性知識之系統）的構想，牟先生所謂「道德的形上學」應可歸入「道德底形上學」中。因為康德將形上學理解為「純粹理性之系統」，而依理性之運用將形上學二分為「自然底形上學」與「道德底形上學」[16]。康德雖然未像儒家那樣，根據道德主體發展出一套形上學（他僅據此建立一套道德神學），但康德哲學實包含這種發展的可能性；後來菲希特（Johann Gottlieb Fichte, 1762-1814）根據「絕對自我」（道德自我）而建立的理念論系統即證明了這種發展的可能性。儒家的工夫論與其「道德的形上學」其實是一體之兩面，均是以人的道德意識為出發點。有些學者認為：宋、明儒所發展出來的「道德的形上學」是受到佛、老的刺激而產生，並不合先

14　關於康德的論證策略，請參閱拙作：〈獨白的倫理學抑或對話的倫理學？——論哈柏瑪斯對康德倫理學的重建〉，《科學發展月刊》，第18卷第1期（1990年1月），頁40-41；亦見拙著：《儒學與現代意識》（臺北：臺灣大學出版中心，2016年增訂版），頁363-367。

15　請參閱牟宗三：《心體與性體》，第1冊（臺北：正中書局，1973年），第1部，第3章。

16　*KrV*, A841/B869; 參閱A845/B873.

秦儒學（他們喜歡使用「原始儒學」一詞）所代表的基本方向。
宋明儒學受到佛、老的刺激固是事實，但這不表示它偏離先秦儒
學的基本方向；因為宋、明儒的「道德的形上學」主要是承自《孟
子》、《中庸》、《易》傳，佛、老的刺激僅是一項外緣。這些問題
的內在關聯均可透過康德哲學得到相當程度的澄清。

　　康德在《純粹理性批判》一書中對傳統的思辨形上學（speku-
lative Metaphysik）作全面性的批判，證明其不可能性，而傳統形
上學的重要問題（上帝之存在、靈魂之不滅及意志之自由）也再
度受到質疑。但康德對傳統思辨形上學的批判只是其哲學工作的
一面（消極面），其目的在於為建立實踐哲學鋪路。依其「理體」
（Noumenon）與「事相」（Phaenomenon）的兩層存有論，人類
知識僅以「事相」為其範圍，而無權延伸到「理體」。上帝之存
在、靈魂之不滅及意志之自由均屬「理體」，故非人類知識的對
象，亦即非思辨理性所能把握。但思辨理性所不及之處，卻是實
踐理性之勝場。他在《實踐理性批判》中便根據道德法則的實在
性重新證成上帝之存在、靈魂之不滅及意志之自由，此無異肯定
實踐理性對於思辨理性的優先性。唯有在實踐理性的優先性之前
提下，「道德底形上學」、甚至「道德的形上學」才有可能成立。
故在康德哲學的基本架構下，知識與道德判然而異，各有分際，
但兩者之關係亦有合理的說明。

　　傳統儒家的「道德的形上學」顯然屬於「理體」的範圍，也
肯定道德主體（實踐理性）的優先性。但他們未嘗不意識到道德
與知識間的分際，如《中庸》的「尊德性」與「道問學」、宋儒
的「德性之知」與「見聞之知」，均有分辨道德與知識的意味。

例如，王陽明在解釋《論語・八佾篇》中「子入太廟，每事問」一語時，便反對朱注引尹焞「雖知亦問，謹之至」之說，而認為：「聖人無所不知，只是知箇天理。〔……〕聖人於禮樂名物，不必盡知。」[17]可見王陽明對道德與知識的分際有清楚的意識，反倒是朱子混淆了道德與知識，不能賦予知識獨立的意義。但目前有些指摘儒家的「泛道德主義」的學者卻對朱子情有獨鍾，希望根據朱子學建立獨立的知識傳統，豈不怪哉！因為縱然說儒家有「泛道德主義」，也正是在伊川、朱子這一系表現得最顯著。想以朱子學來建立學統，豈非緣木求魚？儘管傳統儒家欠缺一套知識論，對道德與知識的關係未能提出深入的說明，但他們對道德的本質有深刻的了解（至少就其主流而言）。在這方面，同樣肯定道德主體之優先性的康德哲學實可幫助儒家釐清道德與知識的關係，使中國傳統文化中所欠缺的學統有獨立發展的餘地。

　　以上所論，主要在於強調康德哲學與儒家思想之相同點；但兩者在其哲學人類學的架構方面卻有根本的差異。按照傳統儒家的說法，這屬於心性論的問題。晚期的康德在構想道德主體性時，係採一個情感與理性二分的架構，將道德主體僅視為理性主體，而將一切情感（包括道德情感）歸諸感性，排除於道德主體之外。按照宋、明儒的說法，這是個心、理二分的間架。但儒家由孟子開始，便明顯地採取一個心、理為一的間架，象山、陽明倡「心即理」之說，即是直接承自孟子。在另一方面，朱子倡「性

17　陳榮捷編：《王陽明傳習錄詳註集評》（臺北：臺灣學生書局，1983年），卷中，第227條，頁303。

即理」，採取一個心、理二分的義理間架，反倒接近康德的立場。
有人可能會問：既然朱子心性論的義理間架近乎康德的主體性架
構，何以朱子的倫理學反而屬於他律倫理學呢？其理並不難明
白，因為在康德的系統中，道德主體雖僅是理性主體，這個理性
主體卻也是道德法則的制定者；但在朱子的理、氣二元的間架中，
性只是理（道德法則），心則旁落於氣，只能認知地賅攝理，而不
能規定之。再者，縱然在康德的倫理學系統中，其情感與理性二
分的間架也具有無法化解的矛盾。筆者在以德文撰寫的專論《康
德倫理學發展中的道德情感問題》（*Das Problem des moralischen
Gefühls in der Entwicklung der Kantischen Ethik*）中，已對康德的
這個主體性架構作了一項內在的批判，並且顯示出修正這個架構
的必要性。這無異是從反面證明了「心即理」說的必然性。事實
上，康德以後的德國倫理學（包括席勒、菲希特、黑格爾，以及
現象學倫理學）之發展也顯示出這種趨向。因此，儒學與康德哲
學之比較不但有助於了解儒學的問題，亦有助於了解康德倫理學
的限制，而為之定位。筆者將在以下各篇論文的討論中設法證明
這點。

儒家與自律道德

一、前言

　　1984年10月20日出版的《食貨》月刊第14卷第7/8期合刊登載了黃進興先生的一篇大作〈所謂「道德自主性」：以西方觀念解釋中國思想之限制的例證〉。黃先生此文旨在檢討國內學者借用康德的倫理學概念解釋儒家思想之得失，特別是針對這個問題：康德倫理學中的「自律」（Autonomie，或譯為「自主性」）概念能否說明儒家倫理學之本質？國內學者中以「自律」概念來說明儒家倫理學之本質者，黃先生舉出牟宗三、林毓生兩位先生為代表，但其文主要是針對牟先生而發。

　　黃文發表時，筆者正在西德求學，無緣拜讀此文。1986年夏筆者返國，始聞友儕談及此文。據友儕稱，此文一出，在國內史學界頗受重視；甚至有人認為此文是國內近年來在思想史研究方面的一篇難得的傑作。但由於忙於教學工作，直到近日，筆者始有暇拜讀此文。拜讀之後，筆者發現：此文的論點基本上建立在三重的誤解上：對康德倫理學的誤解、對儒家的誤解，以及對牟

先生的觀點的誤解。身為康德研究者、關心儒家學術者及牟先生的弟子，筆者深覺有義務對此文作一回應，澄清其中所牽涉到的問題。

　　牟先生近二十年來先後發表了《心體與性體》、《從陸象山到劉蕺山》、《智的直覺與中國哲學》、《現象與物自身》、《中國哲學十九講》及《圓善論》，並且譯註康德的《道德底形上學之基礎》（*Grundlegung zur Metaphysik der Sitten*）和《實踐理性批判》（*Kritik der praktischen Vernunft*），合為《康德的道德哲學》一書。在這些著作中，牟先生以康德的「自律」概念為判準，來說明並分判儒家的倫理學系統。根據這個判準，他判定儒學在基本型態上屬於「自律倫理學」；而朱子系統不在此列，而是「他律倫理學」（Ethik der Heteronomie），是「別子為宗」。對於牟先生的這套詮釋，各方反應極為分歧。譽之者目為當代中國思想界對儒學最具開創性的詮釋。反對者則認為這是把康德哲學硬套在儒家身上，反使儒學的本質湮而不彰。當然，亦有半信半疑者。面對這些分歧的反應，重新釐清康德的「自律」概念，以決定儒家倫理學之基本性格，縱使在黃文發表後近三年的今天，仍然不失其意義。因此，筆者的目的不在批評黃文，而在澄清問題。在以下的篇幅中，筆者不擬對黃文作一全面的批評，而僅就與「自律」概念相關的問題作一分疏。

　　為了討論之方便，筆者先將黃文的要旨在此作一撮要的敘述。黃先生承認：儒家學說中的確有某些部分可與康德的道德哲學相通；譬如孟子的性善說支持康德把道德的根源置於個人的內在抉擇，而孔、孟對道德行為的推崇也可彰顯康德反覆強調道德

善與幸福不能等同之義[1]。但黃先生進一步指出：以孔、孟為代表的儒家倫理學與康德道德哲學之間，二者相異之處並不下於其相似之處。黃先生說：「儒家倫理基本上是以『道德情感』為出發點，孟子的『四端說』把此一特色表現得最清楚。」[2]又說：「『四端』並非形而上的抽象觀念，乃是具有經驗意義的『道德感』。孟子的『四端說』實為以後儒家倫理哲學的主流，尤以宋明理學中陸、王一系為是。」[3]

　　此處所提到的「道德情感」（moral feeling/moral sentiment）或「道德感」（moral sense）乃是英國哲學家謝甫茲伯利（Antony Ashley Cooper Shaftesbury, 1671-1713）、赫其森（Francis Hutcheson, 1694-1747）、休謨（David Hume, 1711-1776）和亞當・斯密（Adam Smith, 1723-1790）等人的概念；他們以此概念作為道德的「判斷原則」（principium dijudicationis）或「踐履原則」（principium executionis），史稱「道德感學派」。黃先生發現：康德在他1764年發表的應徵論文〈關於自然神學及道德學底原理之明晰性的探討〉（"Untersuchung über die Deutlichkeit der Grundsätze der natürlichen Theologie und der Moral"）中，曾採取道德情感說的立場；但在其批判期的倫理學著作中，他已全然放棄舊有的立場，而自

1　黃進興：〈所謂「道德自主性」：以西方觀念解釋中國思想之限制的例證〉，見《食貨》，復刊第14卷，第7/8合期（1984年10月），頁80〔10-11〕。此文後收入其《優入聖域——權力、信仰與正當性》（臺北：允晨文化出版公司，1994年）。本文引述此文時，以〔〕將《優入聖域》的頁碼附於《食貨》的頁碼之後。

2　同上註，頁80〔11〕。

3　同上註，頁80〔12〕。

行建立道德的理性主義[4]。因此，黃先生認為：「與其說儒家道德哲學與康德哲學相通，毋寧說與康德所對反的赫京生〔赫其森〕、休謨諸人的學說較為類似〔……〕」[5]。

　　基於上述的看法，黃先生對牟先生的儒學詮釋作了如下的評斷：

> 〔……〕牟宗三先生以朱熹主張「性即理」，陸九淵主張「心即理」，即判定朱熹的說法為「道德它律」，陸九淵為「道德自律」，皆不無商榷餘地；其中的關鍵並不在朱熹必須引進「敬」的德性功夫來涵攝「理」，而是從康德的觀點視之，朱、陸二位仍不出孟子「道德情感說」的藩籬，因此皆為「道德它律」。倘若不從康德之界義而只取「道德自主性」的字面涵義，意謂「為德性而德性」，則陸九淵固為如此，朱熹又何嘗相異？這從朱氏之明斥永康學派陳亮的「義利雙行，王霸並用」之說，可以略見一斑，又朱熹平生不甚取董仲舒，獨推崇其「正其誼不謀其利，明其道不計其功」的名言亦足可確證。因此不論就廣義或狹義而言，以「道德自主性」闡釋儒家哲學都不得當〔……〕[6]

要決定這項評斷是否公允，我們必須考察「自律」概念的涵義及康德倫理學的基本型態。

4　同上註，頁80-81〔12-13〕。
5　同上註，頁81〔14-15〕。
6　同上註，頁81-82〔15-16〕。

二、康德的「自律」概念

在西方倫理學之發展中,康德的倫理學被視為「自律倫理學」的代表。但若問到:何謂「自律」?在什麼意義下,康德倫理學是「自律倫理學」?國內一般學哲學的人恐怕不甚了了。筆者在此節中擬先說明「自律」概念在康德倫理學中的涵義,然後在下節中就此概念與康德其他倫理學概念(尤其是「道德情感」概念)的關聯來決定康德倫理學之基本性格。

「自律」一詞本是政治學術語,意指一個政治團體或國家為自己制定法律並依法律行動的權利。這個概念結合「自由」與「服從」這兩個表面上相互矛盾的要求,因而產生以下的問題:我們在一政治團體中如何能服從法律,而又同時保有自由呢?對於這個問題,法國哲學家盧梭(Jean-Jacques Rousseau, 1712-1778)的《社會契約論》(*Du Contrat Social*)提出了一個極有意義的答案:一個共和國的法律建立在社會契約上,這意謂:我們每個人都以其自身及其全部力量共同置於「共同意志」的最高指導之下,並且我們在共同體中接納每一成員作為全體之不可分割的一部分[7]。在此意義之下,共和國中的每一成員都有雙重身分:「每個個人在可以說是與自己締約時,都被兩重關係所制約著:即對於個人,他就是主權者的一個成員;而對於主權者,他就是國家的一個成員。」[8] 因此,在盧梭的共和國中,每一成員都有義務以臣

---

7   盧梭著、何兆武譯:《社會契約論》(北京:商務印書館,1990年),
     第1卷,第6章,頁24-25。
8   同上書,第1卷,第7章,頁26。

民的身分服從法律;但就他透過社會契約而成為主權者的一分子
而言,他同時也是立法者。簡言之,共和國中的立法乃是其公民
之自我立法,他們只服從自己所制定的法則。在此意義之下,他
們都是自由的,因為他們並未受到外來意志之限制。

康德借用盧梭「共和國」的模式(而非內容)[9],首度將「自
律」概念引入倫理學中,用以說明道德之本質。在《道德底形上
學之基礎》第一、二章中,康德分析我們一般人的道德意識。康
德發現:我們的道德意識中包含了「自然之善」與「道德之善」
的區別,也就是美國學者西爾柏(John R. Silber, 1926-2012)所
謂的「善之異質性」(the heterogeneity of the good)[10]。道德之善
是絕對的、無條件的善,它的價值就在其自身,而不在於它之能
實現或助成另一項目的;換言之,它具有內在價值,而不只是工
具價值。反之,一般意義的善只是自然之善,均是有條件的善,
只具有工具價值;我們通常歸諸「幸福」(Glückseligkeit)概念之
下者,均屬此類。因此,一個行為之所以有道德價值,並非由於
它所達成的目的,而是由於它所根據的格律(Maxime);換言之,
並非因為它有助於實現某一對象,而是因為決定它的存心
(Gesinnung)本身就是善的。是故,一個道德行為並非只是合乎
義務(pflichtmäßig),而必須也是出於義務(aus Pflicht);否則它

9　關於康德的「自律」概念與盧梭的「共和國」之比較,請參閱Klaus
　　Reich: *Rousseau und Kant* (Tübingen: J.C.B Mohr, 1936)。

10　John R. Silber: "The Copernican Revelution in Ethics: The Good Re-
　　examined", in: Robert Paul Wolff (ed.), *Kant: A Collection of Critical
　　Essays* (Notre Dame: University of Notre Dame Press, 1967), pp. 278ff.

只有合法性（Legalität），而無道德性（Moralität）。這決定了康德倫理學之基本性格：用後來德國哲學家謝勒（Max Scheler, 1874-1928）在《倫理學中的形式主義和實質的價值倫理學》（*Der Formalismus in der Ethik und die materiale Wertethik*）一書中的術語來表達，它是一套「存心倫理學」（Gesinnungsethik），而非「功效倫理學」（Erfolgsethik）。由以上「道德之善」的概念，康德進一步決定道德法則（moralisches Gesetz）的概念。一切實踐的法則對我們人類的現實意志而言，均表示一種限制或「應當」（Sollen），因為我們的意志受到感性生命之牽制，不必然遵守法則。因此，實踐法則對人類而言，是一種命令；表達這種命令的程式稱為令式（Imperativ）。既然道德之善並不建立在手段對目的之關係上，道德法則只能以定言令式（kategorischer Imperativ）、而非假言令式（hypothetischer Imperativ）來表達，因為假言令式只表示：如果你要達到某一目的，就應當如此去做。一個行為所依據的法則若可以用這種令式來表達，它就必須以所設定的目的為條件，因此沒有真正的道德價值，而只有相對的價值。唯有定言令式能表達道德法則之絕對性（無條件性）。是故，道德法則必須抽去一切意志的對象（質料），而為純形式的原則。換言之，道德法則不預設任何特定的目的，而只包含一項形式的要求：普遍化。於是他得到定言令式的第一個程式：「僅依據你能同時意願它成為一項普遍法則的那項格律而行動。」[11]

11　*Grundlegung zur Metaphysik der Sitten* (以下簡稱 *GMS)*, *Kants Gesammelte Schriften* (以下簡稱*KGS*), Bd. 4, S. 421; 參閱 S. 402.

　　康德進一步分析道德法則的概念，確定它是個理性原則，因為普遍性是理性原則之一項特徵；而實踐的理性原則也就是對一切有理性者均適用的原則。因此，在道德法則的意識中已涵蘊著「有理性者」的概念，因為有理性者是道德法則之依據（主體）。就此而論，每個有理性者——我們通常所謂的「人格」（Person）——均有其無可替代的價值，亦即尊嚴（Würde）。由於人格之尊嚴，它不能僅僅被當做工具來使用，其存在自身必須就是目的；因此，康德把人格稱為「目的自身」（Zweck an sich selbst）。由此他得到定言令式的第二個程式：「如此行動，即無論在你的人格還是其他每個人底人格中的『人』（Menschheit），你始終同時當作目的，決不只當作工具來使用。」[12]在《道德底形上學》（*Die Metaphysik der Sitten*）一書中，康德進一步推衍出兩種「同時是義務的目的」（Zwecke, die zugleich Pflichten sind），即自己的圓滿性和他人的幸福[13]。這兩項義務涵蘊於「目的自身」的概念中，因為兩者皆所以成全人格（不論是我們自己的還是他人的）[14]。

　　在此我們必須澄清一個對康德倫理學常有的誤解。康德的倫理學經常被稱為「形式主義倫理學」（formalistische Ethik）或「形式倫理學」（formale Ethik），以別於「實質倫理學」（materiale Ethik）。

12　同上註，S. 429.

13　*Die Metaphysik der Sitten* (以下簡稱*MS*), *KGS*, Bd. 6, S. 384ff.

14　關於康德如何由其形式原則推衍出這兩個實質原則，請參閱Josef Schmucker: "Der Formalismus und die materialen Zweckprinzipien in der Ethik Kants", in: Johannes B. Lotz (Hg.), *Kant und die Scholastik heute* (Pullacher philosophische Forschungen, Bd. 1, Pullach bei München: Verlag Berchmanskolleg, 1955), S. 186ff.

不少人因此誤以為康德的道德原則完全不考慮意志的特定目的
（質料），因而是個空洞的抽象原則。但由以上所述，可知這種
理解是錯誤的。康德倫理學中的形式原則本身雖僅包含一項普遍
化之要求，但可以決定義務之具體內容，甚至它本身就涵蘊（而
非預設）「自己的圓滿性」和「他人的幸福」這兩個目的。因此，
康德倫理學之所以為形式的，並非由於它不考慮意志的特定目
的，而是由於其道德法則除了一項形式的要求外，不預設任何目
的。此即他後來在《實踐理性批判》一書中所強調者：作為純粹
實踐理性之對象的「善」、「惡」概念不能先於道德法則，而須後
於且透過道德法則而被決定[15]。當他依據道德法則決定實踐的對
象（目的）時，他的倫理學並不因之而成為實質倫理學。甚至他
承認兩個「同時是義務的目的」，也無礙於其倫理學為形式倫理
學，因為這兩項目的均涵蘊於道德法則之中，並非先於道德法則
而被預設。

在定言令式的第一個程式中，康德點出了道德法則之普遍
性。在第二個程式中，他又點出這種普遍法則的主體是有理性
者。綜合這兩點可知：道德法則是有理性者自定的普遍法則。於
是康德得到了一個足以說明道德之本質的理念，即「作為一個制
定普遍法則的意志的每一個有理性者底意志」之理念[16]；此即「自
律」的理念。因此，康德把意志之自律視為「道德底最高原則」，
並說明：「意志底自律是意志底特性，由於這種特性，意志（無

15　*Kritik der praktischen Vernunft* (以下簡稱 *KpV*), *KGS*, Bd. 5, S. 62f.
16　*GMS*, *KGS*, Bd. 4, S. 431.

關乎意欲底對象之一切特性）對其自己是一項法則。」[17] 換言之，意志之自律就是意志之自我立法。依照前面的慣例，康德也曾用一個定言令式的程式表達「自律」的理念[18]。但值得注意的是：他另外用一個「目的王國」（Reich der Zwecke）的程式來表達這個理念：「一切格律由於自我立法，應當與一個可能的目的王國相協調，如同與一個自然王國相協調。」[19] 這「目的王國」的概念顯然脫胎於盧梭「共和國」的概念。因為「目的王國」是「有理性者藉共同的客觀法則所形成的一個有秩序的結合」[20]。在這個王國中，每一成員（有理性者）均是普遍法則之制定者，但自己也服從這些法則，一如盧梭「共和國」中的公民。

康德進而把這個「目的王國」理解成「智思世界」（mundus intelligibilis/intelligible Welt）[21]，而把「自律」學說與其「雙重世界」和「人的雙重身分」之理論聯結起來。在《純粹理性批判》（*Kritik der reinen Vernunft*）一書中，康德把對象區分為現象（Erscheinung）與物自身（Ding an sich），把世界區分為感性世界（Sinnenwelt）與知性世界（Verstandeswelt）或智思世界。我們的主體一方面作為現象而屬於感性世界，因此具有經驗的性格；另一方面，它作為物自身而屬於知性世界，因此具有智思的性格[22]。在《道德底

17　同上註，S. 440.

18　同上註，S. 434.

19　同上註，S. 436.

20　同上註，S. 433.

21　同上註，S. 438.

22　*Kritik der reinen Vernunft*, hrsg. von Raymund Schmidt (Hamburg: Felix Meiner, 1976), A538f./B566f. (A = 1781年第1版，B = 1787年第2版)

形上學之基礎》第三章中，康德便透過這雙重身分說來說明自律
之可能性：在道德之自律中，作為現象的我服從作為物自身的我
所頒布的法則。因此，道德之自律乃是自我立法、自我服從。在
此意義之下，我們仍是自由的，因為我們並未受到外來法則之約
束。

　　以上對於「自律」概念的說明乃是基於對「道德」概念的分
析。康德認為：道德之自律已經隱含於一般人的道德意識中，而
為「理性底事實」（Faktum der Vernunft）[23]。一般人不一定意識
到這個事實，正是所謂「百姓日用而不知」，但我們可以藉蘇格
拉底之詰問法使之注意到這個事實[24]。因此，任何人只要承認自
律道德，就必須同時接受以上的內涵。任何型態的自律倫理學都
包含這套內涵，作為其理論之核心。因此，道德的自律決非如黃
先生所說的，僅意謂「為德性而德性」而已。這樣說，實失之寬
泛。然而，僅就以上內涵而言，我們尚看不出康德的自律倫理學
之特性。要對此作一決定，就得進一步探討「自律」概念與康德
其他倫理學概念之關聯。

三、康德的自律倫理學

　　康德的自律倫理學之特性表現在其關於「道德主體」的理論
當中。道德主體在康德稱為「意志」（Wille）。意志與「意念」

23　*KpV*, *KGS*, Bd. 5, S. 42.
24　*GMS*, *KGS*, Bd. 4, S. 403f.

（Willkür）有別。意志是道德法則之制定者，屬於智思世界；意念則是道德法則之服從者，屬於感性世界[25]。但康德在行文中並不嚴格遵守這種區別；他往往在該用「意念」一詞時使用「意志」，以致造成混淆[26]。這個作為道德主體的意志在康德是指「實踐理性本身」[27]。在道德主體中，一切感性的成分均被排除。因為康德認為：道德法則具普遍性，而為先天的（a priori）法則，因此只能建立在理性的基礎上；若道德主體不是純理性的，將損及道德法則之普遍有效性。同樣的，道德主體也不能包含情感（包括道德情感），因為他把情感看成感性之特殊型態。因此，在道德主體的問題上，康德預設了理性與情感二分的架構。

但根據筆者對康德早期倫理學著作的研究，康德並非自始就採取這個哲學人類學的架構。這個架構毋寧是在1769年左右開始形成[28]。從1760年代初期到1769年左右的這段時間內，康德先後受到英國道德感學派及盧梭之影響，而採取一個與日後非常不同的倫理學觀點。黃先生文中提到的1764年發表的應徵論文（事實

---

25 *Vorarbeiten zu Die Metaphysik der Sitten, KGS*, Bd. S. 248f.; 參閱 *MS, KGS*, Bd. 6, S. 213 & 226.

26 參閱 Lewis White Beck: *A Commentary on Kant's Critique of Practical Reason* (Chicago: The University of Chicago Press, 1963), p. 180；亦參閱 Beck: "Kant's Two Conceptions of the Will in Their Political Context", in: idem, *Studies in the Philosophy of Kant* (Indianapolis: Bobbs-Merrill, 1965), p. 217.

27 *MS, KGS*, Bd. 6, S. 213.

28 參閱拙著 Ming-huei Lee: *Das Problem des moralischen Gefühls in der Entwicklung der Kantischen Ethik* (Taipei: Institute of Chinese Literature and Philosophy, Academia Sinica, 1994), S. 126ff.

上完成於1762年底）即屬於這段時期的作品。但黃先生所不知道的是：康德在此文中並未完全採取「道德情感說」的立場，而是想調停此說與吳爾夫（Christian Wolff, 1679-1754）的理性主義倫理學。在此文中，康德把吳爾夫的「圓滿性」（Vollkommenheit）原則視為決定義務的形式原則，道德情感則是決定義務的實質原則[29]。在道德判斷中，他同時承認理性與情感之作用；換言之，道德善係由理性和情感所共同決定。若把道德善歸諸先天的領域，則這個領域並不完全排除情感的成分。用日後現象學倫理學的術語來說，此時康德承認一個「情感先天性」（das emotionale Apriori）的領域[30]。依晚期康德的觀點而論，「情感先天性」是個矛盾的概念，因為情感的必為感性的，因而不屬於先天的領域。

但康德在1760年代的倫理學觀點也不同於道德感學派的觀點，因為後者僅依工具主義的意義來理解理性在實踐領域中的運用，而完全否定它在道德判斷中的作用[31]。康德當時的觀點，與其說是接近道德感學說，毋寧說是接近現象學倫理學——包括布倫塔諾（Franz Brentano, 1838-1917）、胡塞爾（Edmund Husserl, 1859-1938）、希爾德布朗特（Dietrich von Hildebrand, 1889-1977）、尼可萊・哈特曼（Nicolai Hartmann, 1882-1950）和謝勒。因此，

29　"Untersuchung über die Deutlichkeit der Grundsätze der natürlichen Theologie und der Moral", *KGS*, Bd. 2, S. 299f.

30　Nicolai Hartmann: *Ethik* (Berlin: Walter de Gruyter, 1962), S. 116ff.; 參閱Max Scheler: *Der Formalismus in der Ethik und die materiale Wert-ethik* (Bern: Francke, 1966), S. 82f., 248 & 259ff.

31　參閱拙著Ming-huei Lee: *Das Problem des moralischen Gefühls in der Entwicklung der Kantischen Ethik*, S. 24ff.

希爾德布朗特在康德此文中看到日後現象學探索價值認識之獨
立根源的濫觴[32]，殆非偶然。

康德倫理學在1770年代以後的發展，係走向一種倫理學的理
性主義。但這並不等於回到吳爾夫的理性主義倫理學。因為在康
德看來，吳爾夫的「圓滿性」原則原是個形上學概念，引進實踐
領域後，只是個空洞的形式原則，其本身不足以決定具體的道德
義務[33]。而康德自認他在《道德底形上學之基礎》中所提出的「自
律」原則雖也是形式原則，但卻足以單獨決定具體的道德義務；
因此在道德之判斷問題上，道德情感不再具有共同決定的作用。
但是，道德情感在晚期康德倫理學中仍占有極重要的地位：它不
再是道德之判斷原則，而是踐履原則。道德問題不僅是判斷問
題，也牽涉到實踐問題——用康德的術語來說，它牽涉到「興趣」
（Interesse）或「動機」（Triebfeder）的問題。「我們對道德法則
有一興趣」這個命題即等於說：我們有一道德的動機。依康德的
用法，「興趣」和「動機」這兩個概念均只能應用於有限的存有
者，亦即就有限存有者具有感性生命而言[34]。康德把這種興趣在
我們內部的基礎稱為「道德情感」（moralisches Gefühl），而道德

32　Dietrich von Hildebrand: *Die Idee der sittlichen Handlung/Sittlichkeit und ethische Werterkenntnis* (Darmstadt: Wissenschaftliche Buchgesellschaft, 1969), S. 78ff. Anm.

33　參閱拙著Ming-huei Lee: *Das Problem des moralischen Gefühls in der Entwicklung der Kantischen Ethik,* S. 20ff.

34　*KpV*, *KGS*, Bd. 5, S.79.

情感是「法則加諸意志的主觀結果」[35]。

　　「道德情感」這個概念在康德倫理學中是個極其複雜的概念；它在康德倫理學發展的每一階段均有不同的涵義和作用。因此，這個概念成為我們理解其倫理學的發展趨向之主線索，而在其最後完成的倫理學系統中，我們可透過這個概念充分把握此一系統的性格。筆者在此無法詳論這個概念所牽涉的種種問題，而只能就以下討論之所需，簡略說明一下這個概念在晚期康德倫理學中的涵義，並指出其中所包含的理論困難[36]。

　　由於日常用語之歧義，康德在使用「情感」一詞時包含三義：（1）自然稟賦、（2）習性及（3）情感狀態[37]。而作為情感狀態的道德情感在晚期康德倫理學中包含兩組意識內容：

A.　對道德法則或義務的敬畏（Achtung）；

B.　與德行意識相聯結的愉快或滿足之情，以及與罪惡意識相聯結的不快或痛苦之情：

I.　因意志活動符合或牴牾道德法則而有的愉快或不快；

II.　因實際服從或違背義務而有的愉快或不快。

以上的分類是筆者根據康德晚期的著作歸納出來的[38]。康德本人並未如此分類，甚至他在言辭之間似乎只承認有一種道德情

35　*GMS, KGS*, Bd. 4, S. 460.

36　欲進一步了解此問題，可參閱拙著Ming-huei Lee: *Das Problem des moralischen Gefühls in der Entwicklung der Kantischen Ethik*, Kap. 5.

37　參閱同上註，S. 212.

38　參閱同上註，S. 213f.

感,而非多種[39]。至於這三種道德情感之關係如何,目前暫不討論。

現在我們再回到「道德動機」的問題上。在《實踐理性批判》中有一章題為〈論純粹實踐理性之動機〉。康德將此章比擬為「純粹實踐理性之感性論」,以討論道德情感為主[40]。因此,在此章中康德說:「〔……〕對道德法則的敬畏是唯一的且確實的道德動機〔……〕」[41],似是順理成章之事。但是在同一章的開頭,他卻強調:「行為底一切道德價值之本質在於:道德法則直接決定意志。〔……〕人類意志(與一切有理性的受造者之意志)底動機決不能是道德法則以外的事物。」[42] 這些文辭上的矛盾是由於康德在使用「動機」一詞時涉及兩層不同的意義。他在《道德底形上學之基礎》中說得很明白:「欲求底主觀根據為動機,意欲(Wollen)底客觀根據為動因(Bewegungsgrund)。」[43] 依照這裡的定義,康德應當說:意念(而非意志)之動機是對道德法則的敬畏。其動因是道德法則。前者是一種心理學的關係,屬於「自然底因果性」(Kausalität der Natur)。後者則涉及「藉由自由的因果性」

---

39   康德有時表示:只有 II 類的道德情感配得此名(*KpV, KGS*, Bd. 5, S. 38.);有時對 I 及 II 類的道德情感不加區別(*MS, KGS*, Bd. 6, S. 211.);但又說:「對義務的敬畏」是「唯一真正的道德感」(*KpV, KGS*, Bd. 5, S. 80)。亦參閱拙著Ming-huei Lee: *Das Problem des moralischen Gefühls in der Entwicklung der Kantischen Ethik,* S. 214ff.

40   *KpV, KGS*, Bd. 5, S.90.

41   同上註,S. 79.

42   同上註,S. 71F.; 參閱S. 88.

43   *GMS, KGS*, Bd. 4, S. 427.

（Kausalität durch Freiheit），其原因在知性世界，結果發生在感性世界。由於康德不承認人有智性直觀（intellektuelle Anschauung），因此他認為：道德法則何以會引起道德情感，這個問題永遠無法為我們所理解，因而是在實踐哲學的極限之外[44]。康德在《純粹理性批判》一書的〈先驗辯證論〉中已證明：這兩種因果性分屬於兩個不同的層面，它們之間並無矛盾。

由此可知：作為道德情感的敬畏之情在康德的倫理學系統中是被排除於道德主體（人格性）之外。在《道德底形上學》中，康德把道德情感與良心、對鄰人的愛、對自己的尊敬並列為「心靈對於一般而言的義務概念的感受性之感性的預備概念」，並且加以說明：「〔……〕它們係作為對於義務概念的感受性之主觀條件，卻非作為客觀條件而為道德之根據。它們均是感性的與預存的、但卻自然的心靈稟賦，即為義務概念所觸動的心靈稟賦。」[45] 因此，道德情感並非道德之根據，而是我們對道德的感受性之人類學根據。我們若無道德情感，便不會感受到道德法則之強制力，而為它所推動。在《單在理性界限內的宗教》一書中，康德論及三種「在人性中向善的原始稟賦」，其中一種為「關於人（作為一個有理性且同時能負責的存有者）底人格性的稟賦」，亦即「對道德法則的敬畏之感受性」[46]。這種感受性康德並不歸諸「人格性」的概念，而僅視之為「助成人格性的稟賦」或「人格性之附

44　同上註，S. 459f.
45　*MS, KGS*, Bd. 6, S. 399.
46　*Die Religion innerhalb der Grenzen der bloßen Vernunft, KGS*, Bd. 6, S. 26f.

加物」[47]。這與他在《道德底形上學》中的觀點一致。總之，康德哲學中的道德主體是道德法則之制定者，而道德情感（至少就其晚期的系統而言）並不參與法則之制定；它只是我們對道德法則的感受性之主觀的人類學條件，因而不屬於道德主體。

現在我們回到道德情感所包含的意識內容上。既然道德情感是道德法則加諸心靈的結果，這結果究竟是敬畏之情，還是愉快之情呢？這兩種說法事實上並不衝突。在《道德底形上學之基礎》中，康德把敬畏之情描述成一種複合的情感：就我們必須不顧及我愛而服從道德法則而論，這種情感類乎恐懼；就道德法則是我們加諸自己的法則（自律底法則）而論，這種情感又類乎愛好[48]。在《實踐理性批判》中，康德分別從積極面和消極面去描述敬畏之情：在消極方面，由於道德法則限制我們的感性生命，因此產生一種「痛苦」之情[49]；在積極方面，由於道德法則是我們自己制定的法則，服從道德法則即是提升自我，所以由此產生的情感不只是痛苦，而是敬畏[50]。如果依《道德底形上學之基礎》中的說法，我們似乎可以說：這積極的情感就是一種愉快之情，而敬畏乃是消極的痛苦之情與積極的愉快之情混合而成的情感。事實上，就在第二批判的〈純粹實踐理性之辯證論〉中，康德承認：德行之意識必然會產生一種「欣悅」（Wohlgefallen）或「自我滿

47　同上註，S. 28.
48　*GMS, KGS*, Bd. 4, S. 401 Anm.
49　*KpV, KGS*, Bd. 5, S. 72f.
50　同上註，S. 78f.

足」（Selbstzufriedenheit）[51]；這種情感類乎最高存有者（上帝）所獨享的「極樂」（Seligkeit）[52]。因此，康德本可直截了當地把敬畏之情中的積極情感描述為一種愉快之情，但他似乎故意不如此說。揆其用心，似乎著眼於教育的目的，以防止所謂「道德的狂熱」[53]。因為在他看來，對道德法則的敬畏正可顯示出我們人類所處的道德階段；蓋此種情感係產生於感性我和理性我之間的緊張關係，為有限存有者所獨有。若人不出於對道德法則的敬畏，而出於愉快之情來服從道德法則，即是以無限存有者自居，此之謂「道德的狂熱」。實則這些考慮並無礙於我們承認道德情感中包含一種愉快之情，因為這種愉快之情並非產生於兩重自我之間的緊張關係，而是產生於道德主體（意志）之自我關係。因此，我們可以把 B 類的道德情感解釋成 A 類的道德情感之積極面。只要將層次弄清楚，文辭表面的矛盾自然迎刃而解。

但現在仍有一個問題：在 B 類的道德情感中，I 類與 II 類乃是兩種在本質及作用上均完全不同的情感，I 類的道德情感是因意志符合或牴牾道德法則而生的愉快或不快之情，無論在邏輯上或時間上均先於道德行為，而為其動機；反之，II 類的道德情感乃是在實際行為中因服從或違背義務而生的愉快或不快之情，無論在邏輯上或時間上均後於道德行為，而為其結果[54]。嚴格而論，

51　同上註，S. 117.

52　同上註，S. 118.

53　同上註，S. 84.

54　參閱拙著Ming-huei Lee: *Das Problem des moralischen Gefühls in der Entwicklung der Kantischen Ethik*, S. 214ff.

後者並不屬於道德動機，因為它只是事後的結果。然則，康德如何能把這兩者同稱為「道德情感」，而不加分別呢？筆者曾綜合康德著作中有關的文獻，提出一個可能的解釋[55]。解釋的關鍵在於「作為習性的道德情感」這個概念上。康德本人雖未明白提出這個概念，但他提到道德情感之可陶冶性時，卻隱含此概念。康德在《道德底形上學》中明白地主張：我們雖無義務擁有或取得道德情感，卻有義務去陶冶自己的道德情感[56]。作為自然稟賦的道德情感當然是不可取得的；若我們天生無此稟賦，任憑後天的努力亦無法獲致。因此，康德說：

> 沒有人完全不具有道德情感；因為一個人若對這種感覺完全無動於中，他在道德上便等於死了；而且如果（以醫生底用語來說）道德的生命力不再能對這種情感產生刺激，那麼「人」就（彷彿按照化學定律）化為純然的動物性，而與其他自然物底群類泯然無分了。[57]

然而，我們有此稟賦，仍須隨時陶冶之、涵養之，以強化我們對於道德法則的感受性。一個人的道德之高下就反映於他在涵養工夫上所達到的程度；我們可借漢利希斯（Jürgen Heinrichs）的用語，稱之為「習性的道德性」（habituelle Sittlichkeit）[58]。因此，

55　參閱同上註，S. 286ff..

56　*MS, KGS*, Bd. 6, S. 399f.，參閱S. 387；亦參閱*KpV, KGS*, Bd. 5, S. 38.

57　*MS, KGS*, Bd. 6, S. 400.

58　Jürgen Heinrichs: *Das Problem der Zeit in der praktischen Philosophie Kants* (Bonn: Bouvier, 1968), S. 52.

如果一個人經常依道德法則而行為，他將因此而得到某種滿足或愉快（II 類的道德情感）；這種經驗將強化其作為習性的道德情感，而使道德法則更容易在他的心中引起敬畏或愉快之情（A 類及 I 類的道德情感）。透過這種「作為習性的道德情感」的概念，上述兩種在本質及作用上完全不同的道德情感（I 類及 II 類）得以聯結起來，而可視為一體。

四、「自律」概念之開展

在康德的「道德情感」概念中事實上包含極大的理論困難，這困難主要在於其理性與情感二分的主體性架構。由於他把道德情感排除於道德主體（在此，道德主體只是實踐理性）之外，他在描述敬畏之情時首先便遭遇到困難。上文提到：敬畏之情包含一項積極的要素和一項消極的要素。這項消極的要素（痛苦之情）是道德法則加諸情感的直接結果；這我們不難了解，因為它產生於理性我與感性我之間的緊張關係。但問題出在積極的要素上。這項積極的要素是道德法則加諸情感的間接結果[59]；換言之，道德法則消除了感性之障礙，使道德主體得以提升，由此間接產生愉快或自足之情。但問題是：既然康德把一切情感均歸屬於感性，何以在此不見理性我與感性我之間的緊張關係呢？這個問題席勒（Friedrich Schiller, 1759-1805）當時便已注意到了。他在〈論魅力與尊嚴〉（"Über Anmut und Würde"）一文中寫道：

---

[59]　*KpV*, *KGS*, Bd. 5, S. 79.

> 如果在道德中感性的本性始終只是被壓制的一方,而決
> 非共事的一方,它如何能將其全部情感之火委諸一場勝
> 利,這場勝利乃是針對它自己而受到慶賀?如果感性的
> 本性與純粹的精神間終究無如此密切的關係,以致連分
> 析的知性非憑暴烈手段都無法把感性的本性從純粹的
> 精神中分開來,感性的本性如何能如此活潑地分享純粹
> 精神之自我意識?[60]

在康德的情感與理性二分之主體性架構中,理性我與感性我之間
的緊張關係屬於有限存有者(如人類)的本質,而敬畏之情的積
極要素卻要求這兩重自我之統一;這真是康德的難題。康德也不
可能為了閃避這個難題而否定這項積極要素之存在;因為這樣一
來,我們便只能出於恐懼或痛苦而服從道德法則,則其「道德興
趣」、「道德動機」的概念將完全落空。

　　黑格勒(Alfred Hegler)也看出康德倫理學中的這種兩難之
局。他在論及康德對此積極情感(愉快或自我滿足)的說明時寫
道:

> 康德回答道:這種情感是可能的,因為那摧折愛好的法
> 則正是**我的**法則〔……〕然而這項法則之根源在於智思
> 我,而且我們無法立刻明白:何以這個在感性上被決定
> 的自我能夠意識到其與智思我的同一性。在這裡只有一

60　Friedrich Shiller: "Über Anmut und Würde", in: Eduard von den Hellen
　　(Hg.), *Shillers Sämtliche Werke* (Säkular-Ausgabe, Stuttgart/Berlin: Cotta,
　　1904/5), Bd. 11, S. 220f.

個辦法，即訴諸統一的自我，這個自我並不把感性我和理性我看成兩個不同的自我。這個辦法在任何其他的系統中都比在康德更有可能。康德先前竭力將整個倫理學建立在這種對立上，現在這兩方面的統一如何能用明白的概念去理解呢？[61]

由這個難題便引發了康德與席勒間關於「愛好與義務」（Neigung und Pflicht）的著名論戰。席勒完全接受康德的「道德」概念。像康德一樣，席勒承認：一個行為之道德價值不決定於其外在的合法則性，而決定於存心之道德性；而且感性因素並不能充分而有效地決定道德判斷[62]。但他接著強調：雖然在純粹理性的領域及道德立法中我們毋須考慮感性因素，但是在現象領域及義務之踐履中，感性應當具有作用[63]。換言之，席勒與康德間的爭論僅限於哲學人類學之層面，而不涉及倫理學的原則論（ethische Prinzipienlehre）之層面。對於康德的「道德」概念及「道德之本質在於自律」的觀點，席勒並無異議。

然而，如果我們承認：道德問題不單是個判斷問題，也是個踐履問題，道德主體不單是判斷的主體，也是行動的主體，那麼康德的倫理系統就有所不足了。康德自己也承認：道德法則與幸

---

61 Alfred Hegler: *Die Psychologie in Kants Ethik* (Freiburg i. Br.: J.C.B. Mohr, 1891), S. 223. 類似看法亦見 Dieter Henrich: "Ethik der Autonomie", in: idem, *Selbstverhältnisse* (Stuttgart: Reclam, 1982), S. 36f.

62 Shiller: "Über Anmut und Würde", op. cit., S. 216; 參閱拙著 Ming-huei Lee: *Das Problem des moralischen Gefühls in der Entwicklung der Kantischen Ethik*, S. 294.

63 Shiller: "Über Anmut und Würde", op. cit., S. 217.

福底誡規之不同，在於我們每個人均有能力滿足前者的要求[64]；換言之，道德的「應當」（Sollen）必然涵著「能夠」（Können）。但問題是：康德的道德主體（嚴格意義的「意志」）只是實踐理性；這個主體雖是道德法則之制定者，它本身卻無執行道德法則的力量；這種力量落在「道德動機」（即道德情感）上[65]。因此，康德的道德主體若無感性之助，其自身是虛歉無力的。這對於康德的「自律」概念（意志對其自己是一法則）是不移的，因為道德法則並非外來的法則，而是意志自己制定的法則；意志能制定之，卻不能實踐之，這是說不通的。

針對康德倫理學的這項弱點，席勒提出了「對義務的愛好」（Neigung zu der Pflicht）這個概念[66]。席勒打破康德的理性與情感二分之人類學架構，而主張：我們可以出於愛好去服從義務，而不致使我們的行為失去道德價值，因為我們的本性即要求愛好與義務之協調。如果說：康德的敬畏之情表現於兩重自我的緊張關係中，那麼席勒的「對義務的愛好」即是道德主體自我伸張、自我實現的方式。後者並不等於前者的積極面，因為康德仍然是從兩重自我間的關係來理解敬畏之情中所包含的愉快或滿足（儘管他的解釋有問題）。因此，席勒的「對義務的愛好」這個概念包含一個新的哲學人類學之架構，而為現代的現象學倫理學所大加發揚。但這並非回到英國道德感學派的傳統，因為這個學派不

---

64 *KpV*, *KGS*, Bd. 5, S. 36f.

65 參閱拙著 Ming-huei Lee: *Das Problem des moralischen Gefühls in der Entwicklung der Kantischen Ethik*, S. 313ff.

66 Shiller: "Über Anmut und Würde", op. cit., S. 217.

能正視理性在道德活動中的作用與地位。

此外，黑格爾早年已注意到康德的道德情感理論中所包含的困難。他在一則手稿中寫道：

> 康德底實踐理性是普遍性底能力，亦即排拒的能力；動機是敬畏；在恐懼中壓制這個被排拒者——一種解體，對一仍然統一者的排拒；被排拒者並非一被揚棄者，而是一被分開而仍存在者。命令固然是主觀的，即人類底法則，但卻是一種與其他存在於人類之內者相牴牾的法則，即一支配的法則；它只下令，敬畏推動行為，但敬畏是行為所依據的原則之反面；原則是普遍性；敬畏則不是普遍性；對於敬畏而言，命令始終是一既與者。[67]

這種反省形成黑格爾倫理學發展之起點。事實上，如亨利希（Dieter Henrich）所指出者，這「敬畏」的概念是康德倫理學與德國理念論（Deutscher Idealismus）的倫理學間之承接點，而連貫這兩者的便是「自律」的概念[68]。我們甚至可以說：「道德情感」的概念乃是康德倫理學之結論，但卻形成其後德國倫理學（包括現象學倫理學）的發展之起點，而這種發展預設了康德的「自律」概念。譬如，謝勒雖然大肆批評康德倫理學中的形式主義，卻保留「自律」的概念。然而，他以「人格底自律」（Autonomie der Person）來取代康德倫理學中的「理性底自律」，以為這樣才能極

67　Herman Nohl (Hg.): *Hegels theologische Jugendschriften* (Tübingen: J.C.B. Mohr, 1907), S. 388.

68　Dieter Henrich: "Ethik der Autonomie", op. cit., S. 34 & 42f.

成「自律」的概念[69]。因此，雖然康德最先在倫理學中提出「自律」的概念，以之說明道德之本質，但我們仍可將此概念與康德自己的倫理學系統分別開來；換言之，康德的倫理學並非自律倫理學的唯一型態。弄清這點後，我們才能決定：儒家倫理學是否自律倫理學？

五、在什麼意義下儒家倫理學是自律的？

儒家開宗於孔子，但孔子對日後儒家所爭論的重要問題（尤其在心性論的範圍內）並未有明確的決定；不過，此中似乎涵著一定的方向。《論語‧述而篇》第30章：「子曰：『仁遠乎哉？我欲仁，斯仁至矣！』」（7.30）又〈顏淵篇〉第1章：「顏淵問仁。子曰：『克己復禮為仁，一日克己復禮，天下歸仁焉。為仁由己，而由人乎哉？』」（12.1）[70]這兩段話中即涵著「自律」的概念，因為唯有建立在自律原則上的道德法則才能符合「應當涵著能夠」的要求。此點在上一節中已提過，但為了更加顯豁起見，我們不妨在此引述康德的說明：

> 滿足道德底定言命令，永遠是每個人力所能及；滿足幸
> 福之以經驗為條件的誡規，則不常見，並且決非對每個

69　Scheler: *Der Formalismus in der Ethik und die materiale Wertethik*, S. 486ff.

70　以下引用《論語》時，均依據楊伯峻《論語譯注》（北京：中華書局，2006年），並將其篇章編號直接附於引文之後。

> 人均是可能的（甚至僅就單一目標而言）。此其原因在
> 於：前者僅牽涉到必然真實且純粹的格律，但後者卻牽
> 涉到實現一個所欲對象的力量和自然能力。[71]

　　道德法則既然建立在自律原則之上，而為意志之自我立法，則遵行道德法則應在意志的力量之內；此屬於孟子所謂「求則得之，舍則失之；是求有益於得也，求在我者也」的範圍。反之，幸福底誡規係指示達成一項特定目的的手段，在此永遠須考慮到意志之外的自然力量；此屬於孟子所謂「求之有道，得之有命；是求無益於得也，求在外者也」的範圍。用康德的術語來說，前者屬於「藉由自由的因果性」，後者屬於「自然底因果性」。唯有在藉由自由的因果性之領域中，道德主體的概念才能挺立起來。

　　準此以觀孟、荀，則孟子真能把握住此一基本方向，荀子則為歧出。因為荀子論性係著眼於自然之性（動物性），而所以治之者為「虛壹而靜」之心。此心基本上是認知心，以思辨認識為主。此心應用到實踐領域，只能建立他律原則，亦即康德所謂「在道德底原則中的實踐的實質決定根據」[72]。凡是以認知心來建立實踐法則者，均屬於他律道德，在此並無獨立意義的道德主體可言。反之，孟子真能依自律原則說道德。他當然未提出「自律」的概念，但康德由分析「道德」概念而有的一切洞見大體均包含在其「仁義內在」說之中。牟先生在《圓善論》一書中對〈告子上〉篇的相關章節作了極精要的疏解。讀者可自覆按，此處不贅述。

71　*KpV*, *KGS*, Bd. 5, S. 36f.

72　同上註，S. 40.

　　孟子言性，不由自然之性說，而是由惻隱、羞惡、恭敬、是非四端之心說。所以，孟子是即心言性。但我們千萬不可像黃進興先生一樣，把這四端之心理解成赫其森等人的「道德感」，也不能理解成晚期康德的「道德情感」。赫其森等人的「道德感」是經驗的，晚期康德的「道德情感」則只是義務意識之主觀的（人類學的）根據；兩者均屬感性層面，而不出自然之性的範圍。若由此說道德之客觀根據，則道德之普遍性與絕對性無從保證；孟子也無法在本質上超出告子「生之謂性」的觀點，而主張「仁義內在」。不論赫其森等人的「道德感」，還是晚期康德的「道德情感」，均不出「自然底因果性」之範圍。《孟子・告子上》：「仁義禮智，非由外鑠我也，我固有之也，弗思耳矣。故曰：求則得之，舍則失之。」（11.6）[73]若把四端之心理解成上述意義的「道德感」或「道德情感」，這段引文將成為不可解，因為在自然底因果性中實不能說：「求則得之，舍則失之。」換言之，在此實無道德之自律可言。因此，我們只能從智思世界的層面來理解四端之心；用牟先生的話來說，這是「超越的本心」。

　　在此我們可以看出：孟子學事實上打破康德倫理學中情感與理性二分的架構。在康德倫理學中，一切情感均被排除於道德主體之外，而道德主體（嚴格意義的「意志」）只是實踐理性。但在孟子，道德主體（本心）是理（仁義禮智），也是情（四端之心），這無異承認現象學倫理學所謂「情感先天性」的領域。我

73　　以下引用《孟子》時，均依據楊伯峻《孟子譯注》（北京：中華書局，1960年），並將其篇章編號直接附於引文之後。

們不妨說四端之心是情；但並非一說到情，就得歸諸感性層。鑒於德文的 Gefühl（情感）一詞之多義性，謝勒特別用 Fühlen 一詞代之，而論及所謂「價值感」（Wertfühlen）。一般所謂的「情感」（Gefühl）係建立於在肉體中有確定位置的感性狀態上，而謝勒的「價值感」卻是一種先天的意向性體驗[74]。套用謝勒的術語，我們可以說：四端之心是一種 Fühlen，而非 Gefühl。它事實上表現道德主體自我實現的力量，而不止是一種被動的感受性。

　　道德主體之具有這種自我實現的力量，可由「理義之悅我心，猶芻豢之悅我口」（〈告子上〉第7章）這句話看出來。此「心」既不像康德的「意念」，落於感性層面上，故應屬於智思層面，而與康德的「意志」屬於同一層面。但它不像「意志」，只是立法者；它本身也是活動原則，有自我實現的能力。這個「悅」表示「心」與「理義」（道德法則）之不二，相當於席勒所謂「對義務的愛好」。但在康德，活動原則只落在意念上，由於理性我和感性我之間的緊張關係，意念和道德法則之間只能言「敬畏」，而不能言「悅」；一言「悅」，便成了「神聖意志」（heiliger Wille）。對康德而言，唯有上帝才具有神聖意志，因為上帝無感性之帶累，其意志必然符合道德法則，而毋需命令[75]。康德認為：就我們人類而言，神聖意志只是個永遠無法達到的理想：「意志與道德法則之完全契合是神聖，是感性世界中的一切有理性者在其有

74　參閱Scheler: *Der Formalismus in der Ethik und die materiale Wertethik*, S. 77ff., 261ff., 335ff.

75　*GMS*, *KGS*, Bd. 4, S. 414 & 439.

生之年所無法達到的理想。」[76] 但問題是，意志與道德法則之契
合可從兩方面來說：首先由心與理義之不二，我們即可說兩者在
本質上是契合的；在這個意義下，心之神聖性是個事實，表現在
「理義悅心」之中。這時，主體本身是否有感性之帶累，並不相
干。其次，縱使把這種神聖性視為我們人類的道德修養之理想，
儒家亦承認其可實現性；此即孔子自言「七十而從心所欲，不踰
矩」的境界。在此境界中，不單是孔子的一言一行，而是其全幅
生命均契合於道德法則，而使感性生命不再成為道德實踐之障
礙。此一境界亦包含於席勒所謂「優美心靈」（schöne Seele）的
概念中。他在〈論魅力與尊嚴〉中寫道：

> 本來意志與感覺底能力，較諸與認知底能力，有一項更
> 直接的關聯；而且，如果意志必須首先遵循純粹理性，
> 則在多數情況下，這是不好的。如果某人不能太信賴慾
> 望底聲音，而不得不每次均先聆聽道德底原理，則我對
> 此人不會有好感。如果他以某種自信信任慾望，而無被
> 誤導的危險，我反而會敬佩他。因為這證明：這兩項原
> 則已在他身上產生一種協調，這種協調是完人底印記，
> 也就是所謂的優美心靈。[77]

但在康德，這卻是所謂「道德的狂熱」。

關於孟子與康德之間的這種差異，牟先生在《心體與性體》、

76　*KpV*, *KGS*, Bd. 5, S. 122; 參閱S. 32.

77　Shiller: "Über Anmut und Würde", op. cit., S. 221.

《康德的道德哲學》及《圓善論》中曾一再論及，尤其是在他對康德《實踐理性批判》的〈論純粹實踐理性底動機〉章的註解中；茲引一段，以為證明：

> 依孟子學，**道德的必然性**是性分之不容已，此不容已不是強制，是從「本心即性」之本身說，不是關聯我們的習心說，「由仁義行」之義務亦是如此。自願、悅，是這本心之悅，不是感性的喜愛或性好之傾向。心悅理義，心即理義，此心與理義為**必然地一致**。一說法則**不函恐懼**或違犯法則之顧慮。如康德所說，那是**關聯著習心說**，因為感性的習心不必願服從此法則。但就本心即理說，則不如此。本心即理亦非即不戒懼，但此時之戒懼**上升**而自本心說，轉為**即戒懼即自然**，即惺惺即寂寂，勿忘勿助長，**亦自然亦戒懼**，此即從**本心上**（從本體上）**說的敬**，而明道即以此敬說**於穆不已**，「敬則**無間斷**」，在人之**本心**是如此，在**道體**亦是如此，此即是我的性，因而也就是性體之**神聖性**，意志之**神聖性**。此時法則**亦命令亦非命令**。命令是性分之不容已之自命自令，「非命令」意即此本心之自願如此，自然流行，所謂「堯舜性之」，此即「心即理」之義。康德不承認此義。因為他一說法則即是**關聯著我們的習心之意說**，但是他亦說意志之自律。意志之自律即是**全意是理**。它既是自律，此意志本身不函有可從可不從此理之**或然性**。如果有此或然性，其自律**亦不必然**。那就根本不會有**自律之意志**。今既有自律之意志，則必即立此理，即**從此**

理，不，即是此理，不但如此，而且**必悅**此理，不得有
不悅之可能。但是康德既不在此自律之意志上說它是本
心，而只把它看成是**理性**，又把這只是理性的自律意志
（自由意志）看成是個**必然的預設、設準**，而無**智的直
覺以朗現之**，如是，它不但不是我們的性，而且有不有
亦不能定知，只是分解的必然上的一個預設；如是，一
說自律所律的法則，便只**關聯著**我們的**習心底作意**說，
好像我們的意志即是這感性層上習心的意志（所謂人
心），而那個自律的意志擺在那裡忘記了，好像與我們
完全無關似的，好像完全無用似的，而只是當作純粹的
實踐理性以擺在一切有限存有之上而命令著我們，使我
們對之生敬心。彼千言萬語只環繞此中心而說。若知**意
志自律**即是**本心**，則其為**朗現**而非只是一預設，乃是**必
然的**。如是，不但它必然地與理一致，而且它本身即是
理，這**神聖性**也是**必然的**。如是，進而視之為我們的**性**，
這也是**必然的**。此即孟子學之所至。康德未能至此。[78]

　　準此而言，孟子與康德間的根本歧異在於其主體性架構之不
同：孟子肯定心、理為一，康德則強分二者。據此心、理為一的
架構，牟先生亦論及孟子的「四端之心」：

　　〔……〕這一切轉而為孟子所言的心性：其中惻隱、羞

78　牟宗三：《康德的道德哲學》（臺北：臺灣學生書局，1982年），頁
　　261-262〔15: 284-285〕。

惡、辭讓、是非等心，是情，也是理。理固是超越的、
普遍的、先天的，但這理不只是抽象地普遍的，而且即
在具體的心與情中見，故為具體地普遍的；而心與情亦
因其即為理之具體而真實的表現，故亦上提而為超越
的、普遍的、亦主亦客的，不是實然層上的純主觀，其
為具體是超越而普遍的具體，其為特殊亦是超越而普遍
的特殊，不是實然層上的純具體、純特殊。[79]

　　類似的說明在牟先生的著作中尚有不少，此處無法具引。筆
者之所以不嫌麻煩，引述這兩段文字，乃是為了指出：黃先生所
發現康德與孟子倫理學之歧異，牟先生早已了然於心，而且早已
在其著作中有所分辨。孟子之所以異於康德者，並不在「自律」
的概念上，而在於主體性的架構上。如上一節所言，這種歧異並
不會使孟子的倫理學成為他律倫理學，反而表示「自律」概念之
進一步開展。總之，我們得把康德的「自律」和其所完成的倫理
學系統分別看待。孟子學固然不同於康德的倫理學，但這無礙於
其為自律倫理學。就此而言，黃先生對牟先生的批評乃成無的放
矢。

　　明白了這些分際之後，再看伊川、朱子與陸、王之爭論，便
不難了解：何以伊川、朱子只能成就他律道德。《朱子語類》：「孟
子言：『惻隱之心，仁之端也。』仁，性也；惻隱，情也，此是
情上見得心。又曰『仁義禮智根於心』，此是性上見得心。蓋心

79　牟宗三：《心體與性體》（臺北：正中書局，1973年），第1冊，頁
　　127〔5: 131-132〕。

便是包得那性情,性是體,情是用。」[80] 又曰:「性即理也。在
心喚做性,在事喚做理。」[81] 總括而言,朱子心性論的綱領是:
性情二分,性即理,心統性情。性情二分即是情理二分;在這點
上,朱子與康德一致,故仍不能斷定朱子學必屬他律道德。這只
能從其「主體」(心)的概念上看出來。在朱子,道德活動之主
體落在心上。《朱子語類》:「問:『靈處是心,抑是性?』曰:『靈
處只是心,不是性。性只是理。』」[82] 又曰:「問心之動、性之動。
曰:『動處是心,動底是性。』」[83] 心是活動原則,故曰靈處、動
處。朱子說性是「動底」,並非意謂它本身有活動,而只是意謂
它是活動所依之理。故在朱子理、氣二元的形上學架構中,心屬
於氣,不屬於理,而與康德的「意念」在同一層面上。因此,朱
子不能說「心即理」。他雖然也有「心與理一」[84] 的話,但這是
就心在認知意義下賅攝理而言,而非就心為理之制定者而言。此
即所謂「心者,人之神明,所以具眾理而應萬事者也」[85] 之義。
這是從主智論(intellectualism)的觀點來理解「心」。此點由接
去的一段話而益形顯豁:「性則心之所具之理,而天理之所從以
出者也。人有是心,莫非全體。然不窮理,則有所蔽,而無以盡
乎此心之量。故能極其心之全體而無不盡者,必其能窮夫理而無

---

80 《朱子語類》(北京:中華書局,1986年),第1冊,卷5,頁191。

81 同上註,頁82。

82 同上註,頁85。

83 同上註,頁88。

84 同上註,頁85。

85 朱熹:《四書集注》(臺北:臺灣中華書局,四部備要本),《孟子
    集注》,卷7,頁1上。

不知者也。既知其理,則其所從出亦不外是矣!」[86]

因此,在「心統性情」的綱領中,心與性、情二者的關係並不同。「心包萬理,萬理具於一心。」[87] 這「包」或「具」是一種知識論的關係。「性者,心之理;情者,心之動。」[88] 心與情之關係則是心理學的,因為二者同屬於氣。康德的「意念」固然亦屬於氣(感性),但他不在此處說道德主體,道德主體是嚴格意義的「意志」。但在朱子,除了這個以認知為主的「心」之外,別無獨立意義的道德主體。因此,儘管朱子說:「理不是面前別為一物,即在吾心。」[89] 心仍然不是理之制定者。所謂「即在吾心」,意謂為吾心所認知、所賅攝,不可理解成康德所謂的「意志之自我立法」;蓋朱子之「心」只屬於氣,根本不能為立法者。對於此「心」而言,理必然為外鑠的。這使得朱子學在基本型態上類乎康德所批評的萊布尼茲(Gottfried Wilhelm Leibniz, 1646-1716)、吳爾夫(Christian Wolff, 1679-1754)一系的理性主義倫理學。此種型態的倫理學之特色在於把自然形上學的原則(吳爾夫的「圓滿性」原則、朱子的「太極」)借用為道德原則,而成為康德所謂「在道德底原則中的實踐的實質決定根據」。是故,朱子所能成就者只是他律道德。準此而言,牟先生判定:「康德乃朱子系與孟學系之間的一個居間形態。」[90] 實為精到之論。其

86　同上註。

87　《朱子語類》,第1冊,卷9,頁155。

88　同上書,卷5,頁97。

89　同上書,卷9,頁155。

90　牟宗三:《康德的道德哲學》,頁266〔13: 292〕;亦見頁285〔13: 318〕及453〔13: 520〕。

判定朱子為「別子為宗」，亦非武斷。至於伊川、朱子何以同屬
一系，牟先生在《心體與性體》之相關章節中已有詳細分疏，此
處不復贅言。

　　走筆至此，我們似乎已無必要再詳論：何以宋明理學之另兩
系──五峰、蕺山系與陸、王系──屬於自律倫理學。千言萬語，
其關鍵問題只在於：他們是否承認孟子的「本心」義，而接受「心
即理」的義理架構？如果是的話，則必屬於自律倫理學。不接受
此義理架構，但有一個獨立意義的「道德主體」概念，仍不失為
自律倫理學；此如康德所表現的型態。若連「道德主體」的概念
亦不能挺立起來（如朱子），便只能歸諸他律倫理學。本文的目
的僅在提出決定此問題的標準；至於針對儒家之各派學說，一一
決定其性質，自非一篇文章之篇幅所能處理。

孟子與康德的自律倫理學

一、前言

　　不久前筆者在第六屆「鵝湖論文研討會」發表了一篇論文，討論以「自律」（Autonomie）概念解釋儒家倫理學的合宜性問題[1]。筆者在該文中試圖證明牟宗三先生的論斷：在儒家主流（孔、孟及宋明儒中的陸、王系與五峰、蕺山系）中的倫理學基本上屬於自律倫理學，而荀子和伊川、朱子為歧出，只能成就他律倫理學。這個論斷近年來引起了不少批評與質疑[2]。這些批評者多半強調儒家倫理學與康德倫理學之間的差異，以此證明康德的「自律」概念不宜用來解釋儒家思想。儒家思想（即使就其主流而言）與

1　此文收入《鵝湖學誌》，第1期（臺北：文津出版社，1988年5月），頁1-32，以及本書，頁11-46，題為〈儒家與自律道德〉。

2　最明顯的例子是黃進興先生的論文：〈所謂「道德自主性」：以西方觀念解釋中國思想之限制的例證〉，《食貨》，復刊第14卷，第7、8期（1984年10月），頁77-88；後收入其《優入聖域——權力、信仰與正當性》（臺北：允晨文化出版公司，1994年），頁3-24。

康德倫理學是由不同的文化根源發展出來的兩個系統，在不同的
文化背景之中各有其特殊的問題與關切，自然不可能完全相同。
但光是列舉出一些差異，不足以推翻上述的論斷，因為這些差異
可能只是由於特殊的文化條件而產生，在整個學說系統中只居於
邊緣的地位。這點一般人並不難了解。但這些批評者往往忽略：
縱使在儒家與康德的倫理學系統間有基本的差異，這仍不足以證
明儒家倫理學（至少就其主流而言）不是自律倫理學。因為這類
基本差異中有些是屬於系統之特殊型態者，未必影響到一倫理學
系統之為自律的與否。

　　由於康德首先在倫理學中使用「自律」的概念，以說明道德
之本質，因此一般人在談到「自律」的概念時，常以康德的倫理
學系統為標準，以決定那些系統屬於自律倫理學。但他們卻忽略
了一項區別：康德用以說明道德之本質的「自律」概念是一回事，
而他根據此概念所建立的倫理學系統是另一回事。康德由一般人
的道德意識之分析發現道德之基本原則，即「意志底自律」。但
這並未顯示出康德倫理學系統的獨特型態。任何人只要具有純粹
而真切的道德洞識，便會接受在其「自律」概念中所包括的一切
內涵。但一般所謂「康德式的倫理學」（Kantische Ethik）並不止
包括這些內涵而已；它還包括一套獨特的系統，這套系統預設一
種關於道德主體性的特殊架構。簡言之，康德倫理學預設理性與
情感二分的架構，其道德主體（嚴格意義的「意志」）只是實踐
理性，一切情感（包括道德情感）均被歸諸感性，而排除於道德
主體性之外 [3]。接受康德以自律為道德之本質的觀點者，不必然

3　參閱拙文：〈儒家與自律道德〉，前引書，頁12-13〔本書，頁27-28〕。

接受其全部倫理學系統，以及其道德主體性的架構；這點由康德以後德國理念論（Deutscher Idealismus）之發展可以證明。康德的後學——如席勒（Friedrich Schiller, 1759-1805）、菲希特（Johann Gottlieb Fichte, 1762-1814）、黑格爾（G. W. F. Hegel, 1770-1831）——以及現代的現象學倫理學對於康德以自律為道德之本質的觀點均無異議，但卻不接受其道德主體性的架構。這證明：我們實有必要將康德的「自律」原則與其基於此原則而建立的倫理學系統分別看待，並且承認自律倫理學的可能型態不止一種。因此，決定一套倫理學系統是否屬於自律倫理學的，並非康德的整個倫理學系統，而是其「自律」原則。

在前面提到的那篇論文中，筆者詳細闡述康德的「自律」概念中所包括的內涵，並且據此分判儒家各系的倫理學之基本型態。但筆者的分判只是就各系的綱領而說，在其學說的細節方面著墨不多。本文的目的是要就細節方面進一步說明：何以孟子的道德哲學是自律的？而筆者所依據的標準即是康德的「自律」原則。但為了避免重覆，筆者不再詳述康德的這個原則之內涵，而只在討論孟子的相關學說時隨文提及。讀者若欲知康德的「自律」原則之詳細內容，可自參閱該文。

二、道德之絕對性

康德在一般人的道德意識中首先發現：一項道德的要求之所以異於其他實踐的誡規者，在於其絕對性，亦即無條件性。在《道德底形上學之基礎》一書中，他在第一章便開宗明義說道：

> 在世界之內，甚至根本在它之外，除了一個善的意志以
> 外，我們不可能設想任何事物，它能無限制地被視為善
> 的。[4]

而一個善的意志之所以為無限制地善的，是因為它所體現的善不以其他意義的「善」為條件。所以，康德說：

> 善的意志之為善，並非由於其效果或成就，即非由於
> 它宜於達成任何一項預定的目的而僅由於其意欲
> （Wollen），也就是說，它自身就是善的〔……〕[5]

換言之，善的意志具有絕對的價值，而不只是相對的價值。康德發現：這個「善的意志」之概念早已存在於「自然的健全知性」中[6]。事實上，這即是道德的意志，而這種絕對的價值即是道德的價值。

由於我們人類有感性生命之帶累，道德的要求對於我們的現實意志（意念）而言，具有強制性，因而是一種命令。康德借用文法學的術語，把表達這種命令的程式稱為「令式」（Imperativ）[7]。由於道德要求之無條件性，它宜於用定言令式（kategorischer Imperativ）來表達，例如：「你應當誠實！」因為「定言令式是這

4　*Grundlegung zur Metaphysik der Sitten* (以下簡稱 *GMS*), *Kants Gesammelte Schriften* (Akademieausgabe,以下簡稱 *KGS*), Bd. 4, S. 393.

5　*GMS, KGS*, Bd. 4, S. 394.

6　同上註，S. 397.「自然的健全知性」即指一般人的意識，相當於英文中的common sense。

7　同上註，S. 413.

樣的令式：它表明一個行為自身（無關乎另一項目的）在客觀方面是必然的」[8]。其他的誠規均須預設另一項目的，因而是有條件的；所以，它們只宜於用假言令式（hypothetischer Imperativ）來表達，例如：「如果你想痊癒，就應當吃藥！」在一個假言令式中，主句與副句的關係正是一種條件關係或者手段與目的之關係。所以，「假言令式表明一個可能行為之實踐必然性，而這個行為是達成我們所意願的（或者可能意願的）另一事物的手段」[9]。總而言之，定言令式與假言令式之分別正是無條件的道德要求與有條件的實踐誠規之分別。

孟子固然未使用「善的意志」、「定言令式」等概念，但其肯定道德之絕對性，則無二致。《孟子·公孫丑上》：

> 所以謂人皆有不忍人之心者，今人乍見孺子將入於井，
> 皆有怵惕惻隱之心——非所以內交於孺子之父母也，非
> 所以要譽於鄉黨朋友也，非惡其聲而然也。（3.6）[10]

「乍見」二字表示這是在一切現實的考慮尚來不及發生作用時本心之直接呈現。此種「怵惕惻隱之心」的發用、以及由此而產生的救援行動，均不預設任何進一步的目的。這種目的即是「內交於孺子之父母」、「要譽於鄉黨朋友」、「惡其聲」（厭惡孺子的哭聲而欲消除之）等，當然還可以無窮盡地列舉。因此，我們可以

8　同上註，S. 414.

9　同上註。

10　以下引用《孟子》時，均依據楊伯峻《孟子譯注》（北京：中華書局，1960年），並將篇章編號直接附於引文之後。

借用康德的術語而說：此種「不忍人之心」或「怵惕惻隱之心」
所發出的道德要求只能用定言令式來表達，因為它是一種無條件
的要求。

三、存心倫理學

　　由以上定言令式的分別，我們也可區別兩種意義的「善」：「道
德之善」與「自然之善」。前者即「善的意志」之善，是絕對的、
無條件的善；其價值在於它自身，而非在於它之能實現或達成另
一項目的。反之，後者是一種相對的、有條件的善；其價值僅在
於它之能實現或助成所預設的目的。因此，康德說：

> 一個出於義務的行為之道德價值，**不在**於由此而會達到
> 的**目標**，而在於此行為據以被決定的格律（Maxime）；
> 因此，不繫於此行為底對象之實現，而僅繫於**意欲**底**原
> 則**（該行為根據這項原則發生，而不考慮欲求能力底一
> 切對象）。[11]

此所謂「出於義務的行為」（Handlung aus Pflicht）係相對於「合
乎義務的行為」（pflichtmäßige Handlung）而言。後者係指僅在
外表上合於道德之條文、但未必體現道德之精神的行為。譬如，
一個商人為了謀取更大的利益而遵守「童叟無欺」的信條，即屬
此類。這類行為只具有「合法性」（Legalität），而未必有「道德

11　*GMS*, *KGS*, Bd. 4, S. 399f.

性」（Moralität）。唯有出於義務的行為才具有真正的道德性，因為在這種行為中，我們是為義務而義務，是以義務為「存心」（Gesinnung），而非為了其他目的才遵守義務。因此，唯有出於義務的行為才能體現道德之絕對性。套用後來謝勒（Max Scheler, 1874-1928）的術語來說，康德這種倫理學是一種「存心倫理學」（Gesinnungsethik），而非「功效倫理學」（Erfolgsethik）。

孟子的倫理學也屬於「存心倫理學」，這由《孟子・離婁下》篇的兩段話可以證明：

> 人之所以異於禽獸者幾希！庶民去之，君子存之。舜明於庶物；察於人倫，由仁義行，非行仁義也。（8.19）

> 君子所以異於人者，以其存心也。君子以仁存心，以禮存心。（8.28）

此處的「存心」一詞正可恰當地表示康德所謂 Gesinnung 之涵義。在這兩段話中的「君子」顯然是指有德者。「人之所以異於禽獸者」即是「君子所以異於人者」，均是就其生命中所表現的道德性而言。而今孟子明言：此道德不在於他處，而在於其存心。「以仁存心，以禮存心」即是為義務而義務，為道德而道德。「由仁義行」是出於義務而行為；「行仁義」則是只求行為合乎義務。正因此故，孟子才能說：「君子所性，雖大行不加焉。雖窮居不損焉，分定故也。」（13.21）「分定」，猶言「義務」（Pflicht）也。義務之所以為義務，並非由於行為之結果（「大行」或「窮居」）。行為之結果對於其道德性無所增損。由是觀之，孟子必然主張「存心倫理學」。

四、形式主義倫理學

　　自從謝勒在其名著《倫理學中的形式主義與實質的價值倫理學》(*Der Formalismus in der Ethik und die materiale Wertethik*)中稱康德的倫理學為「形式倫理學」(formale Ethik),而批評其「形式主義」以來,「形式主義倫理學」(formalistische Ethik)幾乎成為「康德倫理學」的同義語。但是在倫理學討論中使用「形式主義」一詞者,不論是為了維護康德,還是為了批評他,都未注意到:在康德的倫理學中,我們可以就兩個不同的意義層面使用這個語詞。由於忽略了這種區別,遂產生許多無謂的糾葛。

　　康德本人並未在倫理學中使用「形式主義」一詞。但在《道德底形上學之基礎》中,他把一切實踐原則區分為「形式原則」與「實質原則」兩種。他說:

> 　　欲求底主觀根據是**動機**(Triebfeder),意欲底客觀根據是**動因**(Bewegungsgrund)〔……〕如果實踐的原則不考慮一切主觀目的,它們便是**形式的**;但如果它們以主觀目的、因而以某種動機為根據,它們便是**實質的**。一個有理性者隨意選定為其行為底**結果**的那些目的(實質的目的),均是相對的;因為唯有它們對主體底一種特殊欲求能力的關係能予它們以價值。所以,這種價值無法提供對一切有理性者、也對每個意欲均有效且必然的普遍原則,亦即實踐法則。因此,這一切相對的目的只

是假言令式底根據。[12]

由此可知：康德所謂的「實質原則」即是可以用假言令式來表達的實踐誡規；它們預設某種目的，故其有效性是相對的。反之，「形式原則」不以任何目的為前提，故可以用定言令式來表達；此即真正的道德原則。道德的意志即是以形式原則（道德法則）為格律的意志。但康德的意思並不是說：道德的意志不具有任何目的。此種意志既是實踐的，焉能不具目的？道德法則之所以為形式的，是因為它不預設任何目的（質料）：它可以決定目的，卻不能為任何目的所決定。以康德在《實踐理性批判》中的話來說：

> 「善」與「惡」底概念不能先於道德法則（表面看來，這種法則甚至必須以「善」與「惡」底概念為基礎）而被決定，卻是必須只〔……〕後於且透過道德法則而被決定。[13]

「善」、「惡」是純粹實踐理性之對象（質料）；若依之以決定實踐原則，這種原則便是相對的，因而不是真正的道德法則。因此，道德法則只能由道德主體提供，而不能求之於對象。這裡包含對西方傳統倫理學之思考方式的一個大扭轉，美國學者西爾柏（John R. Silber, 1926-2012）很恰當地稱之為「倫理學中的哥白尼式革命」[14]。

12　同上註，S. 427f.

13　*Kritik der praktischen Vernunft*（以下簡稱 *KpV*），Bd. 5, S. 62f.

14　John R. Silber: "The Copernican Revolution in Ethics: The Good Reex-

如果我們把這種新的思考方式稱為「形式主義」，那麼凡是接受自律原則為道德之基本原則者，不論其最後建立的倫理學系統屬於什麼型態，均必須接受這種「形式主義」。這是「形式主義倫理學」之第一層（也是基本的）意義。

然而，由於康德將道德主體只看成實踐理性，將一切情感因素排除於道德主體性之外，故其形式原則只能是理性原則，並且我們對道德法則的把握也只能出之以理性底活動，而不能出之以一種像謝勒所謂的「價值感」（Wertfühlen）[15]。再者，由於這種理性與情感二分的主體性架構，康德的形式原則本身只是「判斷原則」（principium dijudicationis），而非「踐履原則」（principium executionis）；其道德主體只是立法者，本身不含實現道德法則的力量，此種力量落在感性層中的道德情感上[16]。這是「形式主義倫理學」的第二層意義，係基於康德倫理學的特殊型態，而非一切自律倫理學所共有者。謝勒所批評的「形式主義」主要是就這一層意義而言。

就「形式主義」的第一層意義（這屬於自律倫理學的核心思想）而言，我們可以斷定：孟子的倫理學是一種形式主義倫理學。這點直接證之於其「仁義內在」說，間接證之於其性善說。孟子

---

amined", in: Robert Paul Wolff (ed.), *Kant: A Collection of Critical Essays* (Notre Dame: University of Notre Dame Press, 1967), p. 266.

15　參閱Sheler: *Der Formalismus in der Ethik und die materiale Wertethik* (Bern: Francke, 1966), S. 262ff.

16　參閱拙著Ming-huei Lee: *Das Problem des moralischen Gefühls in der Entwicklung der Kantischen Ethik* (Taipei: Institute of Chinese Literature and Philosophy, Academia Sinica, 1994), S. 265ff.

的「仁義內在」說見於〈告子上〉篇第四、五章中孟子與告子、
公都子（代表孟子）與孟季子（代表告子）間的辯論。孟子主「仁
義內在」說，告子主「仁內義外」說。雙方所提的論證雖有引喻
失當、甚至不合邏輯之處，但其基本立場甚為清楚[17]。告子之所
以主張「義外」，是因為他把道德法則（義）看成由客觀事實（對
象）所決定者。「彼長而我長之，非有長於我也；猶彼白而我白
之，從其白於外也，故謂之外也。」（11.4）在另一章中，孟季子
也呼應此說：「所敬在此，所長在彼，果在外，非由內也。」（11.5）
依告子和孟季子的立場，我們之所以有「敬兄」的義務，是基於
「兄長於我」這個客觀事實；若無此事實，「敬兄」的義務亦不
存在。縱使孟子駁之以：「弟為尸（代神主之位），則誰敬？」他
們仍可回答道：在此情況下，我們有「敬弟」的義務，正是基於
「弟為尸」這個事實。用康德的話來說，告子和孟季子是根據對
象來決定道德原則，故只能建立實質的原則。

　　在這兩章中，孟子雖未提出正面的論據，但由其反對「義
外」，即反顯出他係站在康德的形式主義（就第一層意義而言）
之立場。如佐之以其性善說，我們即可知道他反對「義外」的理
由在於：道德法則（仁義）係出於道德主體性（性），而非由對
象所決定。所以，他說：「仁義禮智，非由外鑠我也，我固有之
也。」（11.6）

　　孟子論性，是就「人之所以異於禽獸者」而言，即從人之道

17　這兩章的詳細疏解，請參閱牟宗三：《圓善論》（臺北：臺灣學生書
　　局，1985年），頁12-19〔22: 11-19〕。

德主體性來說；這相當於康德所謂「智思的性格」（intelligibler Charakter）[18]。告子論性，則是就「生之謂性」的層面而言，即從人之動物性來說，故曰：「食色，性也。」（11.4）這屬於康德所謂「經驗的性格」（empirischer Charakter）[19]。若從道德主體性說「性」，則決定「道德之善」的道德法則（仁義）必然出於此性；孟子即因此而主「性善」說。由此觀點而論，告子實亦不能主張「仁內」。告子既不能肯定人之道德主體性，則仁之德何由而發而可謂之內？其所以主「仁內」之理由在於：

> 吾弟則愛之，秦人之弟則不愛，是以我為悅者也，故謂之內。長楚人之長，亦長吾之長，是以長為悅者也，故謂之外也。（11.4）

告子認為：在義之德，決定此德的是「年長」的事實，故無論是楚人之長者，還是我家之長者，均應敬之；這是由於其「年長」之事實使我願意敬之（「以長為悅者」），故謂之外。但在仁之德，似不如此。同樣基於「為人之弟」的事實，我卻只愛吾之弟，而不愛秦人之弟，這顯然是由於我的主觀態度使我願意如此（「以我為悅者」），故曰「仁內」。其實這種區別毫無意義。因為我們也可順著告子的思路而說：我之所以愛吾弟，而不愛秦人之弟，正是基於「他們與我的親疏遠近關係不同」這個事實，故亦可說

18　*Kritik der reinen Vernunf*, hrsg. von Raymund Schmidt (Hamburg: Felix Meiner, 1976), A539/B567. (A = 1781年第1版，B = 1787年第2版)
19　同上註。

「仁外」。如果只因仁之德與某種情感（愛）相聯結，便謂之內，那麼義之德又何嘗不與敬之情相聯結，而可謂之內？由此可知：仁義之為內在抑或外在，並非取決於其是否與某種主觀的情感相聯結，而是取決於其是否出於作為道德主體性的「性」。因此，告子其實只能主「仁義外在」說。「仁義內在」說與「仁義外在」說是兩個既窮盡又排斥的立場，並無第三種可能性。「仁內義外」云者，不過是由於思想不透徹而產生的不一貫而已。

五、道德之普遍性

既然康德所謂的「形式原則」不預設任何質料（目的），則其為道德法則，事實上只包含一項形式的要求：普遍化。因此，他說：

> 如今，若我們從一項法則抽除一切質料，亦即意志底每一對象（作為決定根據），那麼除了一個普遍立法底純然形式以外，就一無所賸了。[20]

康德認為：這個形式的要求隱含於一般人的道德意識中，因此我們只要分析「道德法則」的概念，便可抉發出這項要求來。這點不需要教導，只需要加以指點，使人注意到它[21]。因此，康德提出定言令式的第一個程式，即是：

20　*KpV*, *KGS*, Bd. 5, S. 27.
21　*GMS*, *KGS*, Bd. 4, S. 403f.

僅依據你能同時意願它成為一項普遍法則的那項格律
而行動。[22]

同樣的，孟子也肯定道德法則之普遍性。〈告子上〉篇有一
段話可以為證：

〔……〕故曰：口之於味，有同耆焉；耳之於聲也，有
同聽焉；目之於色，有同美焉。至於心，獨無所同然乎？
心之所同然者何也？謂理也，義也。聖人先得我心之所
同然耳。（11.7）

此「心」即「不忍人之心」或「怵惕惻隱之心」，亦即所謂「本
心」，也就是指道德主體本身。以味覺、聽覺、視覺之普遍性來
推想理、義（道德法則）之普遍性，當然只是一種類比而已。事
實上，感官知覺並不能有絕對的普遍性，至多只有相對的普遍性
（蓋然性）。但依孟子之見，道德主體所規定的道德法則必然有
絕對的普遍性。這不能以一般人未必皆依道德法則行事為由而加
以懷疑。我們也不能因有人不承認道德法則之有效性而對其普遍
性打折扣。因為在道德實踐中固有先知與後知、先覺與後覺之
分，人之本性卻無不同。聖人不過是能先證得此普遍之「性」的
先知先覺者而已。道德法則係出於我們的本性，雖聖人亦不能在
此教導我們，而只能以先知覺後知，以先覺覺後覺。此無他，因
我們有共同的本性，故能證知普遍的法則。因此，〈告子上〉篇

22　同上註，S. 421.

云：「人性之善也，猶水之就下也。人無有不善，水無有不下。」
（11.2）

六、人格之尊嚴

康德既然肯定道德法則的普遍性，則此種法則必然為理性原
則，因為絕對的普遍性是理性原則之特徵。而道德法則之為理性
原則，即意謂它適用於一切有理性者。因此，道德法則即是有理
性者的法則，以有理性者為其有效性的根據。康德把有理性者亦
稱為「人格」（Person）[23]。既然道德價值是絕對的，則決定道德
價值的主體（人格）也必然有無可替代的價值，即尊嚴（Würde）。
因此，我們不能把人格貶抑到工具的地位，而得承認它本身就是
目的。所以，康德把人格稱為「目的自身」（Zweck an sich selbst）
或「客觀目的」[24]。於是，他提出定言令式的第二個程式：

> 如此行動，即無論在你的人格還是其他每個人底人格中
> 的「人」（Menschheit），你始終同時當作目的，決不
> 只當作工具來使用。[25]

但我們不可誤會，以為康德承認人格為「目的自身」或「客觀目
的」，有違其形式主義的立場。因為在此並非道德法則預設目的
自身，而是「道德法則」的概念本身便涵蘊著「目的自身」的概

23　同上註，S. 428.
24　同上註。
25　同上註，S. 429.

念。承認道德法則之普遍有效性，而又否定人是目的自身，對康
德而言，是自相矛盾的。

孟子亦肯定人格之尊嚴；這點直接見於其「天爵」說之中。
〈告子上〉篇云：

> 孟子曰：「有天爵者，有人爵者。仁義忠信，樂善不倦，
> 此天爵也；公卿大夫，此人爵也。古之人修其天爵，而
> 人爵從之；今之人修其天爵，以要人爵；既得人爵，而
> 棄其天爵，則惑之甚者也，終亦必亡而已矣！」（11.16）

「爵」本是政治上的一種地位，如公、卿、大夫等。有此地位，
即受到某種程度的尊重；地位愈高，愈顯其尊貴。因此，「爵」
涵有「價值」之義。但政治上的爵位係由居上位者所授與，其價
值亦由此授與者決定，故均是相對的。一般人所看重的價值，大
抵皆屬此類；故孟子在下章中接著說：

> 欲貴者，人之同心也。人人有貴於己者，弗思耳矣！人
> 之所貴者，非良貴也。趙孟之所貴，趙孟能賤之。（11.17）

所以，人爵所顯示的價值並非絕對價值（「良貴」），以其價值由
他人所決定也。由此可知：絕對價值只能由自己創造、由自己決
定，而這只能是我們藉由道德實踐（仁義忠信，樂善不倦）加諸
自己的尊嚴；此即「天爵」也。故人之尊嚴顯示於其道德性，亦
即上文所提到的「人之所以異於禽獸者」或「君子所以異於人者」。

與「天爵」相對，「人爵」屬於「幸福」的概念。故「天爵」
與「人爵」的關係即相當於康德在《實踐理性批判》的〈辯證論〉

中所討論的道德與幸福之關係[26]。此處的「古之人」與「今之人」之對比，並非就歷史事實而言，而是表示「理想狀態」與「現實狀態」之對比。這是古書中常見的用法。「古之人修其天爵，而人爵從之」意謂：就理想狀態而言，天爵應為人爵之前提（雖然事實未必如此）。康德也認為：在「最高善」的概念中，道德與幸福這兩個性質完全不同的要素之結合必須以道德作為幸福之條件，而不能以幸福作為道德之條件[27]。因為康德在《實踐理性批判》的〈分析論〉中的「定理二」已證明：

> 一切實質的實踐原則就其自身而言，均屬同一類，並且隸屬於我愛或個人幸福底普遍原則。[28]

因此，以幸福作為道德之條件，只能建立實質原則，而成就他律道德。唯有以道德為幸福之條件，才能建立真正的道德原則，而成就自律道德。既然孟子認為天爵應為人爵之前提，其倫理學自應屬於自律倫理學。

再者，天爵與人爵之分亦即〈梁惠王篇〉第一章中的義利之辨。孟子答梁惠王以：「王何必曰利？亦有仁義而已矣！」並非反對謀利，而是反對「後義而先利」。苟能以義為先，利亦非不可求。「未有仁而遺其親者也，未有義而後其君者也」。「不遺其親」、「不後其君」雖屬於「利」，亦須以仁義為前提。此不可以

26　參閱牟宗三：《圓善論》，頁56-58〔22: 53-55〕。

27　參閱 *KpV*, *KGS*, Bd. 5, S. 114ff.

28　同上註，S. 22.

功利主義解之。此處的問題並非：利可不可求？而是：義、利二者，孰先孰後？用康德的話來說：到底應以道德為幸福之條件呢？還是應以幸福為道德之條件呢？只要承認義、利分屬不同的領域，則義與利之結合只有這兩種可能性，並無第三種可能性。南宋陳同甫主「義利雙行」，只是漫混，根本不成其為論點。就此點而言，孟子與康德的立場一致。

孟子既然在人的道德性中看到人的尊嚴，則他必須也承認作為道德主體的人格具有不可替代的價值，而不可被貶抑為工具。所以，他在〈公孫丑上〉篇強調：「行一不義，殺一不辜，而得天下，皆不為也。」（3.2）以康德的用語來說，每個人就其為道德主體而言，均是目的自身；因此，若他非因道德的理由應受懲罰，我們便不可犧牲他，以他作為達成其他目的（即使是為了得天下）的工具。其肯定人格之尊嚴，無以加矣！

七、道德之自律

在定言令式的第一個程式中，康德發現道德法則之形式：普遍性。在第二個程式中，他發現道德法則之質料：作為道德主體的「目的自身」。綜合這兩個面向，便可得到定言令式的第三個面向：道德法則是道德主體自定的普遍法則；此即「自律」的概念。他把道德主體（嚴格意義的「意志」）之自律視為「道德底最高原則」，因為這個原則顯示出道德之本質。他解釋道：

> 意志之自律是意志底特性，由於這種特性，意志（無關

乎意欲底對象之一切特性）對其自己是一項法則。[29]

簡言之，意志之自律即意志之自我立法。

　　但要完全了解康德的「自律」概念，我們還得了解他的「雙重世界」與「人的雙重身分」之理論。在《純粹理性批判》中，他承襲傳統哲學中「智思世界」（mundus intellgibilis）與「感性世界」（mundus sensibilis）之分別，將所有對象區分為「物自身」（Ding an sich）與「現象」（Erscheinung），或「理體」（Noumenon）與「事相」（Phaenomenon）。現在他把智思世界理解為由一切有理性者（目的自身）依據道德法則共同組成的「目的王國」（Reich der Zwecke）[30]。我們的自我一方面是道德主體，以物自身的身分隸屬於智思世界；另一方面，它是感性存有者（Sinnenwesen），以現象的身分隸屬於感性世界。如此，我們才能理解自律之可能性。因為在此，作為現象的我服從作為物自身的我所頒布的法則；我自己一方面是立法者，另一方面又是服從者，故是自我立法、自我服從。

　　如上所述，孟子亦承認這樣一種能立法的道德主體，即所謂「本心」；而仁、義、禮、智均是本心所制定的法則，非由外面所強加。其「性善」說必須由道德主體之自我立法去理解。告子由「生之謂性」的層面說人性，其實只肯定人的自然生命或動物性。人的自然生命是中性的，其本身不含道德法則，以決定道德之善、惡。故在告子，道德法則只能由外在的事實或對象來決定，

29　*GMS*, *KGS*, Bd. 4, S. 440.
30　參閱同上註，S. 433f. & 436.

故他只能主張「仁義外在」說。道德法則既非內在於性,則性之本身自然無所謂善惡,故他必主「性無善無不善」(11.6)之說。他說:

> 性猶杞柳也,義猶桮棬也。以人性為仁義,猶以杞柳為桮棬。(11.1)

> 性猶湍水也,決諸東方則東流,決諸西方則西流。(11.2)

這兩個譬喻均證明:告子之所謂「性」是中性的,故非道德法則之根源。反之,孟子的「本心」是能自定法則的道德主體。「雖存乎人者,豈無仁義之心哉?」(11.8)「仁義之心」即是能立法的道德主體。孟子即由此說「性善」。故性善說之中即涵著道德主體之自我立法,亦即自律。

前面提到:康德的「自律」概念與「人的雙重身分」之說不可分。孟子亦肯定人的雙重身分,此即其「大體/小體」之說。在「魚與熊掌」之喻中已涵有大體、小體之分。孟子說:

> 魚,我所欲也,熊掌亦我所欲也;二者不可得兼,舍魚而取熊掌者也。生亦我所欲也,義亦我所欲也;二者不可得兼,舍生而取義者也。(11.10)

軀體之存在(「生」)為自然生命之最後基礎,故孟子以之代表自然生命(「小體」)。道德(「義」)為精神生命之本質,故他以之代表精神生命(「大體」)。當我們的自然生命與精神生命不可得兼時,我們應當捨棄前者,以保全後者,因為後者是我們的人格尊嚴之所在。人格尊嚴之可貴已隱含於一般人的道德意識中;用

康德的術語來說，此即「理性底事實」（Faktum der Vernunft）。故孟子說：「非獨賢者有是心也，人皆有之，賢者能勿喪耳！」（11.10）若有人竟然為了維持自然生命而犧牲其人格之尊嚴，則是不知輕重，而「失其本心」。

因此，人的精神生命與自然生命實有輕重、貴賤之分，不可等量齊觀，孟子即以體之大小喻之：

> 體有貴賤，有大小。無以小害大，無以賤害貴。養其小者為小人，養其大者為大人。（11.14）

「體」並非指「軀體」。軀體豈有價值上貴賤之分？這裡的「體」相當於哲學中所謂的「自我」。故「大體」即相當於康德哲學中作為物自身而屬於智思世界的我，即道德主體也。「小體」則相當於作為現象而屬於感性世界的我。

這點由〈告子篇〉的另一章而益形明白：

> 公都子問曰：「鈞是人也，或為大人，或為小人，何也？」孟子曰：「從其大體為大人，從其小體為小人。」曰：「鈞是人也，或從其大體，或從其小體，何也？」曰：「耳目之官不思，而蔽於物，物交物，則引之而已矣！心之官則思，思則得之，不思則不得也。此天之所與我者。先立乎其大者，則其小者不能奪也，此為大人而已矣！」（11.15）

此章進一步申言「大體」、「小體」之義。小體是自然生命（包括心理、生理兩方面），此處僅提到聽覺、視覺兩種外感官能，即

修辭學中所謂「以曲例全」（pars pro toto）也。其實何止其他外
感官能，甚至內感官能（七情六慾之官能）亦皆屬於小體。感官
的機能是被動的；以康德常用的說法來表達，它們只能消極地為
外物所「觸動」（affizieren）。當它們與外物相接時，即為外物所
牽引，而皆落入自然法則之機括中——以康德的術語來說，即皆
落於「自然底因果性」（Kausalität der Natur）中。此中無任何自
主性可言，故無法透顯出精神生命之獨特性，故曰「蔽於物」。
精神生命之獨特性只能顯示於道德主體（心）之機能，即「思」。
「思」並非指一般意義的「思想」，尤其不能指理論理性之認知
作用。即使我們用「認知」一詞的引申義，這也必須指道德的認
知，即道德判斷之能力。其實這不僅涉及判斷作用而已，因為道
德的判斷即是道德的要求。因此，在「思」的作用中即包含一種
自主性，足以超脫於自然法則的機括之外，故曰：「思則得之，
不思則不得也。」若我們的「心之官」不能挺立起來，發生作用，
我們的生命即陷落於「自然底因果性」之中，而為小體所奪。故
我們的生命之超拔抑或陷落，全繫於此「思」之作用中的自主性。
於此即透顯出「自由」之義，故下節即轉至「自由」的問題。

八、意志之自由

　　康德分析出「自律」概念，以之為道德底最高原則之後，發
現：「自由底概念是說明意志底自律的關鍵。」[31] 因為就消極意

31　同上註，S. 446.

義而言，意志的自由即是它能夠不依待外在原因而獨立地發生作用的一種因果性，亦即能超脫自然法則之制約的因果性[32]。但是這不表示自由的意志是無法則的，因為它固然不受自然法則之制約，卻仍須服從它自定的法則（道德法則）。因此，康德說：

> 除了自律——亦即「意志對於自己是一法則」的這項特質——之外，意志底自由還可能是什麼呢？[33]

換言之，積極意義的「自由」即是意志之自律，亦即自我立法[34]。因此，意志的自由即是意志依據道德法則而引發行動的一種特殊因果性；此種因果性康德稱為「藉由自由的因果性」（Kausalität durch Freiheit）。

由此可知：我們的道德主體本身具有實現其法則的能力；這合乎所謂「應當（Sollen）涵著能夠（Können）」之義。因為在「藉由自由的因果性」之範圍內，道德主體可自作主宰；但若牽涉到以假言令式來表達的實踐誡規時，則落入「自然底因果性」之範圍，此時便無自由可言。故康德說：

> 滿足道德底定言命令，永遠是每個人力所能及；滿足幸福之以經驗為條件的誡規，則不常見，並且決非對每個人均是可能的（甚至僅就單一目標而言）。此其原因在於：前者僅牽涉到必然真實且純粹的格律，但後者卻牽

32　同上註；參閱*KpV*, *KGS*, Bd. 5, S. 33.
33　*GMS*, *KGS*, Bd. 4, S. 446f.
34　*KpV*, *KGS*, Bd. 5, S. 33.

涉到實現一個所欲對象的力量和自然能力。[35]

上文討論孟子的「大體／小體」之說時，我們已見到孟子以「思」來說明道德主體（心）之機能。「思則得之，不思則不得也。」故此「思」實具有一種「藉由自由的因果性」，由此顯示出道德主體之自由。此主體自由之義在孟子的另一段話中更加顯豁：

> 故苟得其養，無物不長；苟失其養，無物不消。孔子曰：
> 「操則存，舍則亡；出入無時，莫知其鄉。」唯心之謂
> 與？（11.8）

此段論心（道德主體）之活動。「操則存，舍則亡」即所謂「思則得之，不思則不得」，皆指心之自作主宰的能力，即自由。孟子在此引孔子之言，雖是要強調存養工夫之重要，但存養之可能必以道德主體之自由為根據。朱注云：「孔子言心，操之則在此，舍之則失去，其出入無定時，亦無定處如此。〔……〕程子曰：『心豈有出入？亦以操舍而言耳。〔……〕』」[36] 心非空間中之物，豈能有出入可言？故程子（頤）以操舍言之，是也。心之出入即心之隱顯，或操存而顯，或舍亡而隱，此皆決於心之一念之間，其權柄全在心自身之能力。故此心為一自由的主體，具有康德所謂的「藉由自由的因果性」。

35　同上註，S. 36f.

36　朱熹：《四書集注》（臺北：臺灣中華書局，四部備要本），《孟子集注》，卷6，頁7下。

　　唯有肯定心之自由，而將其活動歸諸「藉由自由的因果性」之範圍內，孟子才能說：

> 萬物皆備於我矣，反身而誠，樂莫大焉。強恕而行，求仁莫近焉。（13.4）

此相當於孔子在《論語・顏淵》篇中所謂「一日克己復禮，天下歸仁焉」（12.1）或在《論語・述而》篇中所謂「我欲仁，斯仁至矣」（7.30），皆是就道德主體之自由肯定「應當涵著能夠」之義。若從「自然底因果性」去理解「萬物皆備於我」，豈非成了神話？

　　至於自由與自然兩個領域之區分，亦見於孟子的一段話中：

> 求則得之，舍則失之，是求有益於得也，求在我者也。
> 求之有道，得之有命，是求無益於得也，求在外者也。
> （13.3）

第一句即指「藉由自由的因果性」，第二句則指「自然底因果性」。惟有在前者的範圍內才能言意志之自律、自主，而說：「求則得之，舍則失之。」由此可知：康德的「自由」概念之主要內涵均包含於孟子的學說中。

九、孟子與康德的倫理學之基本差異

　　從以上第二至八節的討論可見：凡康德的「自律」概念所包括的主要內涵均見於孟子的學說之中，其對應可謂絲絲入扣，無所遺漏。我們據此而判定孟子的倫理學屬於自律倫理學，似乎已

無爭論之餘地。但此項判定並不否定：孟子與康德的自律倫理學各有其獨特的型態，因而在某一方面具有基本的差異。筆者在本文〈前言〉中強調：我們必須把康德的「自律」原則與其基於此原則而建立的倫理學系統分別開來；接受其「自律」原則者，並不必然接受其整個倫理學系統。就「道德之本質在於自律」這個觀點而言，孟子與康德的看法並無出入，所不同者在於其道德主體性的架構。

康德哲學中的道德主體即「意志」（Wille）。但他使用「意志」一詞，有廣義與狹義之分。狹義的「意志」與「意念」（Willkür）有別，是指道德法則之制定者。廣義的「意志」包括意念在內；「意念」是道德法則之服從者，屬於「經驗的性格」。在康德，道德主體是狹義的「意志」，亦即「實踐理性本身」[37]。因此，一切情感（包括道德情感、愛、敬、同情等）均被排除於道德主體之外。康德固然承認這些情感有其理性的根據，因而具有道德的意義；但它們自身仍是感性的，因此不屬於道德主體本身。簡言之，康德的道德主體性之架構是一個理性與情感二分的架構。這個架構的特性表現於兩方面：首先，他把道德情感、對鄰人之愛、對自己的尊敬與良心（Gewissen）四者同視為我們對道德的感受性之主觀條件（人類學根據），而非道德之客觀根據[38]。其次，他把愛底義務（包括慈善、感恩、同情）與敬底義務中所涉及的情感或者解釋為道德行為之結果（而非動機），或者乾脆將它們智性化，

37　*Die Metaphysik der Sitten* (以下簡稱*MS*), *KGS*, Bd. 6, S. 213.
38　參閱同上註，S. 339-403.

而理解為一種格律或理想[39]。換言之，他堅持義務與愛好（Pflicht und Neigung）之二分。因此，他反對席勒（Friedrich Schiller, 1759-1805）所謂「對義務的愛好」的概念[40]。對康德而言，人同時擁有理性自我和感性自我，而一切情感均屬於感性自我；既然理性自我與感性自我永遠處於一種緊張狀態中，則道德的動機只能是「對道德法則的敬畏」，而非「對義務的愛好」。因為後者意謂這兩重自我間的緊張關係之消解，而康德認為：唯有一個無限存有者的意志才能超越此緊張關係；這種意志他稱之為「神聖意志」（heiliger Wille）[41]。因此，依康德之見，神聖意志只是我們人類永遠無法達到的一個理想[42]；如果有人竟然自以為具有神聖意志，即是以無限存有者自居，而陷於所謂「道德的狂熱」[43]。這些說法都得在理性與情感二分的主體性架構中去理解，而這個架構是康德倫理學（至少就其晚期的型態而言）之基本預設。

但孟子是否也預設這樣一個道德主體性的架構呢？要回答此問題，必須了解孟子的「四端之心」說。由於此說之關鍵性，我們得把孟子論「四端之心」最完整的一段文字抄錄於下，以便討論。〈公孫丑上〉篇云：

39　參閱拙著Ming-huei Lee：*Das Problem des moralischen Gefühls in der Entwicklung der Kantischen Ethik*, S. 263f. & 270ff.

40　Schiller: "Über Anmut und Würde", in: Eduard von den Hellen (Hg.), *Shillers Sämtliche Werke* (Säkular-Ausgabe, Stuttgart/Berlin: Cotta, 1904/5), Bd. 11, S. 217.

41　*GMS*, *KGS*, Bd. 4, S. 414 & 439.

42　*KpV*, *KGS*, Bd. 5, S. 32 & 122.

43　同上註，S. 84.

〔……〕由是觀之，無惻隱之心，非人也；無羞惡之心，
非人也；無辭讓之心，非人也；無是非之心，非人也。
惻隱之心，仁之端也；羞惡之心，義之端也；辭讓之心，
禮之端也；是非之心，智之端也。人之有是四端也，猶
其有四體也。有是四端而自謂不能者，自賊也；謂其君
不能者，賊其君者也。凡有四端於我者，知皆擴而充之
矣，若火之始然，泉之始達。苟能充之，足以保四海；
苟不充之，不足以事父母。（3.6）

此段引文承接第二節所引「所以謂人皆有不忍人之心者〔……〕」
的一段文字而來。

　　歷來對這段文字的解釋，頗有爭議，本文無法一一討論。在
宋明儒者的討論中，各家的解釋依其對「心」、「理」、「情」三個
概念的關係的理解方式而定。在各家理解此關係的方式中即透顯
出其所預設的主體性架構。而依主體性架構之不同，此段文字基
本上有兩種解釋方式，我們分別以朱子和陸象山為代表。朱注云：

惻隱、羞惡、辭讓、是非，情也。仁、義、禮、智，性
也。心，統性情者也。端，緒也。因其情之發，而性之
本然可得而見，猶有物在中而緒見於外也。[44]

是非之心所涉及的「是非」並不是知識上的是非，而是道德上的
是非。說惻隱、羞惡、辭讓、是非四端之心是「情」，並無不可；

44　朱熹：《四書集注》，《孟子集注》，卷2，頁7上。

但它們並非一般意義的「情感」，而是「道德情感」或「道德感」（moral sense）。仁、義、禮、智四者，朱子說為「性」，實即視之為「理」。因為《語類》有云：「性即理也，在心喚作性，在事喚作理。」[45] 仁、義、禮、智是理，用康德的術語來說，即是道德法則。朱子由此說性，以此為性之本然。然此性之本然何由而見？即由惻隱、羞惡、辭讓、是非之情見；此四端之情如性之端緒，而顯露於外。朱子即由此四端之情說「心」，故《語類》云：「情者，心之動。」[46] 故在心、性、情、理四者之關係中，心與情在一邊，性與理在另一邊；以朱子的理、氣二元來說，前者屬氣，而後者屬理。他說「心統性情」，實包含兩層不同意義的關係。心與情同屬氣，同屬康德所謂的「感性世界」。《語類》云：「靈處只是心，不是性，性只是理。」[47] 又云：「動處是心，動底是性。」[48] 心是活動原則，故為靈處、動處。心之活動即是情。故在朱子，心與情的關係是一種心理學的關係。朱子說性是「動底」，並非意謂它本身有活動，而只是意謂它是活動所依之理（非靈處、動處）。故心與性（即理）的關係並非一種心理學的關係，而是一種知識論的關係。又《語類》云：「心包萬理，萬理具於一心。」[49] 此「包」或「具」並非如康德所謂「意志底立法」之意，因為「心」在朱子屬於氣，根本不能制定道德法則。因此，

45　黎靖德編：《朱子語類》（北京：中華書局，1986年），第1冊，卷6，頁82。

46　同上書，卷5，頁97。

47　同上書，卷6，頁85。

48　同上書，卷6，頁88。

49　同上書，卷9，頁155。

這只能表示一種認知上的貶攝，而非道德主體之立法。故在朱子，並無一個獨立意義的道德主體，亦即無一個能立法的道德主體。其倫理學必屬他律倫理學，故其對孟子的理解必有問題。但朱子所預設的心、理二分或性、情二分的架構與康德的架構有相合之處，此即：兩者均將道德情感（四端之心）與道德法則（仁、義、禮、智）打成兩橛，而將前者歸諸感性（氣）。

　　若照朱子理解此段文字的方式去理解孟子，必將孟子的倫理學講成他律倫理學。故從義理上即可判定朱子的理解不合孟子原意。此外，從文獻上亦可證明朱注之非。朱子把惻隱、羞惡、辭讓、是非之心僅視為仁、義、禮、智之端，而與仁、義、禮、智本身有別，以前者歸諸氣，後者歸諸理。這似乎合於此段引文。但在〈告子上〉篇有另一段文字，卻無法如此去理解：

> 惻隱之心，人皆有之；羞惡之心，人皆有之；恭敬之心，
> 人皆有之；是非之心，人皆有之。惻隱之心，仁也；羞
> 惡之心，義也；恭敬之心，禮也；是非之心，智也。仁
> 義禮智，非由外鑠我也，我固有之也，弗思耳矣。（11.6）

「恭敬之心」即「辭讓之心」，用詞偶異耳。此段是孟子答公都子問性之善惡問題，而以此說明性善之義。其說「性善」，即從惻隱、羞惡、恭敬、是非之心去說。而他即就此四端之心說仁、義、禮、智之理，再就仁、義、禮、智說性善（「我固有之」）。如我們亦把四端之心說成「情」，則在此心、性、情、理四者為一事，而非如朱子所設想的，可打成兩橛。朱子亦發現此問題，故其注曰：

前篇言是四者為仁義禮智之端，而此不言端者，彼欲其
擴而充之，此直因用以著其本體，故言有不同耳。[50]

朱子解釋〈公孫丑篇〉那段文字時，以「端」為端緒之端，謂性
之端緒於此可見也；而此處卻將「端」理解為發端之端，以此為
擴充之發端也。其前後不一致，有如此者！姑不論此種不一致，
朱子係以前面那段文字為標準來解釋〈告子篇〉這段文字；但問
題是：何以我們不能以後者為標準來解釋前者呢？唯一可能的答
案是：前段文字較易套入朱子自己的義理系統中。但朱子的系統
與孟子的自律倫理學扞格不相入，故朱子的解釋必有問題。

於是，我們轉而看看陸象山的解釋。象山〈答李宰書〉有云：

心於五官最尊大。〈洪範〉曰：「思曰睿，睿作聖。」
孟子曰：「心之官則思，思則得之，不思則不得也。」
又曰：「存乎人者，豈無仁義之心哉？」又曰：「至於
心，獨無所同然乎？」又曰：「君子之所以異於人者，
以其存心也。」又曰：「非獨賢者有是心也，人皆有之，
賢者能勿喪耳。」又曰：「人之所以異於禽獸者幾希，
庶民去之，君子存之。」去者，去此心也，故曰「此之
謂失其本心」。存之者，存此心也，故曰「大人者，不
失其赤子之心」。四端者，即此心也；天之所與我者，
即此心也。人皆有是心，心皆具是理，心即理也，故曰
「理義之悅我心，猶芻豢之悅我口」。所貴乎學者，為

50　朱熹：《四書集注》，《孟子集注》，卷6，頁4上。

其欲窮此理，盡此心也。[51]

此是就本心說四端之心，且就此說性善（「人皆有是心」），而心即理；故此處的心、性、理為一事，而與〈告子篇〉那段引文相吻合。但問題是：這是否也能解釋〈公孫丑篇〉那段引文呢？這裡有兩個必須解決的問題。一是：「端」字如何解？二是：惻隱、羞惡、辭讓、是非四者顯然是情，如何能與本心、性、理為一呢？

前面已提過：我們不妨把這四端之心說成「道德情感」。但我們不必依康德的方式，將道德情感歸諸感性。二十世紀現象學倫理學的貢獻之一即是發現我們在價值之領會中所涉及的「情感」非一般意義的情感。為了區別起見，謝勒在論及「價值感」時，以Fühlen一詞代替通常所使用的Gefühl一詞。一般所謂的「情感」可以在肉體的確定位置中作為一種感性狀態而被給與，而謝勒所謂的「價值感」卻是一種先天的意向性體驗[52]。我們固然不能硬說：孟子的「四端之心」即屬謝勒的「價值感」；但謝勒之區分Fühlen和Gefühl卻可幫助我們了解：並非一說到「情」，就一定要歸諸感性。因此，縱使說四端之心是「情」，「情」應當是Fühlen，而非Gefühl。如此，四端之心即上提到本心（道德主體）的層次，仁、義、禮、智為本心所制定之理（法則），四端之心為本心自求實現的力量所表現之相。此處之「端」仍可解為「端緒」，但此「端緒」是就本心所表現之相而言；本心有多少理，

51　《陸九淵集》（北京：中華書局，1980年），卷11，頁149。

52　參閱Scheler: *Der Formalismus in der Ethik und die materiale Wertethik*, S. 77ff. & 335ff.

即有多少相，故曰「惻隱之心，仁之端也」云云。由本心表現之相，即可知其體，故謂此相為「端」。此「端」不可解作「發端」義。否則說：惻隱之心為仁之發端，豈合乎孟子本意？「發端」即含「未完足」之義，而孟子明明說：「仁義禮智，非由外鑠我也，我固有之也。」既已固有之矣，又視惻隱之心僅為其發端，豈非使性善之義落空？此義亦無礙於擴充之工夫，因為擴充之工夫必須以此完足之性為其根據。故依象山的解釋方式，孟子實打破康德的情感與埋性之二元架構。

這種解釋還有一個極有力的佐證，即象山所引孟子的「理義之悅我心，猶芻豢之悅我口」（11.7）這句話。理義（道德法則）悅我心，此「悅」即席勒所謂「對義務的愛好」。而在康德的情感與理性二分的架構中，他不能承認這種「悅」，因為能悅理義之心正是他所謂的「神聖意志」，而他決不承認人有這種意志。由此觀之，象山「心即理」的義理架構與孟子倫理學之系統相應；此正是孟子倫理學與康德倫理學的基本差異之所在。

十、結語

從以上第二至第八節中的對比，我們可斷定：孟子與康德同樣肯定「自律為道德之本質」的立場，因而其倫理學同屬自律倫理學。在這個前提之下，我們並不否定：孟子與康德的倫理學系統有其基本差異，各自表現出不同的型態。由第九節中的分析可知：此項基本差異在於兩者所根據的道德主體性的架構。康德的倫理學預設一個情感與理性二分的架構，而將一切情感（包括道

德情感）排除於道德主體之外。孟子則採「心即理」的義理架構，從四端之心說本心，本心即性。但此項基本差異並不影響兩者之同為自律倫理學，因為其差異是在哲學人類學的層面，而非在倫理學的原則論（ethische Prinzipienlehre）的層面上表現。在後一層面上，這兩套倫理學相互對應，若合符節。因此，以「自律」概念來解釋孟子的倫理學，決非比附，而是相應的。此項分辨或許有助於澄清近年來有關以康德解釋儒家的合宜性問題之爭論。

再論孟子的自律倫理學

一、前言

　　《哲學與文化》第15卷第6期刊出孫振青先生的〈關於道德自律的反省〉一文。該文係對我於1988年4月23日應利氏學社之邀所宣讀的〈孟子與康德的自律倫理學〉一文的評論。在該場討論會中，正是由孫先生擔任講評，當時我也曾針對孫先生的評論提出幾點答辯。當時討論的情形見於同期《哲學與文化》劉若韶先生的報導〈自律與他律〉一文中。可惜由於時間之限制，當時孫先生與我均未能暢所欲言。現在孫先生發表了這篇書面評論，使我們更完整地了解他的觀點。孫先生的觀點代表國內一些人士（特別是天主教界）對儒家哲學的理解方式；因此，趁這個機會對此問題作進一步的討論、辨析，當非無意義之事。

　　孫先生同意：孟子與康德的倫理學有許多相似之處。在這個前提之下，他特別指出兩者之間的四點差異。我在上述的論文中強調：我們得分判儒家倫理學與康德倫理學之間的差異究竟屬於「自律」概念的範圍，還是屬於系統的特殊型態。若這種差異屬

於後者，並不影響到「孟子倫理學為自律倫理學」的論斷；若是屬於前者，則以康德的「自律」概念理解孟子的倫理學，便不無可議之處了 [1]。而孫先生所舉出的四點差異均涉及「自律」的概念，足以影響到我的論斷，故不能不加以辨析。以下即針對孫先生所列舉的四點差異逐項加以討論。

二、康德「現象」與「物自身」的哲學架構是否適於詮釋孟子的思想？

康德的「自律」學說包含「現象」與「物自身」之區分，並且肯定人的雙重身分。依此，人一方面以物自身的身分制定道德法則，另一方面以現象的身分服從道德法則。依我之見，孟子的「大體」、「小體」說已包含這種雙重身分說 [2]。孫先生所提出的第一點差異即針對此點而言：「在孟子則沒有本體與現象之區分。雖然他區分了大體（本心）與小體（耳目之官），但這不是康德之意。」[3] 此處所謂的「本體」與「現象」即指Noumenon與Phaenomenon，我譯為「理體」與「事相」。在康德哲學中，「理體」與「事相」之分約略等於「物自身」（Ding an sich）與「現象」

1　參閱拙文：〈孟子與康德的自律倫理學〉，《哲學與文化》，第15卷，第6期（1988年6月），頁2-3；亦見《鵝湖月刊》，第155期（1988年5月），頁5-6〔本書，頁48-49〕。以下引述時，以《鵝湖月刊》之頁數為準，並附上本書之頁碼。

2　同上註，頁11〔本書，頁66-68〕。

3　孫振青：〈關於道德自律的反省〉，《哲學與文化》，第15卷第6期（1988年6月），頁17。

（Erscheinung）之分；「理體」的範圍較「物自身」為廣，上帝、自由、不滅的靈魂亦屬於「理體」的範圍。現象與物自身之區分康德稱為先驗的（transzendental），以別於洛克的初性與次性之經驗區分和萊布尼茲的感性知識與智性知識之邏輯區分 [4]。

　　在《純粹理性批判》一書中，現象與物自身之區分是一種知識論的區分，為康德所採的知識的主體主義所必涵。依康德之意，現象是對象之顯現於我們者；他既然把時間和空間視為我們的感性之主觀形式，把範疇視為我們的知性之純粹概念，則現象便是我們藉著時間、空間和範疇這些形式條件所認識的對象。此時我們若設想對象之獨立於這些形式條件而有其本來面目，便形成「物自身」的概念。這些形式條件若要有認知的意義，便須透過感性直觀（依康德之見，這是我們人類僅有的直觀方式）取得知識的材料。我們若抽除感性直觀的一切條件，憑知性設想像物自身這類的可能對象，便形成「理體」的概念；這是「理體」概念的消極意義 [5]。但我們還可以進一步設想理體為智性直觀（intellektuelle Anschauung）的對象；這是「理體」的積極意義 [6]。但是康德不承認人有智性直觀，故對他而言，理體無法成為我們的知識之對象。在此意義下，他稱「理體」的概念為「或然的」（problematisch）；這意謂：此概念本身不包含矛盾，但我們也無法肯定其客

4　*Kritik der reinen Vernunft* (以下簡稱*KrV*), hrsg. von Raymund Schmidt (Hamburg: Felix Meiner, 1976), A44f./B61f. (A = 1781年第1版，B = 1787年第2版).

5　*KrV*, B307.

6　同上註。

觀實在性[7]。因此，康德說：「理體底概念〔……〕只是個界限概念，用以限制感性之僭越，且因此只有消極的運用。」[8]

如果我們只根據這層知識論的意義來理解「理體」或「物自身」，則我們必須承認孫先生的判斷：孟子並無「理體」與「事相」之區分。但是在知識論的脈絡中，「理體」或「物自身」的真正涵義並未充分顯現出來。究極而言，「物自身」並非一個知識論的概念，而是一個倫理學的概念。康德在《純粹理性批判》中討論純粹理性之第三背反（自由與自然之背反）時，已暗示了這層涵義。如果我們承認因果法則在自然世界中的必然性，則自由（即絕對地開啟一狀態及其結果之系列的特殊因果性）何所容身呢？若我們承認這種先驗的自由，豈非破壞了因果法則的必然性？由此便形成一種背反。但康德所謂的「背反」（Antinomie）並非邏輯的矛盾（這種矛盾他稱為「分析的對立」[9]），而只是表面的矛盾，或稱為「辯證的對立」[10]。在包含邏輯矛盾的兩個命題中，其中一者為真，另一者必為假；一者為假，另一者必為真。但在背反中，正論與反論卻可同為真或同為假。就這第三背反而言，其正論與反論可同為真；換言之，「自然底因果性」與「藉由自由的因果性」可以並存。化解這種表面矛盾的關鍵即在於現象與物自身之區分。就自然為現象之總合，自然世界為現象世界而言，我們可堅持因果法則的必然性；在這個層面上，確無自由

7　　*KrV*, A254/B310.

8　　*KrV*, A255/B310f.

9　　*KrV*, A503f/B531f.

10　　同上註。

可言。然而，我們除了從現象的觀點去理解一個存有者的因果性之外，還可以從物自身的觀點去理解其因果性；自由之可能性唯有在後一層面上才可理解，且不致與因果法則的必然性相牴牾。

由於自由必須關聯著主體而言，我們可根據以上的雙重觀點來了解人的雙重性格。如果我們把人看成感性世界中的主體，將其行為視為現象（它們與其他現象依照自然法則相聯繫），則他有一種「經驗的性格」（empirischer Charakter）[11]。但如果我們將此主體視為那些作為現象的行為之原因，而他本身卻不繫屬於任何感性的條件，因而不是現象，則我們承認他有一種「智思的性格」（intelligibler Charakter）[12]。然而，在《純粹理性批判》一書中，康德只能說明「智思的性格」之可能性，以及這兩重性格之不相矛盾。直到《道德底形上學之基礎》及《實踐理性批判》二書中，他才藉由道德法則間接證明「智思的性格」及其所涵的自由之實在性。他認為：道德法則係作為「理性底事實」（Faktum der Vernunft）而隱含於一般人的道德意識中。在這個脈絡中，我們才能充分掌握「物自身」的本質意義：「物自身」是透過道德意識而展現於我們的道德主體之界域。德國學者克隆納（Richard Kroner, 1884-1974）亦深明此義，而說道：「物自身之對象並不是作為知識的一嶄新的對象之對象性而展現其自身，而是以義務之對象的姿態而展現其自身——即作為意志的對象。」[13] 又說：「物

11　*KrV*, A539/B567.

12　同上註。

13　克隆納：〈康德的世界觀〉，收入關子尹譯：《論康德與黑格爾》（臺北：聯經出版社，1985年），頁138。

自身乃是人類底道德探求的目標。」[14]

　　就「物自身」一詞的這種本質意義而言，孟子誠然未提出這個概念，但此概念所具的基本涵義大抵均見於孟子的相關學說中。就其大體、小體之說而言，此中實隱含物自身與現象之區分，以及人的雙重身分之說。孟子論「小體」，係就耳目之官來說：「耳目之官不思，而蔽於物。物交物，則引之而已矣！」（11.15）[15] 耳目之官是我們的感覺官能，隸屬於感性主體。感覺官能的特性在於其被動性（「不思」）。除非有另一種力量作其主宰，否則它們一與外物相接，即為外物所牽引。「物交物」之「物」，後者指外物，前者指耳目之官。耳目之官在其被動性中為外物所牽引，則與外物同落入自然底機括中，而與外物無異了。在此，我們不妨看看康德如何論人的經驗性格：

　　　　〔……〕每一個致動因必有一種性格，亦即其因果性底一種法則；若無這種法則，它將完全不成其為原因。而在此情況下，我們首先在感性世界底一個主體中擁有一**種經驗的性格**；由於這種性格，其作為現象的行為依照不變的自然法則與其他現象完全聯結起來，並且能由這

14　同上註，頁139。牟宗三先生亦有類似的看法。他強調：物自身「不是一個認知上所認知的對象之『事實上的原樣』之事實概念，而是一個高度價值意味的概念」見其《現象與物自身》（臺北：臺灣學生書局，1975年），頁8〔21:8〕。〔〕中是《牟宗三先生全集》（臺北：聯經出版公司，2003年）的冊數及頁碼。

15　以下引用《孟子》時，均依據楊伯峻《孟子譯注》（北京：中華書局，1960年），並將其篇章編號直接附於引文之後。

> 些現象（作為其條件）被推衍出來，且因此與它們相結
> 合，構成自然秩序底唯一系列之環節。[16]

這段話非常適切地表達出上文所謂「物交物，則引之而已矣」一
語之涵義：耳目之官及其所對的外物全屬於感性世界，以現象的
身分依因果法則相互聯結起來；此時感性主體的行為能以外物為
條件而由之被推衍出來。因此，耳目之官正屬於康德所謂的「經
驗性格」。

　　有人可能懷疑：孟子何嘗有「現象」的概念？因為「現象」
須與「物自身」相對而言，始有意義。在孟子，「小體」與「大
體」相對而言。他是就「心之官」來說「大體」：「心之官則思，
思則得之，不思則不得。此天之所與我者。先立乎其大者，則其
小者不能奪也。此為大人而已矣。」（11.15）此「心」即所謂的
「本心」，是就道德主體而言。孟子言「心」，不從認知心去說，
故此處所謂的「思」並非知識意義的「思」。此「思」乃是〈離
婁篇〉所謂「思誠」（7.12）之「思」，為實踐意義的「思」。「思
則得之，不思則不得」相當於〈告子篇〉所引孔子的話：「操則
存，舍則亡。」（11.8）此係就心之自作主宰的能力（自由）而言。
因此，藉由心之官所開展的界域即自由底界域，亦即孟子所謂「求
則得之，舍則失之，是求有益於得也，求在我者也」（13.3）的界
域。與此相對，藉由耳目之官所開展的界域屬於「求之有道，得
之有命，是求無益於得也，求在外者也」（13.3）的界域。在此界

16　*KrV*, A539/B567.

域中並無自由可言，因為這屬於康德所謂「自然底因果性」之範圍。至於心之官所開顯的界域，則屬於他所謂「藉由自由的因果性」之範圍。

我們在此以「自由」來說明「思」的作用，但須強調：此所謂「自由」不可依一般的意義去理解。依一般人的理解，不受外在條件之影響而作抉擇的能力即是自由。依康德之見，這並非真正的自由。因為我們的抉擇固然不受外在條件之影響，卻仍可能為內在的心理法則所決定，因而仍落入「自然底因果性」之中。這種自由康德稱為「心理學的自由」或「相對的自由」，以別於「先驗的自由」或「絕對的自由」[17]。大體所開顯的自由必屬於後一類。這種自由只能就智思世界（mundus intelligibilis/intelligible Welt）及人的智思性格去理解。否則〈盡心篇〉所謂「萬物皆備於我矣，反身而誠，樂莫大焉」（13.4）之語即不可解。此「我」是就道德主體（本心）而言，具有「藉由自由的因果性」，而此所謂「萬物」乃是本心所開顯的物自身。若此「我」不指道德主體，則不得謂「反身而誠」。若此所謂「萬物」非指物自身，則不得謂「萬物皆備於我」。馮友蘭不明此理，故一看到「萬物皆備於我」或「上下與天地同流」（13.13）的話，便聯想到「神秘主義」[18]。其實這些話均指示我們藉由實踐理性所開顯的境域，何神秘之有？此所以馮氏終身不能了解儒家之精義。

17　*Kritik der praktischen Vernunft*（以下簡稱 *KpV*），*Kants Gesammelte Schriften*（以下簡稱 *KGS*），Bd. 5, S. 96f.

18　馮友蘭：《中國哲學史》，見其《三松堂全集》（鄭州：河南人民出版社，2001年），第2卷，頁366。

孟子肯定心之自主性，乃是繼承孔子的思想而來。《論語‧顏淵篇》：「為仁由己，而由人乎哉？」（12.1）[19] 又〈述而篇〉：「仁遠乎哉？我欲仁，斯仁至矣。」（7.30）均涵有此種肯定。而對道德主體之先驗自由的肯定必然涵著對物自身及人之智思性格的肯定。就此意義而言，我們可以說：孟子的大體、小體之說已涵有康德的物自身與現象之區分。這決非比附。然而，要進一步說明此義，還得關聯到孟子的「仁義內在」說。由於這牽涉到孫先生所提到第四點差異，因此我將此問題留到後面再談。

三、孟子是否有「自律」的思想？

孫先生所提出的第二點和第三點差異彼此相關聯，但為了討論之方便，我先討論第三點。孫先生說：

> 依照康德，實踐理性自身是立法者，所以稱為自律。然而孟子從未說過自我是立法者，他只說，「我固有之」。「固有之」，即是本來就有，它們存在那兒，不是來自外在的經驗。而且他說，是「天之所與我者」，一如上述。足見對孟子而言，自我不是真正的立法者，而是接受法令者。[20]

---

19 以下引用《論語》時，均依據楊伯峻《論語譯注》（北京：中華書局，2006年），並將其篇章編號直接附於引文之後。

20 孫振青：〈關於道德自律的反省〉，前引書，頁17。

其實孟子明白地表示「心為立法者」的思想，此即〈盡心篇〉所云：「君子所性，仁義禮智根於心。」（13.21）「仁義禮智」即所謂「道德法則」也。根，本也。「心為立法者」之意豈非彰彰甚明？這句話呼應〈告子篇〉中的另一段話：「仁義禮智，非由外鑠我也，我固有之也，弗思耳矣。故曰：『求則得之，舍則失之。』」（11.6）將這兩段話配合起來看，可知此所謂「我固有之」意謂「固有於心」；而孟子以四端之心說「性」，故亦可說「固有於性」。孟子與告子辯義內、義外，是以「性」言內外。告子不知仁義禮智等道德法則根源於心，為性分之所涵，故主「義外」。若孟子之「心」非立法者，而只是接受法則者，豈不是也成了「義外」？那麼，他又何以反對告子呢？

　　至於上文所引孟子論大體的一段話中所謂「此天之所與我者」，朱子以「此」字指「此三者」[21]，謂耳目之官及心之官也。但依文義及義理脈絡來看，「此」字當指「心之官」[22]。傳統注疏家有依舊本改「此」為「比」，而訓為「比方」或「皆」者[23]，但從未有人以此言為指涉「仁義禮智」者。今孫先生卻說：「然而依照孟子，仁義禮智即是性或心，所以仁義禮智是『天之所與我者』。所以孟子之道德法則預設一更高的源頭，接近中庸所說的

21　朱熹：《四書集注》（臺北：臺灣中華書局，四部備要本），《孟子集注》，卷6，頁11下。

22　關於此句之解釋，請參閱牟宗三：《圓善論》（臺北：臺灣學生書局，1985年），頁52-53〔22: 49-50〕。

23　參閱焦循、焦琥：《孟子正義》（北京：中華書局，1987年），下冊，頁792-794。

『天命之謂性』。」[24] 這顯然是誤解。但是說心之官是「天之所與我者」，究竟是什麼意思呢？我們在詮釋古籍時，碰到像「天」、「命」、「性」這類字眼時，往往得先分辨：作者在使用這些字眼，究竟是順著當時流行的用法來使用，還是依他自己所理解的特殊意義來使用？這必須以我們對該作者的全部思想之掌握為基礎，而非僅憑資料的排比或望文生義就能決定的。「天」字可有兩種解釋：一為虛說，一為實說。我們可不依字面意義來理解「天」字，而將此句解釋為：心之官非人憑後天的努力或學習所能獲致。這就等於〈盡心篇〉所云：「人之所不學而能者，其良能也。」（13.15）因此，「天之所與我者」即等於康德所謂「先大」（a priori）之意。這是「天」字之虛說。此說顯然可以契合孟子的思想，尤其是其「仁義內在」說。然而，我們似乎亦可實說，將此「大」字理解為形上的實體，而依中庸「天命之謂性」的思路來理解這句話。孫先生所舉出的第二點差異便強調此一觀點。

四、孟子的「心」是否本於天而為他律？

針對第二點差異，孫先生說：

> 孟子所說之心或性是出自天，是「天之所與我者」（告子）。另外，他在盡心上篇也說：「盡其心者，知其性也，知其性，則知天矣。存其心，養其性，所以事天也。」

24　孫振青：〈關於道德自律的反省〉，前引書，頁17。

> 所謂「知其性，則知天」，其理由似乎也是因為性出於
> 天。「事天」一語，從文義上看，天與性有區別，而為
> 較高的一種存在。然而依照孟子，仁義禮智即是性或
> 心，所以仁義禮智是「天之所與我者」。所以孟子之道
> 德則預設一更高的源頭，接近中庸所說的「天命之謂
> 性」。然而康德則不肯定這一點。不僅如此，他甚至認
> 為，如果道德法則是出於上帝的旨意，則是他律，而非
> 自律。[25]

上文已說過：孟子也承認心是立法者。故在這一點，孟子與康德
是一致的。但承認心之官為天之所與或者性出於天（「天命之謂
性」），是否有違「自律」之義呢？這要視我們如何規定道德主體
與天的關係而定。

眾所周知，康德並不因承認道德主體之自律（自我立法）而
否定上帝的存在；他甚至以上帝來保證道德主體的必然對象──
最高善。但問題是：我們究竟是藉著道德法則去肯定上帝的存在
呢？還是反過來以對上帝的信仰作為道德法則的根據呢？前一
方向形成「道德神學」（Moraltheologie），後一方向則形成「神學
的道德學」（theologische Moral）[26]。前者合乎自律之義，後者則
只能形成他律道德。因此，倫理學是否為自律的，並不在於它承
認上帝的存在與否。自律倫理學亦可包含對上帝的信仰，但這種
信仰的內涵必須透過道德主體性去規定，由人的道德主體通上去

25　同上註。
26　*KrV*, A632/B660 Anm.

以開顯之，即孔子所謂「人能弘道」之意。故自律倫理學必強調主體性。

同樣的，縱使我們將「天之所與我者」之「天」字實看，而承認孟子有「性出於天」的思想，我們仍得進一步追問：孟子如何理解「性」與「天」的關係呢？從孫先生所引〈盡心篇〉中「盡心、知性、知天」及「存心、養性、事天」的話可知：孟子是依道德主體性來規定「天」的真實內涵，而非以「天」的概念來決定道德之本質。這兩句話決不可倒轉其次序，由天而性而心。因為這不但不合孔子「人能弘道，非道弘人」的方向，也直接違反孟子自己的「仁義內在」說。

所謂「盡心」，充其極曰「盡」，此「心」是指「本心」，即四端之心。孟子是由這四端之心來說「性善」。四端之心是道德心，故「性善」之「性」即道德創造性之性，因道德活動之本質即在創造（透過「藉由自由的因果性」）。故孟子說：凡能充分體現其道德的本心者，即知其道德創造性之真性。此「知」是實踐中的「知」，而非知識中的「知」；是證知，而非認知。進而言之，凡能證知其道德創造性之真性者，即證知了天之創造性。因為天之所以為天（創生萬物的創造性）與我們的本心、真性之道德創造性實為一事，故前者的真實涵義即由後者顯示出來。因此，程明道云：「只心便是天，盡之便知性，知性便知天，當處便認取，更不可外求。」[27] 此話在習於實在論思考方式的人看來，委實聳

27　《河南程氏遺書》卷2；見《二程集》（北京：中華書局，1981年），
　　第1冊，頁15。

人聽聞，甚至不免「違背常識」之譏。但我們必須了解：孟子的「本心」並非現實的個別之心，而是普遍的道德心（「非獨賢者有是心也，人皆有之」）。同時，這種普遍性並不止限於人類而言。由此普遍的道德心所證知的「性」實超乎人類的特殊性質，所以這不是個人類學的概念，不宜譯作human nature。孟子說：「人之所以異於禽獸者幾希。」（8.19）這「幾希」並非就「人」這個類之特殊性而言，亦即不是就定義中的種差（differentia specifica）而言。如此去規定這「幾希」，是一種人類學的規定，而孟子的規定是一種價值論的規定。孟子是由道德的創造性去規定人之性。用康德的術語來說，這種創造性即是自由。正如康德透過我們的道德意識去設定上帝的存在，孟子也由我們的道德心去證知天之創造性。唯一的差別在於：康德不承認人有智性直觀，故上帝之存在係間接透過道德意識而被證明，因而只是一項設準（Postulat），但在孟子卻無此種限制，故天之創造性可直接就四端之心認取之。在智性直觀之觀照下，心、性、天、物均是康德所謂的「理體」。同一實體，主觀而實踐地說，是心、性，客觀而絕對地說，是天，其實並無分別。此一實體的創造性之所至即是物，因此孟子才能說「萬物皆備於我」，「上下與天地同流」。除非我們像馮友蘭一樣，把這些話均歸諸神秘主義，或者像時下一些深具實證主義心態的學者一樣，把這些話看成語意不清的囈語，我看不出還有別的方式可使我們理解這些話。

　　明白了「盡心、知性、知天」的意義後，「存心、養性、事天」也就不難理解了。「存心」之「存」即操存之存。「存其心」意謂操存其本心，不令放失也。〈離婁篇〉云：「人之所以異於禽

獸者幾希,庶民去之,君子存之。」(8.19)上文說過此「幾希」
是就人的道德創造性而言,此種創造性即見於道德的本心,故君
子之所存亦不外乎此本心。「養性」之「養」即保養之養,亦即
〈告子篇〉所謂「苟得其養,無物不長;苟失其養,無物不消」
(11.3)之「養」。「養其性」意謂保養其道德創造之真性。存心
與養性其實是一事,均在使我們的道德主體不受外物之牽引而放
失。康德也強調:消極意義的自由在於超脫於外在的決定原因[28]。
但只要我們能消極地存養我們的本心、真性,其自身所具的創造
力量(自由之心能)便會自然湧現出來,此即所以盡之之道。康
德也指出:積極意義的自由是意志之自我立法[29],這等於說:意
志本身可自行決定其活動,因而具有自我實現的力量。「盡心」
與「存心」即相應於康德所謂積極意義與消極意義的自由;兩者
在概念上雖可分別,在實際上卻是相通的。

　　操存我們的道德本心,保養我們的創造性之真性,即是「事
天」之道。「事天」之「事」為服事之事。德文裡的「作禮拜」
(Gottesdienst)就字面上說,即意謂「事神」。但事神之道,豈止
在於禮拜、祈禱等儀式?故康德在《單在理性界限內的宗教》(*Die
Religion innerhalb der Grenzen der bloßen Vernunft*)一書中強調:真
正的事神之道是道德的;它在於遵從一切被當作上帝誡令的真正
義務,而不在於單單為上帝而做的行為(如禮拜、祈禱等)[30]。

28　*Grundlegung zur Metaphysik der Sitten* (以下簡稱 *GMS*), *KGS*, Bd. 4, S. 446;
　　參閱 *KpV*, *KGS*, Bd. 5, S. 33.

29　同上註。

30　*Die Religion innnerhalb der Grenzen der bloßen Vernunft*, *KGS*, Bd. 6, S. 192.

反之，「捨良好的品行之外，人以為為使上帝滿意還能夠做的一切，均只是宗教狂和虛假的事神之道（Afterdienst Gottes）。」[31] 因此，若有宗教徒平日勤於禮拜、祈禱，卻不知進德修業，此即「虛假的事神之道」。孟子的態度亦復如此。對他而言，捨去存養我們的本心、真性，致力於道德實踐之外，別無事天之道。若說這是宗教，這便是康德所謂的「道德宗教」（moralische Religion）[32]。這種型態的宗教並不違背「自律」之義，因為它並未以對天或上帝的信仰作為道德之基礎。康德將克魯修斯（Christian August Crusius, 1715-1775）及其他神學的道德學家之道德原則歸入他律原則，是因為他們根據上帝的意志來建立道德原則[33]，而形成康德所謂「神學的道德學」。這兩種觀點決不可混為一談。因此，縱使我們將「天之所與我者」之「天」理解為形上的實體，亦不致使孟子的倫理學成為他律倫理學。故在這一點上，孟子與康德並無根本的差異。

五、朱子是否比陸象山、王陽明更理解孟子？

現在，我們看看孫先生所提的第四點差異。孫先生似乎較能接受朱子對孟子的詮釋，而反對陸象山、王陽明以他們自己的「唯心論」架構來解釋孟子。他說：

31　同上註，S. 170.

32　同上註，51, 84, 111, 123 Anm. & 141.

33　*KpV, KGS*, Bd. 5, S. 40；參閱 *GMS, KGS*, Bd. 4, S. 433.

〔……〕象山與孟子皆強調心，皆以心為道德主體，這點似乎可以肯定。但是假定心是唯一的實在（象山似乎如此主張），則必須說，道德法則是由心所制定的，並且一切道德之知皆是與生俱來的，不需外求，因為在這個系統下，心是完全自足的。另一方面，假定心不是唯一的實在，假定世界有其獨立的實在性，那麼，第一，心不必須是最高的立法者，一如上述。第二，雖然基本的道德法則（仁義禮智）是內在的，然而關於道德法則的細節和應用，則需要考察客觀事實及人際關係。而這種考察即是格物。在這個系統下，心不是完全自足的。客觀事實對於法則的細節和應用具有決定性的影響。[34]

由此，孫先生得到以下的結論：

〔……〕象山所理解的心性似乎不是孟子所理解的心性。前者是完全自足的，後者不是。基於以上的討論，可以說，象山的倫理學更接近康德。孟子的倫理學跟他們兩家都有相當的差異。[35]

孫先生在這兩段話中歸諸象山的「唯心論」其實涉及兩個不同的問題：就「心是唯一的實在」而言，這是存有論的問題；就「道德法則是由心所制定的」而言，這是倫理學的問題。這兩個問題雖相互關聯，但有其分際，不宜籠統地以「唯心論」涵蓋之。

34　孫振青：〈關於道德自律的反省〉，前引書，頁18。
35　同上註。

「唯心論」即 idealism 一詞之中譯（或譯「觀念論」）。然此詞在
西方哲學中的意義甚為紛歧，其在柏拉圖（Plato, 427-347 BCE）、
柏克萊（George Berkeley, 1685-1753）、康德、菲希特、黑格爾，
均有不同的涵義，故不宜一律譯為「唯心論」或「觀念論」。但
若以此詞指稱陸象山「宇宙便是吾心，吾心即是宇宙」與王陽明
「心外無物，心外無理」之觀點，則「唯心論」一詞倒是極為貼
切。這種觀點是存有論的，即對宇宙作一個存有論的說明。若問：
心是否為道德法則的制定者？能否充分決定道德法則？這基本
上是個倫理學的問題。我們通常在此不使用「唯心論」一名。在
西方，以道德主體為立法者的觀點始於康德，建立在此一觀點之
上的倫理學稱為「自律倫理學」。此種倫理學之特點在於：它以
道德主體所制定的道德法則為形式，來決定實踐對象（質料），
即善、惡，而非以實踐的對象來決定道德法則。故此種倫理學又
稱為「形式倫理學」或「形式主義倫理學」[36]。在孟子，此種觀
點即稱為「仁義內在」說。孟子說：「仁義禮智，非由外鑠我也，
我固有之也，弗思耳矣。」（11.6）仁義禮智之法則並非由外在的
對象或事實所決定，而是本心所固有，故曰「仁義內在」。告子
主「義外」，正是以為我們可由客觀的對象或事實來決定義之所
以為義；這犯了摩爾（George Edward Moore, 1873-1958）所謂「自
然主義的謬誤」（naturalistic fallacy）。要決定義之所以為義，只能
求之於我們的良知、良能（即本心），而不假外求，所以孟子說：
「人之所不學而能者，其良能也；所不慮而知者，其良知也。孩

36　參閱拙文：〈孟子與康德的倫理學〉，前引書，頁7-8〔本書，頁54-59〕。

提之童，無不知愛其親也；及其長也，無不知敬其兄也。」（13.15）
良知即良能，係就本心的兩個側面分別言之，蓋本心同時是「善」
之判斷原則（principium dijudicationis）與踐履原則（principium
executionis）。在本心之發用中，能知便能行，行中即有知，故是
在知中行，在行中知，完全發自本心自身之力量。此為陽明「知
行合一」說之所本。

　　但有人可能問：我們在道德實踐中所面對的具體情境及相關
的事實難道不需要考慮嗎？這些千變萬化的情境和事實難道單
憑本心便可認識嗎？孫先生即有此疑問，所以他說：

> 事實上，象山晚年只強調靜坐，而不重視格物，反以朱
> 子之格物為支離，因為心是完全自足的，不需外求。但
> 是，雖然基本的道德法則是吾人所「固有」，然而若要
> 為複雜的人際關係與社會關係建立詳細的倫理法則，則
> 必須研究客觀事實及外在情境，也即是必須「格物」。
> 〔……〕進一步言，法則的意義決定於客觀事實。例如，
> 「我應該孝敬父母」，這是一條倫理法則。然而這條法
> 則之成立，是因為父母生我，養我，育我，愛我。如果
> 沒有生、養、育、愛，這些事實，則「孝」之一語沒有
> 意義，孝的法則不能成立。我們承認，我的心中具有孝
> 之理。「如果」有合於孝的事實呈現出來，我自然知道
> 孝。但是，孝的意義及應用，決定於客觀事實。假定世
> 界上沒有生、養、育、愛的事實，則我無法知道我有沒
> 有孝之理或孝的法則。總之，象山在佛家的影響之下，
> 單單強調心性，似乎過分主觀，而有所偏差。他根本沒

> 掌握孔老夫子的中庸之道。道德主體與客觀情境應該同
> 樣受到重視，決不可以一面倒。[37]

他也對王陽明作同樣的批評[38]，為節省篇幅，不再引述。

　　對於孫先生的這項批評，陸象山、王陽明並不難答覆。我們通常所說的「道德法則」包含兩層意義：一是指具有普遍性與必然性的道德法則本身（「心之所同然者」），二是指應用於特定情境的具體義務。前者屬於康德所謂「純粹的道德哲學」，後者則屬於他所謂「應用的道德哲學」[39]。第一層意義的「道德法則」是純粹先天的，無待乎任何經驗知識，但可充分決定我們的行為之道德性。孟子主「仁義內在」，是就這個層面而言。但在這個層面他承認：「仁義禮智，非由外鑠我也，我固有之也。」這無礙於他承認在具體的道德實踐中須考慮所處的情境與相關的事實。他回答淳于髡之問而說：「男女授受不親，禮也；嫂溺，援之以手者，權也。」（7.17）此處即涉及對特定情境（「嫂溺」）的考慮。本心所固有的道德法則所決定者是一事之當為不當為，亦即其道德性。在這個範圍內，本心是唯一且充分的判準，其他的考慮均是不相干的。由對客觀事實或特定情境的判斷，我們決推衍不出道德法則來；此所以孟子反對告子的「義外」說。而今孫先生說：「假定世界上沒有生、養、育、愛的事實，則我無法知道我有沒有孝之理或孝的法則。」正是代表告子的立場。孫先生

37　孫振青：〈關於道德自律的反省〉，前引書，頁18-19，註2。
38　同上註，頁19，註3。
39　*GAS*, *KGS*, Bd. 4, S. 410 Anm.

的詮釋正好把孟子講成了告子，其關鍵在於：他不了解孟子的「仁義內在」說所涉的層面，而混淆了道德法則的兩層意義。

王陽明對這兩層意義的分際甚為清楚，此見諸《傳習錄》中的一段話：

> 聖人無所不知，只是知箇天理。無所不能，只是能箇天理。聖人本體明白，故事事知箇天理所在，便去盡箇天理。不是本體明後，卻於天下事物，都使知得，便做得來也。天下事物，如名物、度數、草木、鳥獸之類，不勝其煩。聖人須是本體明了，亦何緣能盡知得？但不必知的，聖人自不消求知。其所當知的，聖人自能問人。如「子入太廟，每事問」之類，先儒謂雖知亦問，敬謹之至。此說不可通。聖人於禮樂名物，不必盡知。然他知得一箇天理，便自有許多節文度數出來。不知能問，亦即是天理節文所在。[40]

根據朱子《論語集注》，「先儒」指尹焞，而朱子亦從其說[41]。朱子的倫理學屬於他律倫理學，故不能完全區分良知天理與知識。名物、度數、草木、鳥獸等，均屬經驗知識，非良知所能知。良知天理與經驗知識之區分即張載所謂「德性之知」與「見聞之知」的區分[42]。聖人無所不知，只是就「德性之知」而言，並非

40　陳榮捷：《王陽明傳習錄詳註集評》（臺北：臺灣學生書局，1983年），卷中，第227條，頁303-304。

41　《四書集注》，《論語集注》，卷2，頁4下。

42　《正蒙·大心篇》云：「見聞之知，乃物交而知，非德行所知；德行

就「見聞之知」而言。聖人所能充分明了的「理」即第一層意義的「道德法則」。而在道德的實踐中，面臨一個特定的情境時，良知天理即要求他認識所當認識的相關事物，以決定具體的義務。這當然牽涉到見聞之知，而屬於第二層意義的「道德法則」（「天理節文」）。但這並非意謂良知天理須取決於見聞之知，而只表示良知於見聞中顯其用。故陽明〈答歐陽崇一書〉云：「良知不由見聞而有，而見聞莫非良知之用。故良知不滯於見聞，而亦不離於見聞。」[43] 他也屢次強調：致良知，須於事上磨煉[44]。因此，陸象山、王陽明決非如孫先生所說，「只強調靜坐，而不重視格物」；而他們強調本心之自我立法，不假外求，亦非由於佛家的影響，而是直承孟子的「仁義內在」說而來。

六、在什麼意義下孟子的思想是「唯心論」？

最後，我們回到所謂「唯心論」的存有論問題上。上文說過：孟子由本心直接認取天之創造性，故本心有一存有論的意義。由此建立起來的形上學，我們可稱之為「道德的形上學」（moral metaphysics），猶如康德將建立在實踐理性之中的神學稱為「道德神學」。如果我們要把這套道德的形上學稱為「唯心論」，則它與西方哲學中各種型態的idealism均不相同，尤其不可把它理解成柏

所知，不萌於見聞。」見《張載集》（北京：中華書局，1978年），頁24。

43　《王陽明傳習錄詳註集評》，卷中，第168條，頁239。

44　同上註，第23，44，147，204，262條。

克萊「存在即被知覺」式的idealism。為了將它與西方的idealism
區別開來，我將這套「唯心論」的要點列舉如下：

（一）此所謂「心」是指道德的本心，而非認知心，亦非感
性中的血氣之心或心理學意義的心，可名之曰「超越的本心」。

（二）此「本心」非現實的個別之心，而是普遍的無限心。
雖說普遍，卻不是抽象中的普遍，因為它可以具體地呈現為種種
相（如惻隱、羞惡、辭讓、是非等），故是具體中的普遍。

（三）何以說它是無限心呢？因為它通於天之創造性，而有
一存有論的意義。本心即天道，主觀地說是本心，客觀地說即天
道，並非本心之外另有一個天道。先秦儒家有時亦將天推出去而
加以人格化，以為敬畏之對象，但其真實涵義仍只能由本心所證
知。

（四）本心之創造萬物，並非就現象說，而是就物自身說。
故其創造，非如康德所謂「知性為自然立法」之意，因為康德所
謂的「自然」係指現象之總合。這亦非如柏克萊所謂「存在即被
知覺」之意，因為柏氏是以「在心中作為觀念」來界定「存在」，
而本心所創造的並非觀念。本心之此種創造，先儒以種種語詞稱
之：《中庸》曰「生物不測」[45]，《易》傳曰「感通」[46]，橫渠曰「虛
明照鑒」[47]，陽明曰「明覺之感應」[48]。既然本心之創造萬物是就

45　《中庸》第26章云：「天地之道可一言而盡也：其為物不貳，則其生
　　物不測。」

46　《易經・繫辭上》第10章云：「易，无思也，无為也，寂然不動，感
　　而遂通天下之故。」

47　《正蒙・神化篇》云：「虛明照鑒，神之明也；無遠近幽深，利用出
　　入，神之充塞無間也。」（《張載集》，頁16。）

物自身而言,則用現代的用語來表達,其創造只能以「智性直觀」的方式為之;這可以使我們擺脫種種具有神秘色彩的聯想。感性直觀是被動的,不能創造對象。智性直觀則是主動的,其直觀的過程同時即是創造的過程。其實亦無所謂創造,有之,亦不過是道德主體之自我活動而已。但就在其自我活動中,心與物一體呈現。其實亦無心與物、主體與對象之分別,有之,只是道德主體之自我呈現而已[49]。

(五)明乎本心為無限心,在本心之創造中所呈現的是物自身,則「宇宙是否有獨立的存在」的問題便不難回答。就宇宙作為現象而言,本心並不取消其客觀實在性。因為其實在性並非對於本心而顯,而是對於認知心而顯;用康德的用語來說,它具有經驗的實在性,而非先驗的實在性。就此而言,我們可以承認經驗知識之獨立意義,而不致違背常識的觀點。但就物自身的層面而言,主體與對象之分別在智性直觀中被化解。此時說「本心創造萬物」,只是方便地說,並非意謂真有一個與「非我」相對的

48　陽明〈答羅整菴少宰書〉云:「理一而已。〔……〕以其明覺之感應而言,則謂之物。」(《王陽明傳習錄詳註集評》,卷中,第174條,頁250)

49　以智性直觀來詮釋本心之創造,為牟宗三先生的創見。讀者若有興趣,請自行參閱其《智的直覺與中哲國學》及《現象與物自身》二書。時論中不乏譏其此種詮釋為「比附」、「硬套」者,多半為浮光掠影、不負責任的批評。康德僅提出「智性直觀」的概念,而未許人以此種能力,故其「物自身」概念之積極意義未能全幅彰顯。菲希特由康德的系統轉出,打破此項限制,以智性直觀來說明道德自我之活動,建立其「知識學」(Wissenschaftslehre);此可作為牟先生的詮釋之佐證。本文篇幅有限,無法深入討論此問題,僅略誌數語於此。

「我」在創造「非我」。此創造性之「我」乃是超乎「我」與「非我」之對立的「絕對我」，我而無我相，吾心即宇宙，宇宙即吾心。在此意義之下，「宇宙是否有獨立的存在」的問題即被化解；在智性直觀之觀照中，宇宙無所謂獨立於心，亦無所謂不獨立於心，心與宇宙一體呈現。

　　唯有根據這套詮釋，我們才能理解孟子如何由「反身而誠」說到「萬物皆備於我」，以及他何以說：「夫君子所過者化，所存者神，上下與天地同流。」君子，有德之稱。其所以能化、能神，皆因其本心、真性通於天之創造性，故能與天地之造化合轍同運。此義通於《中庸》第23章之言：「唯天下至誠，為能盡其性；能盡其性，則能盡人之性；能盡人之性，則能盡物之性；能盡物之性，則可以贊天地之化育；可以贊天地之化育，則可以與天地參矣。」天下至誠唯聖人足以當之。此句順著上文「盡心、知性、知天」的義理間架，並不難索解。此處多了「盡人之性」與「盡物之性」兩個環節，亦不成問題；因為無論是己之性、人之性，還是物之性，全是天之所命，體現天之創造性。「至誠」者即孟子所謂「盡其心」者。能充分達致本心之誠者，即能充分體現其性，亦即能充分體現人之性，乃至物之性；在此意義之下，即等於助成天地之創造活動，而與天地並立為三。此即孟子所謂「上下與天地同流」之意。或曰「天」，或曰「天地」，其實一也。創造性本身曰「天」，相當於《易》傳之「乾元」；分而言之，曰「天地」，相當於《易》傳之「乾坤」或「陰陽」。由此可知：陸象山言「宇宙便是吾心，吾心即是宇宙」，王陽明言「心外無物，心外無理」，皆本孔、孟、《中庸》、《易》傳之義理而立說，決非歪

曲或任意發揮。否定陸象山、王陽明之義理,而欲對孟子另作詮
釋,我不知其如何也。

孟子的四端之心
與康德的道德情感

一、前言

　　孟子言性善，由惻隱、羞惡、辭讓（恭敬）、是非四端之心說。此四者均可說是情感，又因此種情感表現於道德活動中，論者極易由此聯想到十八世紀英國哲學家謝甫茲伯利（Antony Ashley Cooper Shaftesbury, 1671-1713）、赫其森（Francis Hutcheson, 1694-1747）、休謨（David Hume, 1711-1776）等人所謂的「道德感」（moral sense）或「道德情感」（moral feeling/moral sentiment）[1]。

1　譬如，黃進興先生曾在一篇論文中表示：「〔……〕儒家倫理基本上是以『道德情感』為出發點，孟子的『四端說』把此一特色表現得最清楚。」見其〈所謂「道德自主性」：以西方觀念解釋中國思想之限制的例證〉，《食貨》，復刊第14卷，第7 / 8合期（1984年10月），頁80；亦見其《優入聖域──權力、信仰與正當性》（臺北：允晨文化出版公司，1994年），頁11。

康德在1760年代曾受到這個「道德情感」學派（尤其是赫其森）的強烈影響；後來他雖然擺脫了其影響，轉而批評「道德情感」說，但是「道德情感」的概念在其倫理學中始終佔有一個極其重要的地位。因此，將孟子的「四端之心」與康德的「道德情感」在其倫理學系統中的意義與地位加以比較，必有助於我們了解這兩個系統的基本性格。

　　關於康德的「道德情感」概念，筆者已有以德文撰寫的專論《康德倫理學發展中的道德情感問題》（*Das Problem des moralischen Gefühls in der Entwicklung der Kantischen Ethik*），詳細討論其意義的演變及其中所包含的難題。以下僅就此項比較研究所涉及的範圍概述其要旨。至於孟子的「四端之心」，因涉及詮釋問題，故須有個入手處，以顯示各種可能的詮釋方式。筆者將以朱子的理解方式為入手處，因為他對此問題作過長期的思索，最後形成一套確定的理解方式。而他就此問題與湖湘系的學者（張南軒、胡廣仲、胡伯逢、吳晦叔等人）所作的辯論，則反映出後者的另一種理解方式；這種理解方式後來在陸象山、王陽明的「心即理」說中充分透顯出其系統性的意義。基本上，宋、明儒對「四端之心」的詮釋方式不外乎這兩種，而這兩種詮釋方式各自反映出一套理解心、性、情、理的義理間架。因此，正如康德對「道德情感」的理解方式反映出其倫理學的基本性格，宋、明儒對「四端之心」的不同理解方式也反映出各自不同的義理間架。以下我們先討論康德的「道德情感」概念。

二、康德早期倫理學中的道德情感

　　康德自1750年代中葉起，已逐漸了解萊布尼茲（Gottfried Wilhelm Leibniz, 1646-1716）、吳爾夫（Christian Wolff, 1679-1754）一系的理性主義倫理學之缺點，而試圖另外尋求道德之基礎。這套理性主義倫理學係以「圓滿性」（Vollkommenheit/perfectio）原則為最高的道德原則。「圓滿性」概念在萊布尼茲哲學中原來是個形上學概念，吳爾夫將它引進倫理學中，作為道德之基本原則。但這個原則本身不含任何內容，無法決定具體的義務。為了使它能具體應用，吳爾夫不得不將它套在目的與手段的關係中來理解。但這樣一來，卻使一切道德行為至多只具有工具價值，而犧牲了道德之絕對性。這形成一個兩難之局。

　　1760年代初，康德接觸了英國「道德情感」學說，深為所動。因為「道德情感」是個具體的原則，又可說明道德之絕對性（無條件性）；這使他不必面對吳爾夫的兩難之局。但他當時並未完全以「道德情感」原則來取代吳爾夫的「圓滿性」原則，而是試圖將兩者融合於一個倫理學系統中，由此形成一個獨特的倫理學觀點。這個觀點在他於1762年年底完成的〈關於自然神學及道德學底原理之明晰性的探討〉（"Untersuchung über die Deutlichkeit der Grundsätze der natürlichen Theologie und der Moral"）一文中特別清楚地顯示出來。在該文的最後一章中，康德談到道德哲學的問題，其中一段寫道：

而今我能簡單地指出：在我對這個問題作過長久的深思後，我相信：「盡你所能去做到最圓滿」這項規則是**行動**底一切責任之第一**形式根據**，正如「不做妨礙你所能達到的最大可能的圓滿性之事」這個命題是關於**禁制**底義務的第一形式根據。再者，若非實質的第一根據已存在，我們對於真理的判斷就無法由第一形式原理衍生出來；同樣的，若無實踐知識之不可證明的實質原理與之結合，就無任何特定的責任能單由這兩個善底規則衍生出來。因為時至今日，我們才開始了解：表明「**真**」的能力是**認知**，而感覺「**善**」的能力是**情感**；而且兩者可不能相混淆。如今，正如「真」——亦即我們在知識底對象（就它們本身而觀）中所遇到者——有不可分析的概念一樣，「善」也有一種不可分解的情感（這種情感決不會單純地在一個事物中、而是始終關聯著一個感覺的存有者而被遇到）。知性之工作在於：藉顯示「善」底複合而含混的概念如何由對於它的更單純的感覺產生，以分解並澄清這種概念。然而，一旦對於「善」的感覺是單純的，則「這是善的」這項判斷便是完全不可證明的，並且是帶著對象底表象的愉快之情底意識之一項直接結果。再者，既然在我們內部的確可見到許多對於「善」的單純情感，則有許多這類不可分解的表象存在。是故，如果一個行為直接被表明為善的，而不暗中包含另一種「善」（我們可憑分析在該行為中認識此「善」，且由於此「善」，該行為稱為圓滿的），則這

　　個行為底必然性是責任底一項不可證明的實質原理。[2]

　　這兩個第一形式根據即是吳爾夫的道德原則[3]，康德後來在其《倫理學講義》中將它們簡化為「行善避惡」（"Fac bonum et omitte malum."），且視之為「重言的」（tautologisch），亦即「空洞的且非哲學的」[4]。對吳爾夫而言，「善」與「圓滿性」是可互換的概念；而「善」的概念即涵著「應當」的概念。這項原則其實只是義務意識之形式上的表達，用以提撕「應當」的意識。因為就概念的意涵而言，「行善避惡」這個實踐命題只等於說：「你應當做你應當做的事，不做你不應當做的事」；而在義務的內容方面，它一無所示。此其所以為「重言的」。一切道德判斷固然均包含這個「應當」的意識，但光是這個意識本身無法決定具體的義務。因此，吳爾夫的道德原則只是道德判斷之必要條件，而非充分條件。為了決定義務的具體內容，康德需要一項實質原則；而他此時因受到赫其森等人的啟發，便以「道德情感」充作這項實質原則。在《關於自然神學及道德學底原理之明晰性的探討》一文的末尾，康德明白地表示：「赫其森及其他人在道德情感底名目下，已為此問題底妥善說明開了個頭。」[5]因此，依此

2　*Kants Gesammelte Schriften* (Akademieausgabe, 以下簡稱*KGS*), Bd. 2, S. 299f.

3　Christian Wolff: *Vernünftige Gedanken von der Menschen Thun und Lassen, zu Beförderung ihrer Glückseligkeit* (Frankfurt u. Leipzig, 1733), §14.

4　Paul Menzer (Hg.): *Eine Vorlesung Kants über Ethik* (Berlin: Pan Verlag Rolf Heise, 1924), S. 47.

5　*KGS*, Bd. 2, S. 300.

時康德之見，行為的道德性直接為道德情感所認可；由於這種直接性（不可化約性），道德情感才能保證道德之絕對性。

由以上所述，我們可以得到兩點結論：第一，康德把道德判斷視為形式的理性原則與實質的道德情感之共同作用的結果，因此這兩者同為義務的「判斷原則」（principium dijudicationis）。第二，這種共同作用預設道德情感和理性間的本質關聯。這兩項觀點均與他後期的倫理學觀點判然而異。

康德在這個時期，除了將道德情感視為義務的「判斷原則」之外，也將它視為「踐履原則」（principium executionis）。他在1763年發表了一篇〈將負量底概念引入哲學中的嘗試〉（"Versuch den Begriff der negativen Größen in die Weltweisheit einzuführen"）。在這篇文章中，他表示：人之「失德」不僅是一種欠缺，而是包含一種真實的對立；反之，動物無所謂「失德」，因為其活動不包含這種對立。他寫道：

> 一個無理性的動物不會實踐德行。但是這種不為（Unterlassung）並非失德（Untugend/demeritum）。因為並無行動違反任何內在法則。這個動物並未受到內在的道德情感之驅使去做一個善的行為，而且並非由於它之反抗這種情感，或者藉著一種抗衡，而有「零」或者不為底結果產生。[6]

康德在此顯然把道德情感視為道德行為的決定原因，用他自己日

6　同上註，S. 183.

後的術語來說，即是動機（Triebfeder）。

由於康德在這個時期將道德情感視為義務的「判斷原則」兼「踐履原則」，而且承認道德情感與道德法則間的本質關聯，這其中包含兩個與日後迥然不同的倫理學觀點：第一，他並未把道德情感和道德法則分屬兩個層面，因而未在倫理學中預設情感與理性二分的間架。第二，他並未將道德情感排除於道德主體之外，因此道德主體同時具有情感面與理性面。這種立場一直維持到六八、六九年之交，才有根本的轉變，而過渡到其後期的立場[7]。

三、康德後期倫理學中的道德情感

相對於其早期倫理學的觀點，康德後期的倫理學有兩個基本觀點：第一，一切情感均是感性之特殊形態，而道德情感是道德法則加諸感性的結果，其自身也屬於感性，因此具有感性所特有的「受納性」（Rezeptivität）或被動性。第二，道德主體是純理性的，其自身可制定道德法則，而道德情感既然在本質上是感性的，自不屬於道德主體。這兩個觀點均預設一個情感與理性二分的主體性架構。

但在其後期倫理學中，「道德情感」的概念包含極其複雜的內涵。筆者根據其後期著作對此概念加以分析，發現康德在不同

7　關於其轉變的過程，參閱拙著 Ming-huei Lee: *Das Problem des moralischen Gefühls in der Entwicklung der Kantischen Ethik* (Taipei: Institute of Chinese Literature and Philosophy, Academia Sinica, 1994), S. 123-148.

的場合使用「道德情感」一詞時,分別指:(1)一種自然稟賦、
(2)一種習性,以及(3)一種情感狀態[8]。而就第三項意義而言,
「道德情感」包含兩組意識內容:

A.　對道德法則或義務的敬畏(Achtung);
B.　與德行意識相聯結的愉快或滿足之情,以及與罪惡意
　　識相聯結的不快或痛苦之情:
I.　因意志活動符合或牴牾道德法則而有的愉快或不快;
II.　因實際服從或違背義務而有的愉快或不快。[9]

　　「道德情感」概念的這些不同意義間有何關聯,本文無法詳
述。就本文的目的而言,筆者只須作以下幾點說明。首先,(1)、
(2)及(3)三義分別涉及日常用語中「情感」一詞的三個面向;
只要我們在該詞出現時根據上下文確定其意義,便不會產生解釋
上的困難。其次,就「道德情感」所包含的意識內容而言,I 類
的道德情感係 A 類的道德情感之積極面。康德在《道德底形上學
之基礎》中寫道:

　　〔……〕敬畏之為物,既不被視為愛好底對象,亦不被
　　視為恐懼底對象(雖然它同時與這兩者均有類似之
　　處)。因此,敬畏底**對象**只有**法則**,並且是我們加諸**我
　　們自己**、且其自身有必然性的法則。就其為法則而言,
　　我們服從它,而不顧慮我愛;就我們將它加諸我們自己

8　參閱同上註,S. 212.
9　參閱同上註,S. 213f.

而言，它可是我們的意志底一個結果。它〔按：當指敬
畏〕在第一方面類乎恐懼，在第二方面類乎愛好。[10]

由此可知：康德把對道德法則的敬畏視為一種複合的情感，其積
極面是一種類乎愛好的愉快或滿足[11]。

　　第三，在 B 類的道德情感中，I 類與 II 類雖有關聯，但其作
用不同：I 類的道德情感是引發道德行為的動機，II 類的道德情
感則是道德行為之結果[12]。當康德在《實踐理性批判》（*Kritik der
praktischen Vernunft*）一書〈論純粹實踐理性底動機〉章中討論「道
德動機」時，顯然並非就 II 類的道德情感而言；只有 A 類及 I 類
的道德情感才能作為道德行為之動機。康德並未說明 I 類和 II 類
的道德情感有何關係。但是他在《道德底形上學》（*Die Metaphysik
der Sitten*）一書中表示：我們雖無義務擁有或取得道德情感，卻
有義務陶冶之[13]。這裡同時牽涉到（1）類及（2）類的道德情感。
因為無法取得的道德情感是一種自然稟賦，而可以陶冶的道德情
感則是 種習性。前者是這種陶冶之根據，後者則是其結果；但
一個人的道德圓滿性只能反映於後者，而非前者。若我們經常依
道德法則而行為，而由此感受到某種愉快或滿足（II 類的道德情
感），則這種經驗將因累積而成為一種習性（（2）類的道德情感），
且在道德實踐中不斷地強化之。其結果將提高我們的心靈對道德

10　*KGS*, Bd. 4, S. 401 Anm.
11　參閱拙作：〈儒家與自律道德〉，《鵝湖學誌》，第1期（1988年5月），
　　頁13-14〔本書，頁28-29 〕。
12　參閱同上註，頁14〔本書，頁29-30 〕。
13　*KGS*, Bd. 6, S. 399f.；參閱 S. 387。

法則的感受性，換言之，使道德法則更容易在我們心中引起敬畏或愉快之情（A類或I類的道德情感）。這樣一來，以上各種不同意義的道德情感均可相互連貫起來。

四、意志與意念之區分

要真正了解「道德情感」概念在康德後期倫理學中的意義，我們還得了解他對道德主體的看法。在後期的康德哲學中，道德主體稱為「意志」（Wille），而「意志」即是「實踐理性本身」[14]。這個意義的「意志」係相對於「意念」（Willkür）而言。在康德的著作中，「意志」與「意念」二詞常常混用。直到他寫《道德底形上學》一書時，才正式區分這兩個概念。儘管如此，他以後並未嚴格遵守這種區分。在《道德底形上學》一書中，他在兩處提到這種區分[15]。筆者根據他在這兩處的說明，將「意志」與「意念」的區別歸納為以下幾點：

(1) 由意志產生法則（客觀原則），由意念僅產生格律（主觀原則）。

(2) 意志不直接涉及行為，意念才能直接涉及行為。

(3) 意志為立法能力，故無所謂自由或不自由；意念為抉擇能力，始有自由可言。

(4) 意志本身無任何決定根據，但可決定意念，並透過意

---

14 *Die Metaphysik der Sitten* (以下簡稱*MS*), *KGS*, Bd. 6, S. 213.

15 同上註，S. 213 & 226.

念來決定行為。

但康德特別強調：我們不可將「意念底自由」界定為「順乎
或反乎法則而行動的抉擇能力」，亦即「無記的自由」（libertas
indifferentiae）[16]。換言之，意念誠然是抉擇能力，但如果它選擇
違反法則的行為，就不是自由的。

此外，在其《道德底形上學》一書的初稿中，康德對「意志」
與「意念」的區別有更詳細的說明。在這些說明中，有三點特別
值得注意。首先，他區別意念底自由與意志底自由：

> 〔……〕意念有自由去做或者不做法則所命令之事。但
> 意志以另一種方式而為自由的，因為它是**立法者**，而非
> 服從者，既不服從自然法則，亦不服從其他法則；且就
> 此而論，自由是一種積極的能力，決非要抉擇，因為在
> 此並無抉擇，而是要就行為底感性面決定主體。[17]

第一句話很容易使人誤以為康德所謂的「意念底自由」是指無記
的自由。但在這份初稿的另一處，他明白地否定這點[18]。因此，
此處所謂「意念底自由」當如在《道德底形上學》中一樣，係就
依法則而抉擇的能力而言。「意志底自由」則是就立法能力而言，

16　同上註，S. 226.

17　*Vorarbeiten zu Die Metaphysik der Sitten, KGS*, Bd. 23, S. 249.

18　康德在論及意念底自由時寫道：「〔……〕這種自由不可被解釋為：
　　有一種主觀的可能性，順乎或反乎法則而作決定，亦即根本決定行為
　　之違反法則，因為這等於一個惡的意志〔按：宜作意念〕。」（同上
　　註，S. 428）

亦即「自律」義的自由;這種自由雖為上文所未述及,但與「意念底自由」並無牴牾之處。

其次,康德以「理體」(Noumenon)與「事相」(Phaenomenon)的關係來解釋意志與意念之關係。他寫道:

> 的確,就作為事相的人底行為而言,意念底自由在於就兩個相反的行為(合乎法則與違反法則的行為)作抉擇的能力,而且人根據這種自由將自己視為事相。——作為理體的人不僅在理論方面,而且在實踐方面,均是為意念底對象自我立法者,且就此而言,有自由而無抉擇。[19]

最後,在這個「理體」與「事相」的間架下,他將「動機」歸諸意念,而不歸諸意志。他寫道:「意念底決定根據稱為動機。(意志並無動機,因為它不涉及對象,而是涉及行為方式,且能藉表象成為行為方式底一項規則)。」[20]

由此可知:意志與意念之區別對應於「動因」(Bewegungsgrund)與「動機」之區別。康德在《道德底形上學之基礎》一書中明白地表示:「欲求底主觀根據是動機,意欲(Wollen)底客觀根據是動因。」[21]康德將道德情感稱為「道德動機」,即是根據這個用法。故他在《實踐理性批判》中將「論純粹實踐理性底動

19　同上註。

20　*Vorarbeiten zu Die Metaphysik der Sitten*, *KGS*, Bd. 23, S. 378.

21　*Grundlegung zur Metaphysik der Sitten* (以下簡稱 *GMS*), *KGS*, Bd. 4, S. 427.

機」的一章比擬為「純粹實踐理性底感性論」，且明言此章以討
論道德情感為主[22]。但是正如他並未嚴格遵守「意志」與「意念」
之區分一樣，他也未嚴格遵守「動因」與「動機」之區分。在該
章中，他時而說：「〔……〕對道德法則的敬畏是唯一的且確實的
道德動機。」[23] 時而說：「〔……〕純粹實踐理性底真正動機不外
乎是純粹道德法則本身。」[24] 然而，既然如上文所述，動機僅屬
於意念，道德法則自不能作為動機，因為道德法則係出意志所制
定。因此，道德情感才是「純粹實踐理性底動機」，道德法則只
能是意念之動因。

五、道德情感與道德主體

在「理體」與「事相」（相當於「物自身」與「現象」、或者
「知性世界」與「感性世界」之分）二分的間架中，康德現在斷
然將道德情感歸諸後者。他注意到道德情感並非一般意義的「感
覺」（Sinn），故在《道德底形上學》中說道：

> 將這種情感稱為一種道德的**感覺**（Sinn），並不恰當。
> 因為「感覺」一詞通常意指一種理論性的、牽涉到一個
> 對象的知覺能力；反之，道德情感（如同一般而言的愉

---

22 *Kritik der praktischen Vernunft*（以下簡稱 *KpV*），*KGS*, Bd. 5, S. 90.
23 同上註，S. 78.
24 同上註，S. 88；參閱 S. 72.

快或不快）卻是純然主觀之物，它並不提供任何知識。[25]

道德情感當作情感來看，固然與具有認知作用的「感覺」不同，而且與一般情感也不同，因為「這種情感（名為道德的）僅由理性所產生」[26]。依康德之見，道德情感「必須被視為法則加諸意志的主觀結果」[27]；「它並非意志底決定之原因，而是其結果」[28]。然而就其為情感而言，道德情感與一般情感在性質上並無二致。因此他說：「〔……〕情感無論是由什麼所引起，永遠是自然的（physisch）。」[29]又說：「〔……〕一切情感均是感性的（sinnlich）。」[30]就此而言，道德情感與一般意義的「感覺」亦無不同，因為康德將這兩者均歸諸感性。他有時固然也使用「智性的愉快」[31]、「智性的滿足」[32]、「智性的欣悅」[33]等用語，但這並非意謂這些情感本身不是感性的，而只是意謂其決定根據在於理性。他始終堅持一切情感之同質性，因為「一種智性的情感

25　*MS*, *KGS*, Bd. 6, S. 400.

26　*KpV*, *KGS*, Bd. 5, S. 76.

27　*GMS*, *KGS*, Bd. 4, S. 460.

28　"Über den Gemeinspruch: Das mag in der Theorie richtig sein, taugt aber nicht für die Praxis", *KGS*, Bd. 8, S. 283.

29　*MS*, *KGS*, Bd. 6, S. 377.

30　*KpV*, *KGS*, Bd. 5, S. 75.

31　*MS*, *KGS*, Bd. 6, S. 212; *Anthropologie in pragmatischer Hinsicht*, *KGS*, Bd. 7, 230.

32　*KpV*, *KGS*, Bd. 5, S. 118.

33　*Kritik der Urteilskraft*, *KGS*, Bd. 5, S. 271.

是個矛盾」[34]。

　　既然在康德的道德哲學中，作為道德主體的「意志」僅是實踐理性本身，而道德情感屬於感性，則在其理體與事相的二元間架中，他必然將道德情感排除於道德主體之外。在《道德底形上學》中，他將道德情感與良心、對人類之愛．對自己的尊敬並列為「心靈對一般而言的義務概念的感受性之感性的先決概念」：「〔……〕它們係作為對義務概念的感受性之主觀條件，卻非作為客觀條件而為道德之根據。它們均是感性的、預存的、但卻自然的心靈稟賦，即為義務概念所觸動的心靈稟賦。」[35]。因此，道德情感並非道德法則的客觀根據（這客觀根據在於實踐理性本身），而只是我們之所以感受到道德法則之強制力的人類學根據。在《單在理性界限內的宗教》（*Die Religion innerhalb der Grenzen der bloßen Vernunft*）一書中，康德將道德情感視為三種「在人性中向善的原始稟賦」之一，亦即「關於人（作為一個有理性且同時能負責的存有者）底人格性的稟賦」[36]。此處要注意：「關於人格性的稟賦」不即是「人格性本身」。康德在此明白地表示：唯有「道德法則底理念」（或者說，「完全從智性方面來看的人底理念」）才是人格性本身，而道德情感只是「助成人格性的稟賦」或「人格性之附加物」[37]。從這兩處均可顯然看出：康德預設一個情感與理性二分的主體性架構，而將道德情感排除於

34　*KpV*, *KGS*, Bd. 5, S. 117.

35　*MS*, *KGS*, Bd. 6, S. 399.

36　*KGS*, Bd. 6, S. 26f.

37　同上註，S. 28.

道德主體（人格性）之外。

六、實踐情感之理性化

在這個主體性架構之中，不但是道德情感，連其他的實踐情感都必須與道德主體截然二分。因此，康德在談到「愛底義務」（如慈善、感恩、同情）與「敬底義務」時，便只能以兩種完全不同的方式來解釋其中所涉及的情感：或者將之解釋為因履行這些義務而產生的附隨現象，或者乾脆完全除去其情感內容，僅視之為一項格律（Maxime）、義務或理想。譬如，他在《道德底形上學》中談到「對他人的義務」時表示：「愛與尊敬是隨著這些義務底履行的情感。」[38] 但在同書的次頁中，他卻以完全不同的方式解釋「愛」與「尊敬」：

> 但是在這裡，**愛**並不被理解為**情感**（感性的），亦即對於他人底圓滿性的愉快，也不被理解為**愜意**之愛（因為他人不可能責成我們擁有情感），而是必須被設想為**仁慈**底格律，而這項格律產生施惠。對於應向他人表示的**尊敬**，我們得同樣說：它不僅意謂將我們自己的**價值**與他人底價值相比較而生的**情感**（一個孩子對其父母、一個學生對其老師、一般而言的部屬對其長官，僅出於習慣而感覺到的情感），而是僅意謂一項「以另一個人底人格中的『人』（Menschheit）之尊嚴來限制我們的自我

38　*MS, KGS*, Bd. 6, S. 448.

評價」的**格律**，因而意謂實踐意義下的尊敬（observantia aliis praestanda〔向他人所表示的尊敬〕）。[39]

在這兩段話中，康德不再依一般的意義將「愛」與「尊敬」視為情感，而是將它們智性化，解釋為格律。

類似的態度亦見諸他討論「實踐的愛」（praktische Liebe）的文字中。所謂「實踐的愛」係指摩西律法中的兩條基本誡命：「你要以全部的心志、情感和理智愛主——你的上帝。」「你要愛別人，像愛自己一樣。」[40] 他在《道德底形上學之基礎》中寫道：

> 毫無疑問，我們也得如此去理解命令我們去愛我們的鄰人、甚至敵人的那些經文。因為愛當作愛好來看，無法被命令；但是出於義務的仁惠，縱使全無愛好驅使我們去做它，甚至為自然的且無法抑制的厭惡所抗拒，卻是**實踐的**、而非**感受的**愛。這種愛存在於意志、而非感覺底癖好中，存在於行為底原則、而非溫柔的同情中；但唯有這種愛能夠被命令。[41]

康德在這裡剝除了「愛」這個字眼中所有的情感成分，將「實踐的愛」解釋為一項義務，而非愛好。換言之，他所謂「實踐的愛」根本不是愛，只是空有愛之名，而無其實。他在這裡預設「義務」

39　同上註，S. 449.

40　《新約・馬太福音》22: 37-41（聖經公會現代中文譯本）；亦見〈馬可福音〉12: 28-33及〈路加福音〉10: 25-28。

41　*GMS, KGS*, Bd. 4, S. 399.

與「愛好」之對立，後來引發了他與席勒（Friedrich Schiller, 1759-1805）之間的論戰[42]。

　　在其情感與理性二分的主體性架構中，必然包含「義務」與「愛好」之對立。這種對立在《實踐理性批判》的一段文字中表現得更為明顯。康德在那裡進一步解釋這種「實踐的愛」之意涵：

> 〔……〕在這個意義下，「愛上帝」意謂「**自願**行其命令」；「愛鄰人」意謂「**自願**履行對他的一切義務」。但是使之成為規則的命令卻不能也要求我們在合乎義務的行為中**擁有**這個存心，而只能要求我們**追求**它。因為「我們應當自願做某事」的一項命令是自相矛盾的；蓋如果我們已自然地知道我們應當做什麼，並且也意識到我們自願去做它，則一項關於此事的命令是完全不必要的；而如果我們雖然做此事，但卻不是自願地、而只是出於對法則的敬畏，則使這種敬畏正好成為格律底動機的一項命令將與這個被命令的存心正相違逆。因此，那項萬法之法如同福音書底一切道德規範一樣，完全圓滿地表達道德的存心；而且雖然它作為一項神聖性底理想，並非任何受造物所能達到，卻仍是我們應當努力趨近、且在一個不間斷而無限的進程中仿效的範型。[43]

在這段話中，「實踐的愛」不但完全失去了情感的內涵，甚至成

42　參拙作Ming-huei Lee: *Das Problem des moralischen Gefühls in der Entwicklung der Kantischen Ethik*, S. 293-307.

43　*KpV, KGS*, Bd. 5, S. 83.

了我們永無法達成的理想。在康德的主體性架構中，理性我與感性我截然二分，兩者處於一種永遠的緊張狀態中，敬畏之情即反映出人類所處的道德階段。因此，他不承認我們人類能出於自願而履行義務，或者說，有席勒所謂「對義務的愛好」（Ncigung zu der Pflicht）[44]。他認為：唯有神聖意志（無限存有者的意志）才能出於自願而履行義務；對我們人類而言，這永遠是一項理想，而道德法則始終是一項命令。無論康德將「愛」、「尊敬」等實踐情感理解為因履行義務而產生的附隨現象，還是將它們智性化，都預設一個情感與理性二分的主體性架構。

七、後期康德的「道德情感」理論之難題

在康德這種二元的主體性架構中，道德主體（意志）只是道德法則之制定者，亦即實踐理性。意志之這種「自我立法」的特性在康德即稱為「自律」（Autonomie），而「自律」即是積極意義的「自由」[45]。但對於康德而言，意志底自由還有另一層意義，即是能無待於外在的決定原因而產生作用的 種因果性；這是自由底消極意義[46]。這種因果性相對於「自然底因果性」，稱為「藉由自由的因果性」。換言之，道德主體本身理當有實現其法則的

44　Schiller: "Über Anmut und Würde", in: Eduard von den Hellen (Hg.), *Schillers Sämtliche Werke* (Säkular-Ausgabe, Stuttgart/Berlin: Cotta, 1904/5), Bd. 11, S. 217.

45　*GMS, KGS*, Bd. 4, S. 446f.; *KpV, KGS*, Bd. 5, S. 33.

46　*GMS, KGS*, Bd. 4, S. 446.

力量。康德在《實踐理性批判》中便強調道德主體的這種力量：

> 滿足道德底定言令式，永遠是每個人力所能及；滿足幸
> 福之以經驗為條件的誡規，則不常見，並且決非對每個
> 人均是可能的（甚至僅就單一目標而言）。此其原因在
> 於：前者僅牽涉到必然真實且純粹的格律，但後者卻牽
> 涉到實現一個所欲對象的力量和自然能力。[47]

　　然而，當康德將作為動機的道德情感排除於道德主體之外
時，道德主體本身應有的自我實現的力量即被架空。依照康德的
「自由」觀，道德主體本身理當同時擁有義務的「判斷原則」與
「踐履原則」。但是在其二元的主體性架構中，道德主體卻只保
有「判斷原則」，「踐履原則」則旁落於感性，而在道德情感中。
這使得其道德主體虛歉無力；以美國學者貝克（Lewis White Beck）
的話來說，它只是個首長（principal），而非執行者（agent）[48]。
因此，儘管道德情感只是我們對道德法則的感受性之主觀條件，
但如果我們無道德情感，作為動因的道德法則亦將失去其作用。
他在《道德底形上學》中便說道：

> 沒有人完全不具有道德情感；因為一個人若對這種感覺
> 完全無動於中，他在道德上便等於死了；而且如果（以
> 醫生底用語來說）道德的生命力不再能對這種情感產生

47　*KpV, KGS*, Bd. 5, S. 36f.

48　L.W. Beck: *A Commentary on Kant's Critique of Practical Reason* (Chicago: The University of Chicago Press, 1960), p. 180.

刺激，則「人」（彷彿按照化學定律）將化為純然的動
物性，而與其他自然物底群類泯然無分了。[49]

因此，如果我們不具道德情感，仍可能會意識到道德法則，但這
種意識因欠缺道德動機，對我們的行為全無作用。所以，單是以
道德法則作為意念的動因，並不足以說明康德所謂的「藉由自由
的因果性」。因為在這種情感與理性二分的主體性架構中，儘管
他仍可堅持道德主體的自律（就其自我立法而言），但因道德動
機落在感性中，必然使道德主體喪失自我實現的力量。這與其自
律倫理學的立場有所扞格，而形成其系統內部的一項難題。

八、朱子對「四端」的詮釋

現在我們便以上述康德的「道德情感」說為理論背景，進而
對孟子的「四端之心」說作個比較研究。我們先將《孟子》中論
「四端之心」的兩段文字引述於下，以為討論之根據：

> 孟子曰：「人皆有不忍人之心。先王有不忍人之心，斯
> 有不忍人之政矣。以不忍人之心，行不忍人之政，治天
> 下可運之掌上。所以謂人皆有不忍人之心者，今人乍見
> 孺子將入於井，皆有怵惕惻隱之心──非所以內交於孺
> 子之父母也，非所以要譽於鄉黨朋友也，非惡其聲而然

---

49 *MS, KGS*, Bd. 6, S. 400. 引號中的「人」字德文作 Menschheit，意謂「人
之所以為人者」，而非指具體的人（Mensch）。

也。由是觀之，無惻隱之心，非人也；無羞惡之心，非人也；無辭讓之心，非人也；無是非之心，非人也。惻隱之心，仁之端也；羞惡之心，義之端也；辭讓之心，禮之端也；是非之心，智之端也。人之有是四端也，猶其有四體也。有是四端而自謂不能者，自賊者也；謂其君不能者，賊其君者也。凡有四端於我者，知皆擴而充之矣，若火之始然，泉之始達。苟能充之，足以保四海；苟不充之，不足以事父母。」（〈公孫丑上〉第6章）

公都子曰：「告子曰：『性無善無不善也。』或曰：『性可以為善，可以為不善；是故文、武興，則民好善；幽、厲興，則民好暴。』或曰：『有性善，有性不善；是故以堯為君而有象；以瞽瞍為父而有舜；以紂為兄之子，且以為君，而有微子啟、王子比干。』今曰『性善』，然則彼皆非與？」

孟子曰：「乃若其情，則可以為善矣，乃所以為善也。若夫為不善，非才之罪也。惻隱之心，人皆有之；羞惡之心，人皆有之；恭敬之心，人皆有之；是非之心，人皆有之。惻隱之心，仁也；羞惡之心，義也；恭敬之心，禮也；是非之心，智也。仁、義、禮、智，非由外鑠我也，我固有之也，弗思耳矣。故曰：『求則得之，舍則失之。』或相倍蓰而無算者，不能盡其才者也。詩曰：『天生蒸民，有物有則。民之秉彝，好是懿德。』孔子曰：『為此詩者，其知道乎！故有物必有則；民之秉彝也，故好是懿德。』」（〈告子上〉第6章）

　　朱子在其《孟子集注》中將〈公孫丑篇〉這段話解釋為：「惻隱、羞惡、辭讓、是非，情也。仁、義、禮、智，性也。心，統性情者也。端，緒也。因其情之發，而性之本然可得而見，猶有物在中而緒見於外也。」[50] 他將「惻隱之心，仁之端也」等四句的每一句均拆為三部分，分別配屬於「情」、「心」、「性」三個概念，界限分明。以「惻隱之心，仁之端也」這句來說，惻隱是情，仁是性；惻隱之心不是仁，而是「仁之端」，是仁之性顯現於外的端緒。他的解釋顯然預設一個心、性、情三分的間架。

　　但是在〈告子篇〉中，孟子明明說「惻隱之心，仁也」云云，與朱子的間架不合。為了解釋這項牴牾，朱子說：「前篇言是四者為仁義禮智之端，而此不言端者，彼欲其擴而充之，此直因用以著其本體，故言有不同耳。」[51] 但這項解釋實在很勉強。因為朱子在前面明明將「端」字解釋為「端緒」之「端」，現在他卻將它解釋為擴充之端，即「開端」之「端」，其解釋包含一項語義上的滑動。以此來說明這兩段引文中的異辭，焉能有說服力？

　　再者，在《孟子》書中，「心」、「性」二者均為重要概念，但「情」不成其為獨立的概念。朱子將「情」與「心」、「性」並列，視之為獨立的概念，其唯一的文獻根據僅在於「乃若其情」一語。《朱子語類》云：

　　　問「乃若其情」。曰：「性不可說，情卻可說。所以告

50　《四書集注》（臺北：臺灣中華書局，四部備要本），《孟子集注》，卷2，頁12上。
51　同上書，卷6，頁4下。

> 子問性，孟子卻答他情。蓋謂情可以為善，則性無有不
> 善。所謂『四端』者，皆情也。仁是性，惻隱是情。惻
> 隱是仁發出來底端芽，如一個穀種相似，穀之生是性，
> 發為萌芽是情。所謂性，只是那仁義禮知四者而已。」[52]

但從上下文看來，「乃若其情」之「情」顯然是「情實」之「情」，
而非「情感」之「情」，故非一個獨立的概念。牟宗三先生解釋
道：

> 「乃若其情」之情非性情對言之情。情實也，猶言實情
> （real case）。「其」字指性言，或指人之本性言。「其
> 情」即性體之實，或人之本性之實。落在文句的關聯上
> 說，當指「人之本性之實」說。「乃若其情，則可以為
> 善」云云，意即：乃若就「人之本性之實」言，則他可
> 以為善（行善作善），此即吾所謂性善也。[53]

因此，朱子將惻隱、羞惡、辭讓、是非四者解釋為「情」，而與
「心」、「性」對言，在文獻上並無根據；他所根據的，只是他自
己的義理間架。為了了解他何以如此解釋「四端之心」，我們得
進一步了解其義理間架。

52　黎靖德編：《朱子語類》（北京：中華書局，1986年），第4冊，卷
　　59，頁1380。

53　牟宗三：《心體與性體》（臺北：正中書局，1975年），第3冊，頁
　　416〔7: 461-462〕。〔〕中是《牟宗三先生全集》（臺北：聯經出版
　　公司，2003年）的冊數及頁碼。

九、朱子心性論的基本架構

朱子心性論的義理間架係透過他對「中和」問題的長期探索而逐漸形成。朱子的中和說有舊說與新說。王懋竑《朱子年譜》在〈孝宗乾道二年丙戌、三十七歲〉條下錄有朱子與張欽夫二書、與張敬夫二書[54]。此四函分別為《朱文公文集》卷30〈與張欽夫〉十書之第三、四書及卷32〈與張敬夫〉十八書之第三、四書,皆朱子答張南軒(栻)函。此四函代表朱子在其師李延平(侗)的影響下所理解的「中和」問題,為中和舊說。又王懋竑《朱子年譜》在〈孝宗乾道五年己丑、四十歲〉條下錄有朱子〈已發未發說〉、〈與湖南諸公論中和第一書〉及〈答張欽夫書〉[55]。〈已發未發說〉見《文集》卷67,〈與湖南諸公論中和第一書〉見《文集》卷64,〈答張欽夫書〉則為《文集》卷32〈答張欽夫〉十八書之第十八書。這些文獻代表朱子順著程伊川(頤)「性即理」說對「中和」問題所作的重新理解,此時其心、性、情三分的義理間架已大體確定[56]。其後數年間,朱子有〈仁說〉之作[57],並與張南軒等湖湘學者就「仁」的問題往復辯論。

54　王懋竑:《宋朱子年譜》(臺北:臺灣商務印書館,1987年),頁35-40。

55　王懋竑:《宋朱子年譜》,頁23-26。

56　關於朱子參究「中和」問題的過程,請參閱牟宗三:《心體與性體》,第3冊,第2、3章。

57　劉述先先生斷言〈仁說〉定稿於癸巳(1173)年朱子44歲時;請參閱其《朱子哲學思想的發展與完成》(臺北:臺灣學生書局,1982年),頁139-146。

〈仁說〉明白反映出朱子的心、性、情三分之義理間架，並且直接關涉孟子的「四端之心」，故以下筆者即以〈仁說〉為中心，來討論朱子所據以理解四端之心的義理背景。〈仁說〉全文甚長，此處僅摘錄其中與四端之心有關的三段，加以分析：

（1）蓋天地之心，其德有四，曰元、亨、利、貞，而元無不統。其運行焉，則為春、夏、秋、冬之序，而春生之氣無所不通。故人之為心，其德亦有四，曰仁、義、禮、智，而仁無不包。其發用焉，則為愛、恭、宜、別之情，而惻隱之心無所不貫。故論天地之心者，則曰乾元、坤元，則四德之體用不待悉數而足。論人心之妙者，則曰「仁，人心也」，則四德之體用亦不待遍舉而該。蓋仁之為道，乃天地生物之心即物而在。情之未發，而此體已具；情之既發，而其用不窮。

（2）或曰：「若子之言，則程子所謂『愛情、仁性，不可以愛為仁』者非歟？」曰：「程子之所訶，以愛之發而名仁者也。吾之所論，以愛之理而名仁者也。蓋所謂情、性者，雖其分域之不同，然其脈絡之通，各有攸屬者，則曷嘗判然離絕而不相管哉？吾方病夫學者誦程子之言而不求其意，遂至於判然離愛而言仁，故特論此以發明其遺意，而子顧以為異乎程子之說，不亦誤哉？」

（3）或曰：「程氏之徒言仁多矣。蓋有謂愛非仁，而以『萬物與我為一』為仁之體者矣。亦有謂愛非仁，而以『心有知覺』釋仁之名者矣。今子之言若是，然則彼

皆非歟？」曰：「彼謂『物我為一』者，可以見仁之無
不愛矣，而非仁之所以為體之真也。彼謂『心有知覺』
者，可以見仁之包乎智矣，而非仁之所以得名之實也。
觀孔子答子貢『博施濟眾』之問，與程子所謂『覺不可
以訓仁』者，則可見矣。子尚安得復以此而論仁哉？」[58]

　　以上引文中，第一段是朱子本人對四端之心的詮釋，第二段
說明其詮釋本於伊川「仁性、愛情」之說。第三段則辯駁楊龜山
（時）「物我為一」之說及謝上蔡（良佐）「以覺訓仁」之說；此
二說皆本之程明道（顥），故朱子在此可謂是間接駁斥明道。「覺
不可以訓仁」為伊川之說，故朱子在此可謂是援引伊川以駁明道。

　　在第一段中，朱子將仁、義、禮、智之德與愛、恭、宜、別
（惻隱、恭敬、羞惡、是非）之情分屬體用，視為未發與已發之
關係；前者以仁貫之，後者以惻隱之心貫之。如第二段引文所述，
朱子的詮釋實本於伊川之說。《二程遺書》卷18〈伊川先生語四〉
有云：

　　問仁。曰：「此在諸公自思之，將聖賢所言仁處，類聚
觀之，體認出來。孟子曰：『惻隱之心，仁也。』後人
遂以愛為仁。惻隱固是愛也。愛自是情，仁自是性，豈
可專以愛為仁？孟子言惻隱為仁，蓋為前已言『惻隱之
心，仁之端也』，既曰仁之端，便不可謂之仁。退之言

58　《朱子大全》（臺北：臺灣中華書局，四部備要本），第8冊，《文
　　集》，卷67，頁20上至21上。

　　『博愛之謂仁』，非也。仁者固博愛，然便以博愛為仁，
　　則不可。」[59]

此即伊川「仁性、愛情」之說。伊川視惻隱為愛，愛是情，是仁
之端；他認為仁之端不等於仁，而是性。朱子即據此「仁性、愛
情」之說，發展為心、性、情三分的義理間架，以詮釋孟子的「四
端之心」。他在〈元亨利貞說〉中極扼要地解釋道：「仁、義、禮、
智，性也。惻隱、羞惡、辭讓、是非，情也。以仁愛、以義惡、以
禮讓、以智知者，心也。性者，心之理也。情者，心之用也。」[60] 因
此，對朱子而言，仁、義、禮、智是性，而性即理。

　　在此，我們暫且撇開「心」不談，先探討此一間架中的性
（理）、情關係。仁、義、禮、智是理，用康德的術語來說，即
是「道德法則」。在朱子，性與情的關係是體用關係，是未發與
已發的關係，亦即理與氣的關係；性屬於理，情屬於氣，故二者
之分域不同。在後期的康德，道德法則由實踐理性所制定，而道
德情感及其他一切實踐情感雖有理性的根據，其本身卻是感性
的。就他們均預設一個情、理二分的間架而言，兩人的立場並無
二致。再者，朱子強調情與性之不相離，康德亦強調道德法則為
道德情感及其他實踐情感之根據。但他們均不因這種關係而混同
情與理之分際。

　　朱子駁斥上蔡之「以覺訓仁」，也是本於其情、理二分的間
架。但他由「心有知覺」聯想到「仁之包乎智」，卻包含一項嚴

59　《二程集》（北京：中華書局，1981年），第1冊，頁182。
60　《朱子大全》，第8冊，《文集》，卷67，頁1上。

重的誤解。上蔡之說，蓋本於明道。《二程遺書》卷二上〈二先生語二上〉有云：「醫家以不認痛癢謂之不仁，人以不知覺、不認義理為不仁，譬最近。」[61] 此所謂「不仁」，即《論語・陽貨篇》中孔子以宰我對「食夫稻，衣夫錦」無不安之感而斥其「不仁」之義。故「以覺訓仁」，實為孔孟本有的義理，而非明道師徒所獨創。《語類》云：「以名義言之，仁自是愛之體，覺自是智之用，本不相同。但仁包四德。苟仁矣，安有不覺者乎！」[62] 朱子將上述意義的「知覺」僅局限為智之事，而與仁、義、禮對言，只因仁包四德，始言「仁之包乎智」。但孔子以不安之感言仁，明道、上蔡以「心有知覺」為仁，皆直接就此知覺指點仁之實義，而非先限於智之事，再以仁統之。在《論語》，仁是全德，為眾德之源，表現為不安之心。在《孟子》，此眾德之源即在「本心」，表現為惻隱、羞惡、辭讓、是非之心；本心在這些不同機緣下所表現之德，可分別以仁、義、禮、智名之。故上蔡所謂「心有知覺」，係就仁之全德而言，並非僅指智之事。若就在不同機緣下分別表現的仁、義、禮、智之德而言，「心有知覺」固然是智，但又何嘗不是仁、義、禮？

縱使將此「知覺」視為智之事，朱子的理解也大有問題。其答張欽夫書〈又論仁說〉云：「上蔡所謂『知覺』，正謂知寒暖飽飢之類爾。推而至於酬酢佑神，亦只是此知覺，無別物也。但所用有大小爾。然此亦只是智之發用處，但唯仁者為能兼之。」[63] 智

61　《二程集》，上冊，頁33。

62　《朱子語類》，第1冊，卷6，頁118。

63　《朱子大全》，第4冊，《文集》，卷32，頁20上。

之事是就本心知是知非的能力而言，所謂「是非之心」是也。然此「是非」是道德中的是非，而非知識中的是非；是道德判斷，而非知識判斷。康德認為：道德情感不宜以「感覺」（Sinn）名之。我們也可以說：上蔡所謂「知覺」，並非具有知識意義的「感覺」，而是「道德情感」（此不依康德後期的觀點，而依其早期的觀點來說）。今朱子將此「知覺」與知寒暖飽飢、乃至酬酢佑神的能力歸於一類，唯以所用之大小別之，即是將此二者視為同質，且同屬於認知意義下的「感覺」。

對於朱子的誤解，湖湘學者亦有辯駁。《宋元學案‧五峰學案》中，「五峰家學」項下有「伯逢問答」二條。其第一條云：

> 「心有知覺之謂仁」，此上蔡傳道端的之語，恐不可為有病。夫知覺亦有深淺，常人莫不知寒識暖，知飢識飽，若認此知覺為極至，則豈特有病而已！伊川亦曰：「覺不可以訓仁。」意亦猶是，恐人專守著一箇「覺」字耳。若夫謝子之意，自有精神，若得其精神，則天地之用即我之用也，何病之有？以愛言仁，不若覺之為近也。[64]

伯逢即五峰從子胡大原。「心有知覺之謂仁」之知覺與「知寒識暖，知飢識飽」之知覺此處不以所用之大小別之，而以深淺別之。由字面觀之，深淺之別亦可能是量的分別。但這段話既是針對朱子的同質說而發，則此處的分別應不止是量的分別，而是質的分

64　黃宗羲：《宋元學案》，見沈善洪主編：《黃宗羲全集》（杭州：浙江古籍出版社，1985-1994年），第4冊，卷42，頁693。

別。若僅以「知寒識暖，知飢識飽」言知覺，自然不可以覺訓仁。
此處引伊川「覺不可以訓仁」之語為證，並不合其原意。伊川此
語見於《二程粹言・論道篇》：「仁者必愛，指愛為仁則不可。不
仁者無所知覺，指知覺為仁則不可。」[65] 他反對以覺訓仁，正如
反對以愛言仁，均是就其性、情二分的間架而言。故伊川像康德
一樣，不可能承認有一種異質的知覺。但上蔡以覺訓仁，係就此
種異質的知覺而言；其義理根據是明道〈識仁篇〉中「仁者渾然
與物同體」之語[66]，而明道此語又須在其「一本」論的義理背景
下來理解。

　　明道的「一本」論，牟宗三先生論之甚詳[67]，此處僅以兩語
表之，曰：「天人無二，心性天是一」。《二程遺書》卷6〈二先生
語六〉有云：「天人木無二，不必言合。」[68] 又卷6〈二先生語二
上〉有云：「只心便是天，盡之便是性，知性便知天，當處便認
取，更不可外求。」[69] 這兩句話牟先生依義理系統斷定為明道之
言，明道之根據即在《孟子・盡心篇上》「盡心、知性、知天；
存心、養性、事天」那段話。依明道「一本」之論，天之真實涵
義只能在我們的道德創造性之真性中顯示出來，而此道德創造性
之真性僅能為我們的道德本心所證知；故盡心、知性、知天是一

65　《二程集》，下冊，頁1173。

66　《二程遺書》，卷2上，〈二先生語二上〉；見《二程集》，第1冊，
　　頁16。

67　牟宗三：《心體與性體》，第2冊，頁91-116〔6: 98-126〕。

68　《二程集》，第1冊，頁81。

69　同上註，頁15。

事，天之所以為天與我們的本心、真性之道德創造性亦是一事[70]。明道依此「一本」之義以言「仁者渾然與物同體」、「仁者以天地萬物為一體，莫非己也」[71]，龜山即本之而言「物我為一」。其實此皆本於孟子〈盡心篇上〉「萬物皆備於我矣」一語，非明道師徒所創；而朱子卻攻訐之，亦可反證他對「仁」的理解不合孟子原意。

據此「一本」之義，四端之心為本心所表現之相，本心即在惻隱、羞惡、辭讓、是非中顯其相，故謂之「端」（端緒、端倪）。四端之心於是被上提到本心（道德主體）的層面，而與仁、義、禮、智之理同在一個層面上。此所謂「端」並非在一個情、理二分的間架中下屬於氣，以彰顯更高一層之理。因此，以惻隱、羞惡、辭讓、是非為「情」固可，但此「情」並非情、理二分的間架中的「情」，亦非後期康德所理解的「道德情感」。後期的康德雖然將「道德情感」與具有知識意義的「感覺」區別開來，但道德情感本身仍屬於感性之層面，與感覺為同質。德國現象學家謝勒（Max Scheler, 1874-1928）討論「價值感」（Wertfühlen）時，為避免與一般意義的「情感」相混淆，特地以Fühlen一詞取代通常使用的Gefühl一詞。依他之見，一般意義的「情感」係在肉體中有確定位置的一種感性狀態，而「價值感」則是一種先天的意

70　對於孟子這段話的詮釋，可參閱拙作：〈再論孟子的自律倫理學〉，《哲學與文化》，第15卷第10期（1988年10月），頁49-51〔本書，頁91-96〕。

71　《二程遺書》，卷2上，〈二先生語二上〉；見《二程集》，第1冊，頁15。

向性體驗[72]。謝勒批評康德的倫理學，其中一個論點便是：康德把「先天的」（das Apriorische）等同於「理性的」（das Rationale oder Gedachte）[73]。康德認為：「智性的情感」是個矛盾的概念，謝勒則承認一個「精神底情感性」（das Emotionale des Geistes）之領域[74]。當然，謝勒的這項批評只適用於後期的康德，因為早期的康德倫理學並未預設一個情感與理性二分的主體性架構。若我們借用謝勒的術語來說，依明道「一本」之義所理解的「四端之心」應屬於「精神底情感性」之領域，牟先生即名之曰「本體論的覺情」（ontological feeling）[75]。

十、朱子論心、性關係

據以上的分析，似乎朱子與康德的倫理學屬於同一型態。其實不然。要說明其型態之差異，就須進一步比較兩者的主體性架構。如上所述，康德以「意志」為道德主體，而意志是實踐理性，是道德法則之制定者。在朱子，相應於道德主體之地位的是「心」。但朱子的「心」與康德的「意志」並非在同一層面上，因為前者屬於氣。《語類》云：「心者，氣之精爽。」[76] 又云：「只

72　參閱Scheler: *Der Formalismus in der Ethik und die materiale Wertethik* (Bern: Francke, 1966), S. 77ff., 261ff. & 335ff.

73　同上註，S. 81f.；參閱S. 73.

74　同上註，S. 82.

75　牟宗三：《心體與性體》，第3冊，頁277〔7: 308〕。

76　《朱子語類》，第1冊，卷5，頁85。

有性是一定，情與心與才便合著氣了。」[77] 故在心、性、情三者之中，他明白地將性歸屬於理，而將心與情歸屬於氣。因此，朱子的「性」與康德的「意志」在同一層面上。然而朱子的「性」並非道德主體，因為他認為：「性即理也。在心喚作性，在事喚作理。」[78] 又說：「性是理之總名，仁、義、禮、智皆性中一理之名。」[79] 換言之，性即是理，唯作為心之理時，始稱為性；故仁、義、禮、智是理，亦是性。

因此，朱子的「性」只是靜態之理，並無主體應有的活動義；此活動義只能表現於心。朱子以種種方式論心、性之別，皆環繞此義而說。以下筆者引朱子之語，分四點論之。首先，《語類》云：

> 1.1 問：「靈處是心，抑是性？」曰：「靈處只是心，不是性。性只是理。」[80]

> 1.2 問心之動、性之動。曰：「動處是心，動底是性。」[81]

所謂心是「靈處」、「動處」，皆表示心是活動原則，其自身能活動。至於性，朱子說它是「動底」（猶今語「動的」），並非意謂它本身有活動，而只是意謂它是活動所依之理。以康德的用語來說，性只是「動因」，而非「動機」。因此，說「心之動」和「性

77　同上註，頁97。
78　同上註，頁82。
79　同上註，頁92。
80　同上註，頁85。
81　同上註，頁88。

之動」時，此所有格語助詞「之」字的意涵並不同。「心之動」
係指心本身之活動。「性之動」卻非指性本身之活動，而是以性
為動因而產生的活動；以其依性而起，故繫屬於性，謂之「性之
動」。其實，性本身不能活動，能活動者只是心。

其次，《語類》云：

2.1 心有善惡，性無不善。[82]

2.2 或問：「心有善惡否？」曰：「心是動底物事，自
然有善惡。且如惻隱是善也，見孺子入井而無惻隱之
心，便是惡矣。離著善，便是惡。然心之本體未嘗不善，
又卻不可說惡全不是心。若不是心，是甚麼做出來？
〔……〕」[83]

2.3 問：「心之為物，眾理具足。所發之善，固出於心。
至所發不善，皆氣稟物欲之私，亦出於心否？」曰：「固
非心之本體，然亦是出於心也。」[84]

2.4 性只是合如此底，只是理，非有箇物事。若是有底
物事，則既有善，亦必有惡。唯其無此物，只是理，故
無不善。[85]

82　同上註，頁89。
83　同上註，頁86。
84　同上註。
85　同上註，頁93。

心有活動，故有善惡。性只是理；它只是「存有」（「合如此底」），而非「存在」（「有底物事」）。以其非存在之物，故不活動；以其不活動，故無不善。牟先生斷定：朱子的「性」是只存有而不活動，即因此故。康德說：意志無所謂自由或不自由，意念才有自由可言。因為意志是道德法則之制定者，其自身提供善惡之標準，故無不善。以其無不善，故無所謂自由或不自由。意念為抉擇能力，具有動機，而直接涉及行為。當意念遵從道德法則時，它是善的；但當它違反道德法則時，則是惡的。以其有善惡，故有自由可言。因此，朱子的「心」約略相當於康德的「意念」，而與其「意志」不在同一個層面上。由此亦可知：朱子的「心」並不等於康德意義下的道德主體，因為它不是立法者。

《語類》又云：

> 3.1 景紹問心性之別。曰：「性是心之道理，心是主宰於身者。四端便是情，是心之發見處。四者之萌皆出於心，而其所以然者，則是此性之理所在也。」[86]

> 3.2 問：「心是知覺，性是理。心與理如何得貫通為一？」曰：「不須去著實通，本來貫通。」「如何本來貫通？」曰：「理無心，則無著處。」[87]

由這兩段話可知：性而無心，則無存在（「著處」）可言；而性是心之所以然之理，亦即存在之理。性與心之關係是理與氣之關

86　同上註，頁90。

87　同上註，頁85。

係，亦即形上與形下之關係。此存在之理是一靜態的形上之理。因此，仁、義、禮、智是道德原則，也是形上原則，道德原則與形上原則不分。在此意義下，朱子學在基本型態上類乎萊布尼茲、吳爾夫的哲學系統，因為在後一系統中，「圓滿性」原則既是道德原則，也是形上原則，兩者不分。朱子就理為心之所以然之理，而言心與理貫通為一。但這不是王陽明的「心即理」說，因為王陽明並不將理與心分屬形上、形下兩層，而是就同一層面說本心即理。

　　以上三點均是從存有論的觀點來說明心與性之關係與分別。由這項說明即可進一步決定兩者之知識論的關係。朱子注《孟子・盡心章上》云：

　　4.1 心者，人之神明，所以具眾理而應萬事者也。性則心之所具之理。[88]

又其〈答王子合〉書云：

　　4.2 心猶鏡也。但無塵垢之蔽，則本體自明，物來能照。[89]

由這兩段話可知：心之作用在於認知，其對象為理。若我們再考慮到朱子將在道德上知是知非的「覺」視同知識意義的「知覺」，則可斷定：朱子的「心」基本上是認知心，而非能制定法則的道德心（如康德的「意志」）。或者可以說：朱子以認知心為道德心，

88　《四書集注》，《孟子集注》，卷7，頁1上。
89　《朱子大全》，第6冊，《文集》，卷49，頁9下。

正如他以形上之理為道德之理。因此,「心具眾理」之「具」只是在一認知關係中的「具」,而非在一道德創造活動中的「具」。換言之,此「具」表示形下之心鑑照形上之理,而非創造之。朱子有時亦曰:「心與理一,不是理在前面為一物。」[90] 或曰:「理不是在面前別為一物,即在吾心。」[91] 但這只意謂心在認知活動中賅攝理,而非意謂心創造理。形而下者焉能創造形而上者?若理為心所創造,心焉能不善?蓋心有不善,即當有不善之理,可乎?故朱子的「心」決非能立法的道德主體,明矣!

由以上的說明,朱子學中心、性、情之關係便可確定。朱子屢屢以張橫渠「心統性情者也」之語來說明此三者之關係。橫渠此語見《宋元學案‧橫渠學案下》「性理拾遺」項下[92],只是一句孤語,其原意不易確定。朱子的理解亦未必合乎原意。《語類》云:

> 問「心統性情」。曰:「性者,理也。性是體,情是用。性情皆出於心,故心能統之。統,如統兵之『統』,言有以主之也。且如仁義禮智是性也,孟子曰:『仁義禮智根於心。』惻隱、羞惡、辭遜、是非,本是情也,孟子曰:『惻隱之心,羞惡之心,辭遜之心,是非之心。』以此言之,則見得心可以統性情。一心之中自有動靜,靜者性也,動者情也。」[93]

90　《朱子語類》,第1冊,卷5,頁85。
91　同上書,卷9,頁155。
92　沈善洪主編:《黃宗羲全集》,第3冊,卷18,頁915。
93　《朱子語類》,第7冊,卷98,頁2513。

依照以上的分析，此所謂「性情皆出於心」之「出」其實有兩層不同的意義。心發動而為惻隱、羞惡、辭讓、是非之情，故曰「情出於心」。心與情均屬於氣，故此「出」是一心理學意義的「引發」。但說「性出於心」，猶言「心具眾理」，均是就一認知關係而言。此「出」表示一認知意義的「賅攝」，非謂心能創造理。朱子引孟子「仁義禮智根於心」之語來說明這種認知意義的「出」，並不諦當。因為孟子此語在意涵上等於其所謂：「仁義禮智，非由外鑠我也，我固有之也。」均須在其「仁義內在」說的背景下來理解。然則，孟子的「心」不僅是在認知上能賅攝仁、義、禮、智之理，而是理之制定者。換言之，孟子的「心」猶如康德的「意志」，是能自定法則、自由自律的道德主體[94]。在朱子的系統中，這種意義的道德主體實不能成立，故朱子的倫理學必為「他律倫理學」（Ethik der Heteronomie）。

十一、結論

由以上的探討可見：朱子依心、性、情三分的義理間架去解釋孟子的四端之心，實如圓鑿方枘，扞格難入。陸象山即針對此點，倡「心即理」之說。他不像朱子那樣，將四端之心僅視為情，而是將四端之心視為本心所發，而本心即理。其〈與曾宅之〉書

94　參閱拙作：〈孟子與康德的自律倫理學〉，《鵝湖月刊》，第155期（1988年5月），頁10-12〔本書，頁64-71〕；亦參閱拙作：〈再論孟子的自律倫理學〉，前引書，頁45-48〔本書，頁82-89〕。

云：「蓋心，一心也，理，一理也，至當歸一，精義無二，此心
此理，實不容有二。」[95] 縱使將四端之心視為情，此情亦非形而
下者，即非只是感性的，而是牟先生所謂「本體論的覺情」。象
山〈與李宰〉書云：

> 心於五官最尊大。〈洪範〉曰：「思曰睿，睿作聖。」
> 孟子曰：「心之官則思，思則得之，不思則不得也。」
> 又曰：「存乎人者，豈無仁義之心哉？」又曰：「至於
> 心，獨無所同然乎？」又曰：「君子之所以異於人者，
> 以其存心也。」又曰：「非獨賢者有是心也，人皆有之，
> 賢者能勿喪耳。」又曰：「人之所以異於禽獸者幾希，
> 庶民去之，君子存之。」去之者，去此心也，故曰「此
> 之謂失其本心」。存之者，存此心也，故曰「大人者，
> 不失其赤子之心」。四端者，即此心也；天之所與我者，
> 即此心也。人皆有是心，心皆具是理，心即理也，故曰
> 「理義之悅我心，猶芻豢之悅我口」。所貴乎學者，為
> 其欲窮此理，盡此心也。[96]

這是將四端之心上提到本心的層面，本心即具仁、義、禮、智之
理。此「具」並非在認知關係中的「具」，而是在道德立法中的
「具」。四端之心為本心所發，仁、義、禮、智之理為本心所立，
故心與理為一。

95　《陸九淵集》（北京：中華書局，1980年），卷1，頁4-5。
96　同上書，卷11，頁149。

　　王陽明順此說解釋道:「理一而已。以其理之凝聚而言,則謂之性;以其凝聚之主宰而言,則謂之心。」[97]是以心、性、理三者為一,即皆為本心(良知)所涵。在此「心即理」的義理間架下,始有其「知行合一」之說。用現代的用語來說,「知行合一」之說意謂:良知是道德法則之制定者,而其本身即兼為判斷原則與踐履原則。故良知在其立法中即涵著能實現其所立的道德法則之力量,而非如在康德的系統中,讓這種力量旁落於屬於感性層面的道德情感。西方倫理學家在說明「道德責任」(moral responsibility)時,常強調「應當涵著能夠」("Ought implies can.")之義。道德法則表示一種要求;若其要求超乎行動主體的能力,即為不合理的要求。然則,我們亦無理由將「道德責任」加諸此一主體。唯有在「心即理」的義理間架下,承認道德主體本身具有自我實現的力量,我們才能真正說明「道德責任」之意義。

　　若根據朱子心、性、情三分的義理間架來理解孟子的「四端之心」,則其系統上的地位類乎後期康德的「道德情感」概念,因為後期康德在其二元的主體性架構中將道德情感完全歸諸感性。就這點而言,康德近於朱子,而遠於陸、王。但康德的「意志」是能立法的道德主體,而朱子的「心」卻不能立法。反之,依陸、王「心即理」的義理間架所理解的「四端之心」與本心同屬一個層面,而本心是立法者。就肯定一個能立法的道德主體而言,康德的立場近於陸、王,而遠於朱子。然而,康德的「意志」

97　陳榮捷編:《王陽明傳習錄詳註集評》(臺北:臺灣學生書局,1983年),卷中,第174條,頁250。

只是實踐理性,僅含判斷原則,而不具踐履原則,故欠缺自我實現的力量。反之,陸、王所理解的「本心」自身即能發而為四端之心,故不但含判斷原則,亦含踐履原則。如上文所述,康德若要貫徹其自律倫理學的立場,在理論上必須向此而趨[98]。

筆者在另一篇論文中曾說明:唯有根據「心即理」的義理間架,我們才能充分了解孟子的「仁義內在」說,以及其由「盡心、知性、知天」的內在歷程所開展之道德形上學(moral metaphysics)[99]。本文以康德對於「道德情感」問題的討論為背景,檢討朱子在詮釋「四端之心」時所涉及的問題,即是要凸顯朱子的義理間架之不當。康德倫理學的發展與朱子心性論的發展在基本方向上有一種巧合,兩者均發展成一套情、理二分的主體性架構。但若跳出他們的系統來看,我們卻見到這種二元的主體性架構有向另一個方向發展的必然性。康德以後的德國倫理學之發展在基本方向上即是要消解其情、理二分的主體性架構,席勒、菲希特、黑格爾及現代的現象學倫理學均顯示出這種趨向;如上文所顯示,這項趨向有其理論上的必然性。同樣的,在宋明儒學之發展中,以「心即理」的一元間架取代朱子理氣二分、心性情三分的間架,亦有其理論上的必然性;這決不可僅視為見仁見智的主觀偏好而已。本文所作的比較研究便已顯示出這種必然性。

98　參閱拙作:〈儒家與自律道德〉,頁15-19〔本書,頁31-36〕。

99　參閱拙作:〈再論孟子的自律倫理學〉,頁48-54〔本書,頁89-106〕。

從康德的「幸福」概念
論儒家的義利之辨

一、孟子的「義利之辨」與功利主義

義利之辨為儒家的基本義理之一，而《孟子・梁惠王篇》首章常被引為儒家言義利之辨的主要文獻根據。然義利之辨，孔子已發其端，如《論語・里仁篇》第16章云：「君子喻於義，小人喻於利。」先秦儒家的義利之辨歸結為董仲舒（179-104 BCE）所謂「正其誼不謀其利，明其道不計其功」二語，但後代儒者對此提出異議者亦不乏其人；南宋永嘉學派之葉適（1150-1223）、陳亮（1143-1194）即其顯例。葉適在其《習學記言序目》中掊擊董仲舒此語，以為：「既無功利，則道義乃無用之虛語耳。」[1]陳亮則與朱子爭漢唐，倡「義利雙行，王霸並用」之論[2]。清初的

1 　葉適：《習學記言序目》（北京：中華書局，1977年），卷23，頁324。

2 　參閱其〈甲辰答朱元晦書〉，見《龍川文集》（臺北：臺灣中華書

顏、李學派亦批評董仲舒此語。顏元（1635-1704）在其《四書正誤》中將此語改為「正其誼以謀其利，明其道而計其功」[3]。李塨（1659-1733）則強調：此語在《春秋繁露》中本作「正其道不謀其利，修其理不急其功」，為《漢書》所誤引，致使宋儒誤解其意[4]。而深受顏、李學派影響的戴震（1724-1777）在其《孟子字義疏證》中反對宋儒「理欲之分」，實隱含對「義利之辨」的否定。

今人亦有順此立場而作翻案文章者，如胡適（1891-1962）先生。他盛讚戴震的觀點，認為：「戴氏的主張近於邊沁（Bentham）彌爾（J. S. Mill）一派的樂利主義（Utilitarianism）。樂利主義的目的是要謀『最大多數的最大幸福』。」[5]「樂利主義」今人多譯為「功利主義」或「效益主義」。最近蔡信安先生有〈論孟子的道德抉擇〉一文，持類似的看法。他對《孟子·梁惠王篇》首章有特殊的詮釋，我們可將其要旨歸納為以下三點：

（1）孟子以「仁義」作為道德抉擇的理由，其所根據的標準是「公利」，亦即整體的善，而其所輕的「利」只是私利。

（2）孟子強調：「未有仁而遺其親者也，未有義而後其君者也。」乃是以「普遍化原則」和「最大效益原則」來決定「仁

局，四部備要本），卷20，頁4下至7上。

3　《顏李叢書》（臺北：廣文書局，1965年），《四書正誤》，卷1，〈大學〉，頁6上。

4　同上書，《論語傳註問》，〈為政二〉，頁8下。

5　胡適：《戴東原的哲學》（臺北：臺灣商務印書館，1971年），頁70。

義」的原則。

（3）孟子的行為抉擇理論是一種精巧的「行動功利主義」（act-utilitarianism），但是卻以一種「規則義務論倫理學」（rule-deontological ethics）的姿態出現[6]。

筆者無意對該文的論點作全面的檢討，而只想說明：該文判定孟子的理論屬於功利主義，其所根據的理由並不充分。若我們能證明孟子的理論不屬於功利主義，自無必要再討論它究竟屬於規則功利主義還是行動功利主義。

當代英、美倫理學家通常依基本型態將倫理學分為「義務論倫理學」（deontological ethics）和「目的論倫理學」（teleological ethics）兩類。所謂「目的論倫理學」的基本立場係堅持：道德義務或道德價值之最後判準在於其所產生的非道德價值（非道德意義的「善」）。換言之，這類倫理學將道德意義的「善」化約為非道德意義的「善」，或者說，不承認「善」之異質性（heterogeneity）。「義務論倫理學」則反對將道德意義的「善」化約為非道德意義的「善」。這類倫理學堅持：一個行為或行為規則之所以具有道德意義，其最後判準並不在於其所產生的非道德價值，而在於其自身的特性[7]。在目的論倫理學中，作為道德價值之最後判準的非道德價值不止一端，因此又可再區分為不同型態的倫理學理

6　以上三點見蔡信安：〈論孟子的道德抉擇〉，《國立臺灣大學哲學論評》，第10期，1987年元月，頁137及139。

7　關於「義務論倫理學」和「目的論倫理學」的意義，請參閱 William K. Frankena: *Ethics* (Englewood Cliffs/New Jersey: Prentice-Hall, 1973, 2nd edition), pp. 14-17.

論。若這種理論以最大的可能的普遍之「善」為其最後判準,亦即以「功利原則」(principle of utility)為道德之最高原則,便稱為「功利主義」[8]。

但是我們得注意:義務論倫理學不一定排斥非道德意義的「善」;它只是反對以之為道德價值之唯一的或最後的判準。因此,這種倫理學仍可能接受功利原則作為衍生的道德原則。我們切不可僅因某種理論承認普遍的「善」之值得追求,便將之歸入功利主義。要斷定此種理論是否屬於功利主義,還得看它是否將功利原則視為道德價值之唯一的或最後的判準。如果此種理論除了承認普遍的「善」之值得追求以外,還肯定獨立意義的道德價值及其不可化約性,亦即承認「善」之異質性,它便不屬於功利主義,而屬於義務論倫理學。

單憑這點,已足以否定蔡先生的論斷了。因為他所引用的論據,除了「未有仁而遺其親者也,未有義而後其君者也」這句話之外,還有〈梁惠王篇〉「仁者無敵」(1.5)和「與民同樂」(2.1)那兩章[9];而這至多只能證明孟子並不完全否定功利原則,而尚未能證明其道德理論屬於功利主義。要斷定孟子的理論屬於功利主義,還得證明它將功利原則視為道德價值之唯一的或最後的判準。但是對於這點,《孟子》書中卻有不少反證。例如,〈滕文公下〉篇記載陳代與孟子之間的一段對話,即透露此義。陳代勸孟

8　參閱同上註,p. 34f.

9　見蔡信安:〈論孟子的道德抉擇〉,前引書,頁139-140。本文引用《孟子》時,均依據楊伯峻《孟子譯注》(北京:中華書局,1960年),並將其篇章編號直接附於引文之後。

子「枉尺直尋」，以見諸侯。「今一見之，大則以王，小則以霸。」
但孟子不肯，答以：「〔……〕夫枉尺而直尋者，以利言也。如以
利，則枉尋直尺而利，亦可為與？〔……〕如枉道而從彼，何也？
且子過矣！枉己者，未有能直人者也。」（6.1）此中的「枉尋直
尺而利」一語似有矛盾，因為以利而言，「枉尋直尺」正是不利；
故陳大齊先生認為這是孟子的千慮一失[10]。但依筆者之見，孟子
在此所想到的，可能是當時那些為滿足個人野心而要求全體百姓
犧牲其福祉的君王。全體百姓犧牲其福祉，是「枉尋」；國君滿
足其個人野心，是「直尺」。然而，自國君個人的立場來看，其
個人之利即是國家之利，故曰「枉尋直尺而利」。對於陳代而言，
見諸侯是「枉尺」，王、霸之利是「直尋」。王、霸之利豈曰小哉？
尤其對儒家而言，王道之實現可謂天下之大利。但在孟子看來，
見諸侯是「枉道」；枉道而從利，君子不為也。若從「利」的觀
點來衡量所枉與所直，其標準是量的，所考慮者唯在「利」之有
無與多寡而已。但對於孟子而言，見不見諸侯不是「利」的問題，
而是「道」（義）的問題。用通俗的語言來說，這是做人的原則
問題，而非利害問題，兩者不可相混。孟子之反對「枉尺直尋」，
實包含一種極可貴的洞見。因為他深知：大凡專制統治者往往假
集體利益之名，要求個人犧牲其福祉，乃至權利。如果我們不承
認「義」有獨立於「利」以外的標準，則縱然我們堅持以公利為
標準，亦無法使個人的福祉與權利免受侵犯。因為只要我們將一
切都看成「利」的問題，統治者便可在集體利益之名義下要求個

10　陳大齊：《孟子待解錄》（臺北：臺灣商務印書館，1980年），頁86。

人犧牲其利益與權利。義利之辨是防止極權主義的最後防線；這道防線一旦撤除，統治者便可憑任何藉口將其私欲合理化。所以，孟子在〈公孫丑上〉篇論伯夷、伊尹、孔子之同而說：「行一不義，殺一不辜，而得天下，皆不為也。」（3.2）因為儒家堅持「義」不可化約為「利」，亦即承認「義」與「利」是異質的。這豈是功利主義者所能接受？

再如〈盡心上〉篇載孟子之言：「廣土眾民，君子欲之，所樂不存焉。中天下而立，定四海之民，君子樂之，所性不存焉。君子所性，雖大行不加焉，雖窮居不損焉，分定故也。君子所性，仁義禮智根於心〔……〕」（13.21）趙岐注：「廣土眾民，大國諸侯也。〔……〕中天下而立，謂王者。所性不存焉，乃所謂性於仁義者也。大行，行之於天下。」[11] 根據這段解釋可知：「所欲」者即前段引文所謂「小則以霸」，「所樂」者即其所謂「大則以王」；而這兩者均屬於「利」的範圍。唯有「所性」才屬於「義」（道德）的範圍。而今孟子明言：君子所性，完全無關乎成敗利害（「大行」或「窮居」）；這無異於承認道德價值之不可化約性。因此，孟子的道德理論決不屬於功利主義，蔡先生的詮釋顯然是錯誤的。

二、義利之辨不等於公利與私利之分

既然連王道之實現亦被孟子歸諸「利」，這自然也否定了蔡先生的論點：孟子所輕的「利」只是私利，而不包括公利。這項

11　《孟子注疏》（臺北：臺灣中華書局，四部備要本），卷13上，頁7上。

論點實代表當前極為流行的一種看法。譬如，韋政通先生在其所編的《中國哲學辭典》中「義利之辨」條下寫道：「從文獻上看，反對義利之辨者，與主張義利之辨者，幾乎同樣的多，所爭者主要不過在公利與私利而已。主張重義而輕利者，其所輕者，自然亦是私利而非公利。」[12]黃慧英女士在其《後設倫理學之基本問題》一書中也認為：「其實儒家所排斥與義對立的『利』，非泛指一般的利益，而是指私利和私欲。」[13] 徐復觀（1904-1982）先生在其〈荀子政治思想的解析〉一文中亦持類似的看法：「儒家的所謂利，指的是統治者的利益。」[14]

據筆者所知，似乎只有陳大齊（1886-1983）先生明白反對這種看法。他在其〈孟子義利學說的探討〉一文中寫道：

> 其次所可假設的，以公與私為義與利的分別標準，凡能有益於公的，都是義，僅能有益於私的，便是利。若把利字用作通常的意義，則有益於公的，未嘗不可稱之為公利，僅有益於私的，則可稱之為私利。故以公私為義利的分別標準，等於以公利私利為義利的分別標準。此一假設，試與孟子的言論對照，亦有合有不合。孟子固多重公利輕私利的言論，但亦未嘗完全抹煞私利。故此

12　韋政通：《中國哲學辭典》（臺北：大林出版社，1980年），頁679。

13　黃慧英：《後設倫理學之基本問題》（臺北：東大圖書公司，1988年），頁125。

14　徐復觀：《學術與政治之間》（臺北：臺灣學生書局，1980年），頁202。

一假設亦不免令人有難於滿意的感想。[15]

他提出的反證有「禹思天下有溺者,由己溺之也;稷思天下有饑者,由己饑之也」(8.29)及「伊尹〔……〕思天下之民匹夫匹婦有不被堯舜之澤者,若己推而內之溝中」(9.7)等語。他進而指出公利與私利之相對性:

> 一件具體的利益之為公為私,時或因觀點不同而可以異其判別。公是積私而成的,一群人的公利是群中各個人私利的集合。故群的公利,在各個人自己看來,亦未嘗不可謂為其人的私利。公所由以積成的私,其數量多寡不等,因而構成若干高低不同的層級。某一層級的公利,在本層級或其所攝的較低層級看來,固不失為公利,在能攝的較高層級看來,不免祇是私利。故在此可認為公利的,在彼容或祇能認為私利,在此可認為私利的,在彼可能認為公利。[16]

換言之,「利」是個量的原則,可依量之多寡構成由高而低的層級,每個特定量都在這個層級中有其位置。因此,一項具體利益之為公為私,並非絕對的,而是相對於它在這個層級中的位置而定。個別百姓之福祉,就其個人看來,是私利;但在治國者看來,

---

15 陳大齊:〈孟子義利學說的探討〉,刊於《中國學術史論文集》(臺北:中華文化出版事業委員會,1958年),第1集,頁13-14;亦見其《陳百年先生文集》(臺北:臺灣商務印書館,1987年),第1輯:孔孟荀學說,頁282。

16 同上註,頁15-16〔284〕。

卻是公利之一部分。既然公利與私利之畫分並無絕對的標準，則說孟子所輕之「利」只是私利，便無多大的意義了。

黃俊傑先生也有〈先秦儒家義利觀念的演變及其思想史的涵義〉一文，從思想史的角度詳述義利問題在先秦儒家思想中的演變，極有助於我們對於此問題的理解。此文尤其著重於「義利之辨」和「公私之分」這兩個問題在其發展過程中的思想關聯。黃先生敏銳地注意到：「公私之分」在孔、孟思想中尚隱而不顯；直到荀子，才將「義利之辨」和「公私之分」結合起來，而形成「公義」的概念[17]。但是對於「孟子所輕之利是否只是私利」這個問題，其看法卻與一般流行的看法相同。他認為：「孔孟所反對的是『私利』的講求，至於『公利』則與孔孟所提倡的『義』是並行不悖的。但不論孔子或孟子都沒有明白提出『公義』的觀念，因為孔孟大體上都把『義』當作屬於『我』的範疇的個人修德問題。」[18]

依筆者之見，在孔孟思想中縱然也隱含公利與私利之分，但這項區分並非基本的區分。義利之辨是基本的、原則性的區分，公利與私利之分至多是由此衍生出來的區分，兩者並不在同一個序列上。程伊川（頤，1033-1107）認為：「義與利，只是個公與私也。」[19] 恐怕是過分簡化的觀點。為了說明義利之辨和公利與

---

17 黃俊傑：〈先秦儒家義利觀念的演變及其思想史的涵義〉，《漢學研究》，第4卷第1期（1986年6月），頁138-139。

18 同上註，頁137。

19 《二程集》（北京：中華書局，1981年），第1冊，〈河南程氏遺書〉，卷17，頁176。

私利之分在孔孟思想中的關係，筆者擬在此討論康德的「幸福」
（Glückseligkeit）概念。因為筆者在另一篇論文中已顯示：孟子
與康德的倫理學在基本型態上同屬「自律倫理學」（Ethik der
Autonomie），凡康德的「自律」概念所包括的主要內涵均見於孟
子的學說中[20]。「利」的概念在康德哲學中相當於「幸福」的概念，
而義利問題即康德哲學中道德與幸福的問題。因此，對康德的「幸
福」概念的探討當有助於理解孔孟思想中的義利問題。

三、康德論「道德之善」與幸福

康德在其《道德底形上學之基礎》（*Grundlegung zur Metaphysik
der Sitten*）一書的第一章開頭便像孟子在〈梁惠王〉篇首章一樣，
提出一項基本的區分。他先界定道德意義的「善」：「在世界之內，
甚至根本在它之外，除了一個善的意志之外，我們不可能設想任
何事物，它能無限制地被視為善的。」[21]由其接下去的說明可知：
這種無條件的善即是道德意義的「善」。今康德說：這種「善」
僅存在於善的意志中，實隱含以下之義：

> 善的意志之為善，並非由於其結果或成效，即非由於它
> 宜於達成任何一項預定的目的，而僅由於意欲；也就是

---

20 參閱拙作：〈孟子與康德的自律倫理學〉，《鵝湖月刊》，第155期
　　（1988年5月），頁5-16；亦刊於《哲學與文化》，第169期（1988年6
　　月），頁2-16；今收入本書，頁47-80。

21 *Grundlegung zur Metaphysik der Sitten*（以下簡稱 *GMS*），in: *Kants
　　Gesammelte Schriften*（Akademieausgabe, 以下簡稱 *KGS*），Bd. 4, S. 393.

說，它自身就是善的，而且就它本身來看，其評價必須
無可比較地遠遠高於它為任何一項愛好（若我們願意的
話，甚至為所有愛好底總合）所能實現的一切。[22]

康德在這段話中無異承認道德價值之不可化約性。故以英、美倫
理學家的術語來說，他的倫理學當屬於「義務論倫理學」。若用
德國倫理學家的術語來說，它是一種「存心倫理學」（Gesinnungs-
ethik），而非「功效倫理學」（Erfolgsethik）。在這種倫理學的立場
下，「道德之善」甚至獨立於「所有愛好底總合」，亦即「幸福」。
因為康德將「幸福」界定為「我們的所有愛好之滿足（不但在外
延方面就其多樣性而言，而且在內涵方面就其程度而言，並且也
在持續性方面就其延續而言）」[23]。因此，康德之承認道德與幸福
的基本區分，與孟子之提出義利之辨，並無二致。

康德又根據自然目的論的觀點來支持道德與幸福之區分。此
處所謂「自然目的論的觀點」即是：「在一個有機的（亦即依生
命底目的而被設計的）存有者底自然稟賦中我們假定一項原理：
在這個存有者中的任何一個目的，除了最適合此目的且與之最相
宜的器官外，不會有任何器官。」[24] 他根據這項觀點，將道德與
幸福之實現分別歸為理性與本能之職司：自然賦予我們以本能，
其真正目的在於幸福之追求；而自然賦予我們以理性，其真正使

22　同上註，S. 394.

23　*Kritik der reinen Vernunft* (以下簡稱*KrV*), hrsg. von Raymund Schmidt
　　(Hamburg: Felix Meiner, 1976), A806/B834.（A = 1781年第1版，B =
　　1787年第2版）

24　*GMS*, *KGS*, Bd. 4, S. 395.

命在於產生一個絕對善的意志，亦即道德的意志[25]。「這個意志固然可以不是唯一而完全的善，但卻必須是最高的善，而且是其他一切善（甚至一切對幸福的要求）底條件。」[26] 換言之，他將道德價值與非道德價值（幸福屬於此類價值）截然畫分開來，而以前者為後者之「條件」。這裡說：「道德之善」是幸福的條件，並非意謂：「道德之善」事實上會帶來幸福，而是如他在另一處所說：「善的意志似乎甚至構成『配得幸福』之不可或缺的條件。」[27] 這即是說：「道德之善」使人有資格享有幸福（儘管他事實上不一定享有幸福）。康德甚至將「德行」（Tugend）界定為「配得幸福」（die Würdigkeit glücklich zu sein）[28]。

至於康德說：善的意志可以不是唯一而完全的善，但卻必須是最高的善，這必須關聯著他在《實踐理性批判》（*Kritk der praktischen Vernunft*）的〈辯證論〉中論「最高善」（höchstes Gut/summum bonum）的文字去理解。他在該處分析「最高善」的概念，指出此概念具有歧義，因為「最高」一詞或表示「至上」（das Oberste/supremum），或表示「最完全」（das Vollendete/consummatum）[29]。康德說：善的意志必須是最高的善，這個「最高」係根據「至上」義而言。這表示：善的意志本身具有最高的價值，縱然不會帶來絲毫幸福，亦完全無損其價值。但康德進一步指出：

25　同上註，S. 395f.

26　同上註，S. 396.

27　同上註，S. 393.

28　*Kritik der praktischen Vernunft* (以下簡稱*KpV*), *KGS*, Bd. 5, S. 110.

29　同上註。

「最高善」的理念所要求的，不止是善的意志所顯示的道德，也包含由此而應得的幸福；換言之，它要求道德與幸福之成比例的結合，亦即最完全的善[30]。他認為：這個意義的「最高善」是「我們的意志之一項先天必然的對象，並且與道德法則相連而不可分」[31]。換言之，最高善是我們的道德意識之要求，它具有實踐的必然性。俗語說：「善有善報，惡有惡報；不是不報，時辰未到。」這句話實已包含「最高善」的理念。

　　「最高善」的理念包含德行與幸福這兩個要素，然而它們以怎樣的方式結合起來呢？康德設想兩種結合方式：或以分析的方式，或以綜合的方式；前者根據同一性底法則，後者則根據因果性底法則[32]。所謂「分析的方式」是將德行與幸福視為在邏輯上互涵的概念。康德發現古代希臘的伊壁鳩魯學派和斯多亞學派均採取分析的方式來結合德行與幸福，但卻循完全相反的途徑：「伊壁鳩魯學派認為：意識到其引至幸福的格律，便是德行；斯多亞學派認為：意識到其德行，便是幸福。」[33] 換言之，前者在邏輯上將德行化約為幸福，後者則在邏輯上將幸福化約為德行。但以這種方式說明德行與幸福之關係，等於是將這兩者視為同一個原則，而非兩個異質的原則；而這與康德在該書的〈分析論〉中所得到的結論不合。他說：「德行底格律與自身幸福底格律，就其最高的實踐原則而言，是完全不同類的，更不是一致的；雖然它

30　同上註，S. 110f.
31　同上註，S. 114.
32　同上註，S. 111.
33　同上註。

們均屬於一個最高善,使之成為可能,但卻在同一個主體中強烈地相互限制與損害。」[34] 對康德而言,德行與幸福是異質的,不可相互化約;不但德行不可化約為幸福,幸福也不可化約為德行。因此,德行與幸福這兩個異質的要素只能以綜合的方式結合起來。

康德表示:這樣以綜合方式所形成的結合是一種「真實的結合」(reale Verbindung),而不像以分析方式所形成的結合只是一種「邏輯的聯結」[35]。所謂「真實的結合」意指:「德行產生幸福,以之為某個與德行底意識不同的東西,就像原因產生一個結果一樣。」[36] 但是我們千萬不要誤會這句話的意義。康德在此只是將德行與幸福的關係比擬為因果關係,並非真的視之為存在於現象世界中的因果關係。他說:德行與幸福的綜合關係以因果性底法則為依據,並非就一般意義的因果性,即自然底因果性(Kausalität der Natur)而言,而是就他所謂「藉由自由的因果性」(Kausalität durch Freiheit)而言;這即是說,智思的(intelligibel)根據在現象世界中產生結果。

在德行與幸福的綜合關係中,我們不可倒轉其方向,以幸福為德行之基礎;因為這樣一來,道德將喪失其無條件性,而不成其為道德了[37]。但是我們也不可將德行與幸福二者分別視為現象世界中的原因和結果;因為這雖然能保住道德之無條件性,但卻

---

34 同上註,S. 112.
35 同上註,S. 111.
36 同上註。
37 參閱同上註,S. 113.

與我們的經驗不合[38]。在我們的經驗中,「善無善報,惡無惡報」是屢見不鮮之事。由此可知:在德行與幸福的綜合關係中,兩者之結合並不具有因果的必然性,而是具有實踐的必然性。康德總結「最高善」的理念中道德與幸福之關係如下:

> **至上的**善(作為最高善底第一個條件)是道德;在另一方面,幸福固然是最高善底第二個要素,但它只是道德底結果(這個結果是在道德上有條件的,但卻是必然的)。唯有在這種隸屬關係中,**最高**善才是純粹實踐理性底完整對象;而純粹實踐理性必然將最高善設想為可能的,因為貢獻一切可能的力量以實現最高善,這是純粹實踐理性底命令。[39]

總而言之,在「最高善」的理念中,道德與幸福的關係是一種隸屬關係,前者為主,後者為從。但是這種隸屬關係並非分析的(邏輯的),而是綜合的(真實的),亦即兩個異質的原則之結合。再者,這種結合亦非偶然的,如我們在現實世界中所見到的;它是在道德理念中必然的,因此具有實踐的必然性。康德即根據這種實踐的必然性,提出「上帝之存在」及「靈魂之不滅」兩項設準(Postulat),以建立其「道德的神學」。由於康德這部分的學說與本文的主旨無關,筆者不再就此作進一步的討論。

38　參閱同上註。
39　同上註,S. 119.

四、康德視「幸福」原則為實質原則

　　如上所述，康德在「存心倫理學」的觀點下，不由所預定的目的來決定善的意志之為善。因此，道德價值並不存在於一項手段對其目的的關係中，而道德法則亦非表明一種手段與目的間的關係。換言之，道德法則不能預設任何目的。用康德的術語來說，道德法則必須是「形式原則」（formales Prinzip），而非「實質原則」（materiales Prinzip）。對於這兩個術語，他在《道德底形上學之基礎》一書中解釋道：

> 欲求底主觀根據是**動機**（Triebfeder），意欲底客觀根據是**動因**（Bewegungsgrund）；因此有主觀目的（它們基於動機）和客觀目的（它們取決於對每個有理性者均有效的動因）之區別。如果實踐的原則不考慮一切主觀目的，它們便是**形式的**；但如果它們以主觀目的、因而以某些動機為根據，它們便是**實質的**。一個有理性者隨意選定為其行為底結果的那些目的（實質的目的），均是相對的；因為唯有它們對主體底一種特殊欲求能力的關係能予它們以價值。所以，這項價值無法提供對一切有理性者、而且也對每個意欲均有效且必然的普遍原則，亦即實踐法則。[40]

這段話需要稍作說明。康德說：形式原則不考慮一切「主觀目

40　*GMS*, *KGS*, Bd. 4, S. 427f.

的」，這似乎暗示：此種原則可以預設客觀目的。但康德的意思實非如此。因為按照康德的說明，客觀目的係「取決於對每個有理性者均有效的動因」；而依康德的用語習慣，這種「動因」當指「道德法則」而言。因此，所謂「客觀目的」實即是由道德法則所決定的目的。康德在稍後表示：有理性者（或者說，人格）即是客觀目的[41]。反過來說，實踐原則所預設的任何目的均關聯著主體的特殊欲求始成其為目的，故必為主觀的。是故，「主觀目的」與「客觀目的」之區分係由「實質原則」與「形式原則」之區分衍生出來的。而在後一項區分中，我們只消問：我們的實踐原則是否預設任何目的？而不必問：這項目的究竟是主觀的還是客觀的？因為後一問題是不相干的。由於康德的這個立場，其倫理學常被稱為「形式主義倫理學」（formalistische Ethik）或「形式倫理學」（formale Ethik）。他在《實踐理性批判》中極清楚地表示這個立場：「『善』與『惡』底概念不能先於道德法則（表面看來，這種法則甚至必須以『善』與『惡』底概念為基礎）而被決定，卻是必須只〔……〕後於且透過道德法則而被決定。」[42]

　　在了解了「形式原則」與「實質原則」的意義之後，我們可進一步說：「形式原則」是以「自律」（Autonomie）為根據的原則，「實質原則」則是以「他律」（Heteronomie）為根據的原則。這可以從康德對「自律」與「他律」所下的定義明顯地看出來。他說：「意志底自律是意志底特性，由於這種特性，意志（無關

41　同上註，S. 428.
42　*KpV*, *KGS*, Bd. 5, S. 62f.

乎意欲底對象之一切特性）對其自己是一項法則。」[43] 又說：「如果意志在其格律之適於普遍的自我立法以外的任何地方——也就是說，它越出自己之外，在其任何一個對象底特性中——尋求應當決定它的法則，便一定形成他律。」[44] 在「他律」的情況下，意志在其對象的特性中尋求實踐原則之決定根據；這等於說：意志依據其對象（目的）決定實踐原則。依照上一段的說明，如此形成的實踐原則便是實質原則。反之，在「自律」的情況下，意志完全不考慮其對象的特性，而自己決定實踐原則；這等於說：實踐原則不預設任何目的作為其決定根據。這種實踐原則自然便是上文所謂的「形式原則」。因此，在康德倫理學中，「形式原則」與「自律原則」、「實質原則」與「他律原則」是可以相互替換的用語。

在這種「形式原則」與「實質原則」（或者「自律原則」與「他律原則」）的二分法中，康德將「幸福」原則歸諸後者，但是他在《道德底形上學之基礎》與《實踐理性批判》二書中的說法有所出入。在前一書中，他將一切以他律為根據的道德原則區分為經驗原則與理性原則兩大類，並且解釋道：「前一種原則出自幸福底原則，建立於自然情感或道德情感之上。後一種原則出自圓滿性底原則，或建立於圓滿性（作為我們的意志底可能結果）底理性概念之上，或建立於一種獨立的圓滿性底概念（作為我們的意志底決定原因）——即上帝底意志——之上。」[45] 由他在《實踐理

43　*GMS*, *KGS*, Bd. 4, S. 440.

44　同上註，S. 441.

45　同上註，S. 441f.

性批判》中對「在道德底原則中的實踐的實質決定根據」所作的分類表可知：以自然情感為原則者係指伊壁鳩魯（Epicurus, 342/41-271/70 BCE），以道德情感為原則者指赫其森（Francis Hutcheson, 1694-1747），以圓滿性的理性概念為原則者指吳爾夫（Christian Wolff, 1679-1754）和斯多亞學派，以上帝的意志為原則者則是指克魯修斯（Christian A. Crusius, 1715-1775）及其他神學的道德學家。[46] 如今在《道德底形上學之基礎》中，康德將「幸福」原則當作經驗原則的共同根據，而在接下去的說明中又將自然情感視為「自身幸福底原則」[47]。

　　然而，他在《實踐理性批判》的〈分析論〉中卻列出「定理一」：「凡實踐原則預設欲求能力底一個對象（質料）作為意志底決定根據者，均是經驗的，而且無法提供什何實踐法則。」[48] 這等於說：一切實質的（他律的）原則都是經驗的，豈非與他在《道德底形上學之基礎》中的說法不一致？而當我們再看到「定理二」時，可能會更感到困惑，因為「定理二」表示：「一切實質的實踐原則就其本身而言，均屬同一類，並且隸屬於我愛（Selbstliebe）或自身幸福底普遍原則。」[49] 在《道德底形上學之基礎》中，他僅將自然情感視為「自身幸福底原則」，現在卻將一切實質原則歸屬於此項原則之下，豈不更令人費解？為了解釋這些說法之間的矛盾，我們必須進一步探討康德的「幸福」概念。

46　*KpV*, *KGS*, Bd. 5, S. 40.

47　*GMS*, *KGS*, Bd. 4, S. 442.

48　*KpV*, *KGS*, Bd. 5, S. 21.

49　同上註，S. 22.

五、康德的「幸福」概念

在《道德底形上學之基礎》的第二章，他討論到所謂的「假言令式」（hypothetischer Imperativ）。「假言令式」係規定我們為達成某項目的所須做的行為，而依其目的之是否確定，可以區分為「實然的」（assertorisch）與「或然的」（problematisch）兩類[50]。「或然的」令式可以任何對象為其目的，而「實然的」令式則有一項特定的目的，即幸福。在這個脈絡下，康德說：

> 但是還是有**一個**目的，我們可假定它是一切有理性者（只要令式適用於它們，也就是說，它們是有依待者）底實際目的；因此，這是一個目標，有理性者決不只是**能夠**懷有之，而是我們能確切地假定：由於一種自然底必然性，他們均**懷有**之——這就是**幸福**底目標。[51]

照這樣說來，幸福是一切人類（就他們具有理性而言）的共同目的，因而具有普遍性。但這種普遍性只是名目上的普遍性，無法落實在具體的層面上。因為我們固然可以說：所有人皆欲求幸福，但每個人對於幸福的內容，卻有各自不同的看法。康德說：

> 〔……〕不幸的是：幸福底概念是個極不確定的概念，因而儘管每個人都希望得到幸福，他卻決無法確定而一貫地說出：他到底希望且意欲什麼？其故在於：屬於幸

50　*GMS*, *KGS*, Bd. 4, S. 414f.
51　同上註，S. 415.

福底概念的要素均是經驗的，也就是說，必須來自經
驗；但幸福底理念仍然需要一個絕對的整體，亦即在我
目前的狀況及一切未來的狀況中的最大福祉。如今，最
有見識且又最有能力、但卻有限的存有者，不可能對於
他在這方面真正想要的東西形成一個確定的概念。[52]

康德在此依假借義將幸福稱作一個「理念」（Idee），其實按
照嚴格的意義來說，幸福並非一個理念。依康德自己的解釋，「理
念」是「一個必然的理性概念，它沒有相對應的對象能在感覺中
被給與」[53]。他之所以將「幸福」的概念稱為一個「理念」，只是
因為它像真正的理念一樣，指向一種絕對的全體性（Totalität）。
他在這段引文之後又解釋道：「幸福不是理性底理想（Ideal），而
是構想力（Einbildungskraft）底理想。」[54] 他在此使用「理想」一
詞，也是依其假借義；因為按照他通常的用法，「理想」是一種個
體化的理念[55]。但由此至少可知：「幸福」並非理性底概念，因為
它包含經驗的成分。因此，「幸福」的概念並不具有先天（a priori）
知識所特有的普遍性[56]。

「幸福」概念的這種經驗特質表現在兩方面。其一，筆者在
上一節曾提到：康德將「幸福」界定為「我們的所有愛好之滿足」。

52　同上註，S. 418.
53　*KrV*, A327/B383.
54　*GMS*, *KGS*, Bd. 4, S. 418.
55　*KrV*, A568/B596.
56　康德在《純粹理性批判》中指出：「必然性和嚴格的普遍性是一項先
　　天知識之可靠特徵。」（B4）

但愛好是主觀的,不但每個人的愛好各自不同,甚至同一個人的愛好也會因時因地而不同。因此,什麼對象可滿足我們的愛好,並無法憑先天的原則去決定,而只能在個人的經驗中顯示出來。所以康德說:「儘管每個人都希望得到幸福,他卻決無法確定而一貫地說出:他到底希望且意欲什麼?」其二,縱然我們在眼前的狀態下肯定某些對象可滿足我們的愛好,但既然這種滿足屬於「自然底因果性」之範圍,則它在未來是否可能產生不利於幸福的結果,卻是我們目前所無法確知的。《老子》第59章云:「禍兮福之所倚,福兮禍之所伏,孰知其極?」即透顯出這個道理。這種禍福相倚的因果關聯只能透過經驗去認知,但因其無窮的複雜性,我們的經驗亦有時而窮。故康德在提到「幸福」是「構想力底理想」時說道:「這個理想僅基於經驗的根據,而我們無法期望:這些根據可決定一個行為,藉此我們會達到一個結果底系列(它事實上是無窮盡的)之全體性。」[57]基於這兩點理由,康德否定「幸福」概念之實質的(不止是名目的)普遍性[58]。

在另一方面,「幸福」的概念雖然包含經驗的成分,卻非完全出於人類的自然本能。康德在《判斷力批判》一書中寫道:

> 幸福底概念並非人可能由其本能抽取出來、且因而由他

---

57 *GMS*, *KGS*, Bd. 4, S. 418f.

58 關於「幸福」概念的經驗特質,請參閱 Oswald Schwemmer: *Philosophie der Praxis. Versuch zur Grundlegung einer Lehre vom moralischen Argumentieren in Verbindung mit einer Interpretation der praktischen Philosophie Kants* (Frankfurt/M.: Suhrkamp, 1980), S. 88f.

自己內部的動物性取得的這種概念，而只是關於一種狀
態的**理念**──他想要在純經驗的條件下使這種狀態與這
個理念相稱（這是不可能的）。他自己設計這個理念，
而且是藉著其與構想力和感覺相糾纏的知性，以極其不
同的方式去設計。他甚至經常改變這個概念，致使自然
縱使完全任其支配，卻絕對無法具有任何特定的普遍而
固定的決則，以便與這個游移不定的概念相吻合，且因
而與每個人任意設定的目的相吻合。[59]

　　康德在《道德底形上學之基礎》中將幸福視為「構想力底理
想」，現在則說：人「藉著其與構想力和感覺相糾纏的知性」去
設計幸福的概念。這種不一致係由於他所強調的重點有所改變，
而非其看法有所改變。統而言之，「幸福」概念之形成同時牽涉
到感覺、構想力和知性這三種能力。幸福是我們的愛好之滿足，
故它涉及感覺，自不待言。就這方面而言，它並未超出我們的自
然本能（即動物性）的範圍。但就它亦涉及構想力和知性而言，
它已超乎自然本能的範圍了。因為人之所以會以幸福為目的，係
由於他是「世上唯一擁有知性（亦即一種為自己任意設定目的的
能力）的存有者」[60]。康德認為：正因為人擁有這種能力，他才
能超乎自然底機械作用，而成為自然底主宰及其最後的目的[61]。
在這個脈絡下，康德將「幸福」重新界定為「人底一切因在他之

59　*Kritik der Urteilskraft, KGS*, Bd. 5, §83, S. 430.
60　同上註，S. 431.
61　參閱同上註，S. 430f.

外與在他之內的自然而成為可能的目的之總合」，亦即「他在世上的一切目的之質料」[62]。所謂「在人之內的自然」係指人的本性，「在人之外的自然」則是指外在的自然界。

至於構想力，康德在《實用人類學》（*Anthropologie in prag-matischer Hinsicht*）一書中解釋道：

> 構想力是一種縱使無對象在眼前亦能直觀的能力，或為**創生的**（productiv），或為**重現的**（reproductiv）。前者是原本地顯現（exhibitio originaria）對象的能力，因此這種顯現先於經驗而發生；後者是衍生地顯現（exhibitio derivativa）對象的能力，這種顯現將一個原先已有的經驗直觀帶回心中。[63]。

但他接著聲明：創生的構想力並不即是「創造的」（schöpferisch），這即是說，它不能創造其材料，其材料必來自我們的感覺能力[64]。由此我們可推斷：在「幸福」概念之形成中參與其事的是創生的構想力。因為「幸福」當作一個絕對全體性底概念來看，決非經驗直觀之重現。比喻地說，它是理想或理念之投影；故康德以「理想」或「理念」稱之。然而，這個概念的材料只能來自經驗，故亦非真正的「理想」或「理念」。因此，就它包含一種絕對全體性而言，它是創生的構想力之產物。

縱然因知性與構想力的作用，「幸福」的概念有超乎自然本

62　同上註，S. 431.

63　*Anthropologie in pragmatischer Hinsicht, KGS*, Bd.7, §28, S. 167.

64　同上註，S. 167f.

能的一面，但只要其材料來自經驗，因而來自自然（包括我們的本性及外在的自然），它便無法提供普遍的標準。因此，康德在《實踐理性批判》中說：

〔……〕令人驚異的是：何以明智的人會由於對幸福的慾望——連同使每個人將此慾望當作其意志底決定根據的那項**格律**——是普遍的，就想到將此慾望冒充為一項普遍的**實踐法則**。因為在其他場合下，一項普遍的自然法則使所有事物協調一致；而在這裡，如果我們想賦予這項格律以一項法則底普遍性，正好會產生與協調完全相反的東西，即最嚴重的衝突，以及此格律本身及其目標之完全毀滅。因為這樣一來，所有人底意志並無相同的對象，而是每個人各有其對象（他自己的福祉）。每個人底對象固然偶而也會與他人底目標一致（他人也使其目標以自己為依歸），但遠不足以成為法則，因為我們偶而被容許的例外是無窮的，而且決無法確定地被包含於一項普遍的規則中。〔……〕經驗的決定根據不適於制定任何普遍的外在法則，但也同樣不適於制定任何普遍的內在法則；因為每個人均以其主體作為愛好底基礎，但另一個人卻以另一個主體作為愛好底基礎，而在每個主體自身之內，時而這項愛好、時而另一項愛好有較大的影響。我們絕對不可能發現一項法則，它在這項條件（即全面的協調）下統轄這一切愛好。[65]

65　*KpV*, *KGS*, Bd. 5, S. 28.

由此可見：「人有追求幸福的普遍慾望」這個事實根本不足以證明「幸福」原則的普遍性。因為「幸福」概念的內容完全依對象與主體的愛好之關係而定，因而建立在經驗條件上。是故，幸福的原則像一切經驗原則一樣，無法建立普遍的標準。我們得特別注意：本節所討論的是「幸福」的一般概念，完全未考慮這是自己的幸福還是他人的幸福，而康德也是就這一般性的概念否定「幸福」之適於作為道德法則之根據。因此，康德的批評不止是針對強調個人幸福的「為我主義」（egoism），而是針對一般而言的「幸福主義」（eudaemonism）。了解了康德的「幸福」概念之後，我們便可以回過頭來解釋我們在第四節末尾所見到的那些說法之間的矛盾。

六、康德視道德情感為經驗原則

筆者發現：當康德在《道德底形上學之基礎》中將自然情感與道德情感視為「經驗原則」時，與他在《實踐理性批判》的「定理一」將一切實踐原則視為「經驗的」時，並非在同一個層次上立論。我們首先得了解「經驗的」（empirisch）一詞在康德哲學中的意義。他在《純粹理性批判》（*Kritik der reinen Vernunft*）中有個簡單扼要的說明：「藉由感覺而牽涉到對象的直觀，稱為經驗的。」[66] 簡言之，「經驗的」一詞包含「以感性為基礎」和「涉及對象」二義。今在康德看來，自然情感與道德情感本身同屬於

66　*KrV*, A20/B34.

感性[67]，而且其本身直接與意志的對象發生關係，故為「經驗原則」。這種原則自然不適於作為道德法則之根據。「因為如果道德法則底根據係得自人性底特殊構造或人性所處的偶然情境，則使道德法則應一律適用於所有有理性者的那種普遍性——即因此而被加諸道德法則的無條件的實踐必然性——便喪失了。」[68] 在說明道德情感不足以建立道德法則時，他提到兩點理由：（1）情感在程度上是千差萬別的，不易為善惡提供一個齊一的標準；（2）我們無法憑自己的情感為他人作道德判斷[69]。總而言之，由於感性之主觀性，以感性為基礎的經驗原則自然無法為道德判斷提供客觀的標準。在此，康德係直接就自然情感與道德情感本身之特性，說它們是「經驗原則」。

何以康德認為這兩項原則均出於「幸福」的原則呢？他並未從正面去說明。但他在一個附註中解釋他何以將道德情感歸入「幸福」的原則時，卻間接透露出他的想法。他寫道：

> 我把道德情感底原則歸入幸福底原則，因為每項經驗的興趣均透過僅由某物帶來的適意（不論這種適意之發生是直接而不考慮利益的，還是顧及利益的）而可望對福

67　自然情感之屬於感性，通常不成問題。但道德情感之屬於感性，卻是康德的特殊看法；請參閱拙著Ming-huei Lee: *Das Problem des moralischen Gefühls in der Entwicklung der Kantischen Ethik* (Taipei: Institute of Chinese Literature and Philosophy, Academia Sinica, 1994), S. 142ff. & 254ff.

68　*GMS*, *KGS*, Bd. 4, S. 442.

69　同上註。

　　祉有所助益。同樣地，我們得像**赫其森**一樣，將對他人
　　幸福的同情之原則歸入他所假定的同一種道德感。[70]

由於道德情感，我們會對某個對象產生興趣，這種興趣即稱為「經驗的興趣」。因為這種興趣是由對象所引發的，故稱為「經驗的」。在經驗的興趣中，這個對象會帶給我們某種適意。既然康德將「幸福」界定為「我們的所有愛好之滿足」，這種適意自然屬於「幸福」的概念。因此，康德是就這種由對象所引起的適意，將道德情感歸諸「幸福」的原則。我們可以合理地推斷：他將自然情感歸諸「幸福」的原則，也是基於同樣的理由。這段引文也透露出：他將道德情感視為「他人幸福」的原則，正如他將自然情感視為「自身幸福」的原則。然而，「他人幸福」與「自身幸福」之區分不能以對象所帶來的適意為依據，因為所有這種適意均屬於個人自己。這種區分只能以情感所涉及的對象為依據：道德情感是利他的，以他人的幸福為對象；自然情感則是利己的，以自身的幸福為對象。就這兩種情感本身屬於感性，且直接涉及對象而言，它們均是「經驗的」。

　　然而，康德在《實踐理性批判》中的「定理一」並非依照這同一意義將一切實踐原則視為「經驗的」。因為無論是吳爾夫的「圓滿性」原則（圓滿性之形上學概念）還是克魯修斯的「上帝意志」（圓滿性之神學概念），均來自理性，而我們無法透過感覺認識其對象，故不符合上述「經驗的」一詞之涵義。因此，我們

70　同上註，S. 442 Anm.

現在顯然必須依據另一層意義來了解「經驗的」一詞。在康德對
於這項定理的解說中，我們可發現這另一層意義：

> 我所謂「欲求能力底質料」，是指一個對象，其現實性
> 被欲求。現在，如果對於這個對象的慾望先於實踐規則
> 而生，而且是使這項規則成為我們自己的原則之一項條
> 件，則我說：（**第一，**）這項原則在這種情況下一定是
> 經驗的。因為這樣一來，意念底決定根據便是一個對象
> 底表象及此表象對於主體的關係（這項關係決定欲求能
> 力去實現這個對象）。但是這樣一種對於主體的關係意
> 即對一個對象底現實性的**愉快**。因此，這種愉快必須被
> 預設為意念底決定之可能性底條件。但是我們無法先天
> 地認識到：某個對象底表象（不論是什麼表象）是否將
> 與**愉快**或**不快**相連，還是**中性的**？所以，在這種情況
> 下，意念底決定根據一定是經驗的；因之，預設這個決
> 定根據作為條件之實踐的實質原則也是經驗的。[71]

　　這段引文的最後一句顯示：康德係就「意念底決定根據」之
層次將一切實質的實踐原則視為「經驗的」。為了更清楚地顯示
這層意義，筆者將康德的想法重述如下[72]。筆者前面已說過，所
謂「實質的實踐原則」，即是必須預設特定目的的原則；換言之，
此時是由對象決定原則，而非由原則決定對象。這即是說：對象

71　*KpV*, *KGS*, Bd. 5, S. 21.
72　關於以下的重述，請參閱拙著Ming-huei Lee: *Das Problem des mora-
　　lischen Gefühls in der Entwicklung der Kantischen Ethik*, S. 233ff.

的表象必須成為意念底決定根據。但是某個對象的表象若要能決定我們的意念去促使該對象之實現（或不實現），就得與愉快（或不快）的情感相結合，以之為動機。這種結合之所以可能，乃由於我們先前已經驗過該對象之實現（或不實現）所帶來的愉快（或不快）。我們過去所直接經驗到的這種愉快（或不快）是我們對於「該對象之作用於我們的主體」的第一手（原本的）經驗。當我們下一回再度意識到這個對象時，其表象便會重新喚起原先與它相連的愉快（或不快）的情感，而成為我們目前的意念底決定根據。這種重新喚起的愉快（或不快）係構想力之產物，故只是第二手（衍生的）經驗。一切實質的（他律的）實踐原則，無論它們本身是理性的（如「圓滿性」的原則）還是「經驗的」（如自然情感和道德情感），最後均須建立在作為第一手經驗的愉快（或不快）之上。康德係在這個意義下說：一切實質的實踐原則均是「經驗的」。再者，不論實質原則所預設的對象是什麼（它甚至可能是他人的幸福），但就意念底決定根據而言，這種原則最後所依據的作為第一手經驗的愉快（或不快）均屬於主體自己。在這個意義下，康德可以說：一切實質的實踐原則均隸屬於自身幸福的普遍原則。這與他在《道德底形上學之基礎》中就自然情感所涉及的對象將這種情感視為「自身幸福底原則」，並無邏輯上的矛盾，因為這兩種說法所屬的層次不同。

從以上的分析可知：康德分別就「實踐原則本身」與「意念底決定根據」這兩個層次使用「經驗的」一詞。他就前一層次將自然情感和道德情感視為「經驗原則」，而就後一層次說：一切實質的實踐原則均是「經驗的」；這並不構成邏輯上的矛盾。「經

驗的」一詞所包含的兩層意義在自然情感和道德情感的原則中係重疊的，不易看出其分別；但這項分別在「理性的」實質原則中卻是顯而易見。我們可以藉康德在《道德底形上學之基礎》中批評「圓滿性」的神學概念（上帝的意志）之一段話來凸顯這項分別：

> 但在道德底**理性**根據中，**圓滿性**底形上學概念〔……〕猶勝於由一個最圓滿的神性意志推衍出道德的那個神學概念。這不僅因為我們的確無法直觀這種意志底圓滿性，而只能從我們的概念（其中最重要的是道德底概念）推衍出這種圓滿性；卻是因為如果我們不這麼做（如果我們這麼做，在解釋上將會有一種惡性循環），則我們對於上帝底意志還能有的概念（出於榮耀狂和支配慾底特性，且與權力和報復底恐怖表象相結合）必然構成一個與道德正好相反的道德系統底基礎。[73]

「上帝的意志」這個概念本身固然是理性的（非經驗的），但現在的問題是：這個概念當作實質原則來看，就意念底決定根據而言，是否是「經驗的」呢？要回答這個問題，我們必須追溯意念之決定過程。所謂「實質的實踐原則」之特性在於：它預設特定的對象，而為此對象所決定。但是上帝的意志並非我們可以直接經驗的，故無內容可言。然則，我們如何以之為對象，據以決定我們的實踐原則呢？這時我們決不可根據我們對「道德」的概念

73　*GMS*, *KGS*, Bd. 4, S. 443.

去決定其內容，因為這將包含一種概念上的循環：原先我們以上
帝的意志來決定道德原則，如果現在為了說明上帝的意志，再回
過頭來，訴諸「道德」的概念，這無異於兜了個圈子，結果什麼
都沒有說明。為了使上帝的意志具體化，我們只賸下一個辦法，
即是：暗中攙入一些可感覺的對象，以及因之而引起的感覺表象
（如榮耀狂、支配慾、以及權力和報復的恐怖表象）。因此，當
我們以上帝的意志為對象時，我們實際上所意識到的是這些可感
覺的對象、連同它們藉由我們的構想力所喚起的第一手經驗，即
與它們相連的愉快或不快的情感。在這種情況下，意念的決定過
程完全符合在上一段中所描述的過程，故康德亦可就此毫無矛盾
地說：「上帝的意志」之類的理性法則是「經驗的」。經過這樣的
解釋之後，我們便可了解：我們在第四節末尾所見到的「矛盾」
均是表面的，事實上並無矛盾存在。

七、人有義務促進自己與他人的幸福

由以上的分析也可知：我們在決定一項實踐原則之為形式原
則抑或實質原則時，「他人幸福」與「自身幸福」之區別是不相
干的。形式原則與實質原則之區別和「他人幸福」與「自身幸福」
之區別兩者間並無對應關係。康德在《道德底形上學之基礎》中
曾明白指出：「維持自己的生命是項義務。」[74] 又說：「確保自己
的幸福是項義務（至少間接而言）；因為在諸多憂慮底壓迫下且

74　同上註，S. 397.

在未滿足的需要中，對自己現狀的不滿可能極容易成為一項重大的誘惑去違犯義務。」[75] 但他也承認：「在我們辦得到的時候施惠於人，是項義務。」[76] 他在舉例說明「定言令式」（kategorischer Imperativ）的程式時，以「維持自己的生命」為「對自己的完全義務」之例，而以「施惠於他人」為「對他人的不完全義務」之例[77]。可見在康德倫理學中，形式原則所決定的目的包括自身的幸福與他人的幸福。換言之，康德的倫理學不止是利他主義的（altruistic），當然也不是為我主義的。

在《實踐理性批判》中有一段話清楚地說明：「他人幸福」與「自身幸福」之區別對於道德底本質之決定是完全不相干的。康德說：

> 如今我們當然不能否認：一切意欲也得有個對象，亦即有項質料；但這項質料並不因此就是格律底決定根據與條件。因為如果是這樣的話，這項格律就無法以一個普遍立法的形式去表示。因為這樣一來，對於對象底存在的期待便成為意念底決定原因，而欲求能力對某個事物底存在的依待必須作為意欲底基礎；這種依待始終只能在經驗條件中去尋求，且因此決無法為一項必然而普遍的規則提供根據。所以，他人底幸福便能成為一個有理性者底意志之對象。但如果這種幸福是格律底決定根

據，我們就得假定：我們在他人底福祉中不僅感到一種
自然的滿足，而且也感到一種需要，就像同情的氣質在
人類之中所產生的一樣。但是我不能假定每個有理性者
均有這種需要（上帝決不會有）。〔……〕譬如，假設
以我自己的幸福為質料。如果我將這種幸福歸諸每個人
（事實上，我可以將它歸諸每個有限的存有者），那麼
唯有當我將他人底幸福也包含於其中時，我自己的幸福
才能成為一項**客觀的**實踐法則。因此，「促進他人底幸
福」的法則並非由「這是每個人底意念之對象」這項預
設所產生，而僅是由以下的事實所產生：普遍性底形式
（理性需要這個形式作為條件，以賦予我愛底格律以一
項法則底客觀有效性）成為意志底決定根據，且因此純
粹意志底決定根據並非該對象（他人底幸福），而僅是
法則底形式；藉此方式，我限制我的以愛好為依據的格
律，以便為這項格律取得一項法則底普遍性，且因此使
之適合於純粹實踐理性——唯有由這種限制，而非由一
項外在動機之添加，才能產生「將我的我愛底格律也擴
展到他人底幸福」的這項**責任**底概念。[78]

　　康德在這裡承認：「自己的幸福」（我愛）的格律也可以成為
一項客觀的實踐法則；但是這項格律若要取得客觀有效性，必須
同時以他人的幸福為質料。但這不等於說：「促進他人的幸福」

---

[78]　*KpV*, *KGS*, Bd. 5, S. 34f.

的法則之所以為實踐法則，是因為我們以他人的幸福為質料，然後由這項法則再衍生出「促進自身的幸福」的法則。因為這樣一來，這兩項法則都將成為實質的原則。康德的意思很清楚：不論是「促進他人的幸福」的法則，還是「促進自身的幸福」的法則，其所以為實踐法則，僅僅是由於它們合乎普遍性底形式，而非由於它們預設自己的幸福或他人的幸福作為質料。而「促進自己的幸福」的格律之所以必須同時以他人的幸福為質料，也是由於它以普遍性底形式為根據。因此，形式原則與實質原則之區分和「他人幸福」與「自身幸福」之區分並不在同一個序列上。在邏輯的次序上，我們得先根據普遍性底形式決定一項實踐原則究竟是形式原則還是實質原則，然後再就其所涉及的質料決定「促進他人的幸福」與「促進自身的幸福」這兩項法則之關係。

　　儘管康德承認我們有義務促進他人的幸福與自己的幸福，但是在這兩項義務中，他賦予前者更為基本的道德意涵。因為他在《道德底形上學》一書中提出兩項「同時是義務的目的」（Zwecke, die zugleich Pflichten sind），即自己的圓滿性與他人的幸福[79]。如上文所述，道德法則雖不預設任何目的，但卻包含某些目的。如果這些目的具有客觀必然性，亦即被視為人類的義務，它們便是所謂「同時是義務的目的」[80]。這種目的康德特稱為「德行義務」（Tugendpflicht）[81]。人類何以有這種義務呢？康德解釋道：「因為既然感性愛好誘使人去追求可能違反義務的目的（作為意念底

79　*Die Metaphysik der Sitten* (以下簡稱 *MS*), *KGS*, Bd. 6, S. 385ff.

80　同上註，S. 380f.

81　同上註，S. 383.

質料），則除非再藉一項相反的道德目的（它因此必須無待於愛
好、先天地被給與），否則制定法則的理性無法扼止感性愛好之
影響。」[82]

　　在這兩項「德行義務」中，與本文的主題有關的是他人的幸福，
故我們僅討論這項義務。但為什麼自身的幸福不屬於「德行義務」
呢？康德解釋道：「由於人性，我們必然會期望自己擁有幸福——
亦即對自身狀況的滿足（只要人們確定幸福會持續下去）——且
追求之；但正因此故，這也不是一項同時是義務的目的。」[83] 既
然我們在本性上對自己的幸福有直接的愛好，則這種幸福本身雖
可成為一項實踐的目的，但並非一項「同時是義務的目的」；因
為「義務」的概念包含「自我強制」（Selbstzwang）之義[84]。再者，
有人可能將「自身的幸福」解釋為我們自己的「道德的幸福」，亦
即「對人們底人格及其自己的道德行止，因而對其所為之滿足」[85]。
康德認為：這是對「幸福」一詞的誤用，因為「道德的幸福」這
個概念包含一項矛盾[86]。我們在前幾節中見到康德如何說明道德
與幸福間的原則性區別之後，自然可以了解他為何不能接受「道

82　同上註，S. 380f. 康德之承認這兩種「同時是義務的目的」與其形式
　　主義的立場並無牴牾之處；請參閱Josef Schmucker: "Der Formalismus
　　und die materialen Zweckprinzipien in der Ethik Kants", in: Johannes B.
　　Lotz (Hg.), *Kant und die Scholastik heute* (Pullacher philosophische
　　Forschungen, Bd. 1, Pullach bei München: Verlag Berchmanskolleg, 1955),
　　S. 155-205.

83　*MS, KGS*, Bd. 6, S. 387.

84　同上註，S. 380.

85　同上註，S. 387.

86　同上註。

德的幸福」之概念。縱使我們接受上述的定義，但這項定義是斯多亞式的，是將「幸福」化約為「道德」的概念。因此，康德認為：我們依這項定義所理解的「道德的幸福」其實應屬於「自己的圓滿性」之概念[87]。總之，唯有他人的幸福才能被視為德行義務，自己的幸福則不在此列。

康德又指出：一切德行義務均是「不完全義務」（unvollkommene Pflicht），或者說「寬泛義務」（weite Pflicht）[88]。所謂「不完全義務」或「寬泛義務」意謂：這項義務僅規定行為的格律，而不規定行為本身，因此在行為的層次上留給行動者一個自由抉擇的餘地[89]。就「他人的幸福」這項德行義務而言，康德指出：「其他人想要將什麼視為他們的幸福，這任由他們自己去判斷。但是對於他們視為其幸福、而我卻不認為如此的一些事物，如果他們在其他情況下並無權利將這些事物當作其所應得者，而向我要求它們，那麼我也有權拒絕它們。」[90]如上文所述，「幸福」是個不確定的概念。「他人的幸福」之所以屬於不完全義務，正是由於「幸福」概念之不確定性。

最後還有一個問題：「促進自己的幸福」是否還是一項義務呢？依康德的看法，它本身不是一項德行義務，而是由德行義務衍生出來的一項義務。他解釋道：

87　同上註，S. 387f.
88　同上註，S. 390.
89　同上註。
90　同上註，S. 388.

可厭之事、痛苦和匱乏是很大的誘惑，使人違背其義務。因此，富裕、力量、健康和一般而言的福祉（它們抵制上述事物之影響）似乎也能被視為同時是義務的目的，此即「促進**他自己的**幸福，而使它們〔這些目的〕不僅是針對他人底幸福」的義務。——但是這樣一來，他自己的幸福就不是目的，主體底道德才是目的，而這只是一項**被容許的**手段，為這項目的清除障礙；因為他人並無權利要求我犧牲我的並非不道德的目的。為自己追求富裕，並非直接地是義務，但這的確能間接地是一項義務，即把貧窮當作一種引人入於罪惡的極大誘惑而防範之。但是這樣一來，我的目的且同時是我的義務，是要保持我的道德（而非我的幸福）之完美無瑕。[91]

由此可見：康德將「促進自己的幸福」視為由「促進自己的圓滿性」這項德行義務衍生出來的一項義務；換言之，它是為了保持主體的道德圓滿性始成為一項義務。如果不是為了這項目的，它至多只是道德上可容許的行為，而不是一項義務。總而言之，「促進他人的幸福」與「促進自身的幸福」並非在同一個序列上並列的兩項義務，前者較後者有更基本的道德意涵。

91　同上註；參閱 *KpV*, *KGS*, Bd. 5, S. 93.

八、孟子「義利之辨」的哲學涵義

在全盤了解了康德的「幸福」概念之後，現在我們回到儒家的義利問題上。如上文所述，儒家論義利之辨的基本文獻首推《孟子·梁惠王篇》首章。為討論之便，筆者先將這段文字引述於下：

> 孟子見梁惠王。王曰：「叟！不遠千里而來，亦將有以利吾國乎？」孟子對曰：「王！何必曰利？亦有仁義而已矣。王曰『何以利吾國』，大夫曰『何以利吾家』，士庶人曰『何以利吾身』，上下交征利，而國危矣。萬乘之國，弒其君者必千乘之家；千乘之國，弒其君者必百乘之家。萬取千焉，千取百焉，不為不多矣。苟為後義而先利，不奪不饜。未有仁而遺其親者也，未有義而後其君者也。」

此外，〈告子下〉篇第四章記載孟子與宋牼之間的對話，亦表達類似的思想。今一併引述於下：

> 宋牼將之楚，孟子遇於石丘，曰：「先生將何之？」曰：「吾聞秦楚構兵，我將見楚王，說而罷之。楚王不悅，我將見秦王，說而罷之。二王我將有所遇焉。」曰：「軻也請無問其詳，願聞其指。說之將何如？」曰：「我將言其不利也。」曰：「先生之志則大矣，先生之號則不可。先生以利說秦楚之王，秦楚之王悅於利，以罷三軍之師，是三軍之士樂罷而悅於利也。為人臣者懷利以事

> 其君，為人子者懷利以事其父，為人弟者懷利以事其
> 兄；是君臣、父子、兄弟終去仁義，懷利以相接。然而
> 不亡者，未之有也。先生以仁義說秦楚之王，秦楚之王
> 悅於仁義，以罷三軍之師，是三軍之士樂罷而悅於仁義
> 也。為人臣者懷仁義以事其君，為人子者懷仁義以事其
> 父，為人弟者懷仁義以事其兄；是君臣、父子、兄弟終
> 去利，懷仁義以相接也。然而不王者，未之有也。何必
> 曰利？」

孟子在這兩處所表達的思想大體相同，均強調先義而後利，亦即以義為利之先決條件。他在〈梁惠王〉篇中所指的「利」是「不遺其親，不後其君」。光從該段引文本身，我們很難判斷這種「利」的性質，因為它可能意謂為人親、為人君者的私利，也可能意謂整個社會秩序的和諧，因而指公利。但從〈告子〉篇的這段引文看來，他所指的「利」是王道之實現，顯然是指公利。其實這兩種說法並不衝突，因為公利往往是私利之總合。因此，正如筆者在第二節中所指出的，在孟子的義利之辨中，公利與私利之分是不相干的。同樣的，康德在對道德與幸福作原則性的區分時，亦不考慮他人幸福與自身幸福之區分，而是就「幸福」的一般概念，強調它與道德之異質性。

筆者在第一節中也指出：孟子承認仁義會產生利，縱使此「利」是指公利（普遍的善），亦不足以證明其倫理學屬於功利主義。因為功利主義屬於目的論倫理學，而目的論倫理學的基本觀點在於將「義」（道德）化約為「利」，取消道德之獨立意義。但孟子和康德一樣，均堅持道德之絕對性，亦即其不可化約性。

其證據除了筆者在第二節中所提出者之外，還有像〈盡心下〉篇云：「經德不回，非以干祿也。言語必信，非以正行也。君子行法，以俟命而已矣。」（14.33）朱注：「經，常也。回，曲也。」[92]故「經德不回」猶言「持守常道」。第二句趙岐解釋為：「庸言必信，非必欲以正行為名也，性不忍欺人也。」[93]故「正行」不外乎指外在的聲名。「經德不回」、「言語必信」二者均屬於「義」（道德）的範圍，故第三句中的「法」亦當屬於同一範圍，朱子解為「天理之當然者」是也[94]。今「干祿」、「正行」均屬於「利」的範圍，而「利」之得失則屬「命」之事。孟子說：「莫之致而至者，命也。」（9.6）因此，義利之辨其實為義命之分所涵。用康德的概念來說，義命之分即是「藉由自由的因果性」和「自然底因果性」之區分；道德之事屬於「藉由自由的因果性」，幸福則屬於「自然底因果性」。由此可見：孟子承認道德有獨立於「利」、「命」之外的意義與價值，與功利主義的觀點正好相反。須知：承認「義」可產生「利」，是一回事；以「利」之所在為「義」，是另一回事。二者形似而實異，決不可混為一談。康德與孟子均承認「義」可產生「利」，卻不因此即歸於目的論倫理學，更不要說功利主義了。

　　孟子肯定道德之絕對性，我們還可證之於〈公孫丑上〉篇的一段話：「所以謂人皆有不忍人之心者，今人乍見孺子將入於井，

92　朱熹：《四書集注》（臺北：臺灣中華書局，四部備要本），《孟子集注》，卷7，頁23上。
93　趙岐註、孫奭疏：《孟子注疏》，卷14下，頁3下。
94　朱熹：《四書集注》，《孟子集注》，卷7，頁23上。

皆有怵惕惻隱之心──非所以內交於孺子之父母也,非所以要譽於鄉黨朋友也,非惡其聲而然也。」(3.6)孟子認為:人的道德心(「怵惕惻隱之心」)之發用完全不考慮行為所產生的利害,如「內交於孺子之父母」、「要譽於鄉黨朋友」、「惡其聲」等等。這些考慮全屬於「利」的範圍,與其道德心(甚至由此而來的救援行動)之道德價值無關。這是孟子的義利之辨所表示的真正涵義,董仲舒的「正其誼不謀其利,明其道不計其功」二語正足以表達此涵義。董仲舒只是說「不謀其利」、「不計其功」,並未反對由「義」所產生的「利」。葉適、顏元、李塨之翻案甚無謂也。

孟子堅持先義後利,而且認為由「義」自然會產生「利」。故我們接著要問:「義」與「利」究竟如何產生這種關聯呢?我們可用康德的方式問:這兩者究竟是以分析的方式還是綜合的方式結合起來呢?孟子顯然不是像斯多亞學派那樣,以分析的方式將「義」與「利」結合起來。因為他固然反對將「義」化約為「利」,但亦不會贊成將「利」化約為「義」,否則其義命之分便會失去意義。

義命之分亦儒家的基本義理之一。孔子已有「不知命,無以為君子」[95] 之說。又《論語‧里仁篇》載孔子之言曰:「富與貴,是人之所欲也;不以其道,得之不處也。貧與賤,是人之所惡也;不以其道,得之不去也。君子去仁,惡乎成名?君子無終食之間違仁,造次必於是,顛沛必於是。」(4.5)孔子在這裡將「仁」

---

95 語見《論語‧堯曰篇》第3章。以下引用《論語》文本時,均依據楊伯峻《論語譯注》(北京:中華書局,2006年),並將其篇章編號直接附於引文之後。。

與富貴貧賤之得失分開來：富貴貧賤屬於「利」，其得失則繫於「命」，仁者未必即能得到富貴而免於貧賤。顏淵短命而死，冉伯牛身染惡疾，皆命也。故「義」與「命」各有其道，不能相互化約[96]。孟子亦言「立命」、「正命」、「俟命」。「俟命」之說方才已見於〈盡心下〉篇的引文。「立命」、「知命」、「正命」之說則見於〈盡心上〉篇的前兩章。但更重要的是：他對義、命二者提出一項原則性的區別：「求則得之，舍則失之，是求有益於得也，求在我者也。求之有道，得之有命，是求無益於得也，求在外者也。」（13.3）第一句是指「義」的領域，第二句則是指「命」的領域，兩者各有所屬。笛卡爾在其《心靈的激情》一書中說道：「在我看來，我們在欲求方面最常犯的錯誤，是無法充分區別完全操之在我們的事物與並非操之在我們的事物。」[97] 儒家的義命之分正是要人正視「命非我們可以完全掌握」的事實，而在我們可以充分掌握的「義」方面盡其在我。既然「利」之得失繫於「命」，則顯然我們無法以分析的方式由「義」抽繹出「利」來。

因此，「義」與「利」只能以綜合的方式結合起來。然而，由上述的義命之分可知：「義」與「利」之間並無必然的因果關聯；也就是說，「義」不必然產生「利」，作為其結果。但《孟子》書中有許多話卻似乎肯定「義」與「利」之間的這種因果必然性，

96　關於孔子的義命之分，參閱勞思光：《新編中國哲學史》（臺北：三民書局，1984年），第1卷，頁136-140。

97　*The Philosophical Works of Descartes*, trans. Elizabeth S. Haldane & G. R. T. Ross (Cambridge: Cambridge University Press, 1968), vol. 1, p. 395, Article CXLIV.

如上文所引過的:「未有仁而遺其親者也,未有義而後其君者也。」
「是君臣、父子、兄弟終去利,懷仁義以相接也。然而不王者,
未之有也。何必曰利?」「仁者無敵。」又如:「仁則榮,不仁則
辱。」(3.4)「苟不志於仁,終身憂辱,以陷於死亡。」(7.9)「得
道者多助,失道者寡助。」(4.1)「天子不仁,不保四海;諸侯不
仁,不保社稷;卿大夫不仁,不保宗廟;士庶人不仁,不保四體。」
(7.3)這類的話在《孟子》書中還很多。但是孟子的義命之分若
要有意義,我們就不宜認為這些話在表達客觀的事實或規律,而
應當視之為勸勉語、警戒語;即使認為它們表示一種必然性,這
也是一種實踐的必然性,而非因果的必然性。

此種實踐的必然性顯然包含於孟子的「天爵」、「人爵」說之
中。孟子曰:「有天爵者,有人爵者。仁義忠信,樂善不倦,此
天爵也;公卿大夫,此人爵也。古之人修其天爵,而人爵從之。
今之人修其天爵,以要人爵;既得人爵,而棄其天爵,則惑之甚
也,終亦必亡而已矣。」(11.16)「爵」本是指政治上之位,如公、
卿、大夫等之位。有其位,即有其權,即享有尊榮,故「爵」表
示一種價值。但政治上的爵位係由居上位者授予居下位者,他能
授予,自亦必能撤消,此所謂「趙孟之所貴,趙孟能賤之」(11.17)。
此「爵」之價值係由人所決定,而為相對的,故孟子名之曰「人
爵」。至於「天爵」,則是我們藉由道德實踐而體現的絕對價值;
這種價值既非由他人所授予,自然無虞為他人所撤消。此「天」
字並無實指,既非指上天,亦非指自然,而是表示「絕對」、「無
條件」之意。因此,「天爵」屬於孟子所謂「所性」(相對於「所
欲」、「所樂」)的範圍,而天爵與人爵之關係實等於道德與幸福

之關係，亦即義與利之關係。文中所謂「古之人」與「今之人」
並非就歷史事實而言，而是表示理想與現實之對比。儒家常託言
三代，以表達其理想，故所謂「古之人」往往指一種理想狀態。
「古之人修其天爵，而人爵從之」意謂：就實踐的理想而言，天
爵應為人爵之先決條件，此猶如康德以道德為幸福之先決條件；
而兩者的關係是一種綜合關係，包含一種實踐的必然性。「今之
人修其天爵，以要人爵；既得人爵，而棄其天爵」則表示意志的
他律；道德只成了追求幸福的手段，而失去其絕對性，其實亦不
成其為道德。孟子雖承認在道德與幸福的關係中存在一種實踐的
必然性，但他並未像康德那樣，去說明這兩者如何結合起來。牟
宗三先生有《圓善論》一書，順著儒、釋、道三教的圓教模型，
以「無限智心」來說明此種必然性，將此問題推至哲學思考之極
限，可謂至矣盡矣。

九、義利之辨先於公利與私利之分

　　最後，我們再回到公利與私利的問題上。如上文所述，孟子
在義利之辨中所輕之「利」不僅是指私利，亦包括公利在內。此
點亦證之於他對楊朱、墨翟的批評。孟子曰：「楊氏取為我，拔
一毛而利天下，不為也。墨子兼愛，摩頂放踵利天下，為之。子
莫執中。執中為近之。執中無權，猶執一也。所惡執一者，為其
賊道也，舉一而廢百也。」（13.26）楊朱與墨翟的道德觀點皆屬
於所謂「目的論倫理學」，即以非道德意義的「善」來界定道德
意義的「善」；而這非道德意義的「善」在墨翟是指公利，在楊

朱則是指私利。今孟子同時批評這兩項觀點，可見公利與私利之分在孟子的義利之辨中是不相干的問題。孟子以子莫執中為近之。焦循《孟子正義》云：「楊子唯知為我，而不復慮及兼愛；墨子唯知兼愛，而不復慮及為我；子莫但知執中，而不復慮及有當為我、當兼愛之事。」[98]故義之所在，既非公利，亦非私利，但亦非公利、私利取其中。「執中」之失，在於仍糾纏於公利、私利之分，而不知另求義之標準。義之標準何在？唯在道德主體（本心），此所以孟子有「仁義內在」之說。

　　孟子的「仁義內在」說見於〈告子上〉篇第四、五章中孟子與告子、公都子（代表孟子）與孟季子（代表告子）之間的辯論。此二章之文句歷來無確解。歷代大儒縱有能解其義理者（如陸象山、王陽明），亦未必能順通文句，而盡其論辯過程之曲折。及至牟宗三先生以康德的「自律」概念闡明之，其文句之語脈、義理之精微，始豁然而明。其疏解俱見於其《圓善論》一書中[99]，筆者在此無意轉述，徒增篇幅。簡言之，告子之主張「義外」，係代表他律倫理學的立場，以為道德法則是由客觀的事實或對象所決定。他認為：我們之所以有「敬兄」的義務，係由於：「彼長而我長之，非有長於我也；猶彼白而我白之，從其白於外也，故謂之外也。」（11.4）孟季子也據此觀點而說：「所敬在此，所

98　焦循著、沈文倬點校：《孟子正義》（北京：中華書局，1987年），下冊，頁919-920。

99　參閱牟宗三：《圓善論》（臺北：臺灣學生書局，1985年），頁12-19〔22: 11-19〕；亦參閱拙作：〈孟子與康德的自律倫理學〉，《鵝湖月刊》，第155期，頁8；《哲學與文化》，第169期，頁6-7〔本書，頁56-59〕。

長在彼，果在外，非由內也。」（11.5）就他們的觀點而言，「敬兄」的義務是基於「兄長於我」的客觀事實；若無此事實，「敬兄」的義務亦無由產生。孟子則明白拒絕這個觀點，以為道德法則係出於道德主體，而非由其對象所決定。因此，他說：「君子所性，仁義禮智根於心。」（13.21）又說：「仁義禮智，非由外鑠我也，我固有之也。」（11.6）這顯然是自律倫理學的觀點。就此而言，孟子與康德係站在同一立場上。

筆者在前面詳細闡釋康德倫理學中的「幸福」概念，並且已顯示：在康德的自律倫理學中，道德與幸福之區分係一項基本的區分，無關乎自身幸福與他人幸福之區分。這足以使我們了解：何以孟子的義利之辨無關乎公利與私利之分？在邏輯的次序上，他人幸福與自身幸福之區分後於道德與幸福之區分，這正如公利與私利之區分後於義利之辨。他人幸福與自身幸福之區分和公利與私利之區分並非完全重疊。私利未必即是自身的幸福，他人的幸福亦未必即是公利。依康德之見，他人的幸福與自身的幸福雖然均能成為道德法則的質料，但前者較後者有更基本的道德意涵：促進他人的幸福是「德行義務」；促進自身的幸福則只是由這類義務衍生出來的義務，而且必須擴展至他人的幸福，始能成為義務。孟子亦同時承認公利與私利的道德意涵。他主張公利的言論，在《孟子》書中俯拾皆是。他勸齊、梁之君行王道時，多強調百姓生活條件之改善，故曰：「養生喪死無憾，王道之始也。」（1.3）他也說：「分人以財謂之惠，教人以善謂之忠，為天下得人者謂之仁。」（5.4）又說：「古之人，得志，澤加於民〔……〕達則兼善天下。」（13.9）這些話均顯示：公利之促進本身即具有道德價值。

　　至於私利之追求，儒家並不一定視為不道德。在《論語》中，孔子便說過：「富而可求也，雖執鞭之士，吾亦為之。如不可求，從吾所好。」（7.12）《孟子‧萬章下》篇載孟子之言：「仕非為貧也，而有時乎為貧。」（10.5）又在〈告子下〉篇，他說：「〔……〕朝不食，夕不食，飢餓不能出門戶。君聞之，曰：『吾大者不能行其道，又不能從其言也，使飢餓於我土地，吾恥之。』周之，亦可受也，免死而已矣。」（12.14）但這些話僅表示：私利之追求在道德上是容許的，並非意謂：它是道德的義務。〈盡心上〉篇另有孟子的一段話：「莫非命也，順受其正；是故知命者不立乎巖牆之下。盡其道而死者，正命也；桎梏死者，非正命也。」（13.2）故在其「正命」之說中包含「保全自身」的義務，但這項義務是在「盡道」之前提下始成其為義務。用康德的話來說，這是「間接的義務」，亦即衍生的義務。《孝經‧開宗明義章》也載曾子之言：「身體髮膚，受之父母，不敢毀傷，孝之始也。」據《禮記‧檀弓上》篇所載，子夏喪其子而喪其明，曾子怒斥其罪[100]。另外，《論語》也載曾子臨終前的話：「啟予足！啟予手！詩云：『戰戰兢兢，如臨深淵，如履薄冰。』而今而後，吾知免夫！小子！」（8.3）這些記載均證明：儒家把「保存自己的身體和生命」視為一項義務。但是這項義務畢竟不是直接的義務；在某些情況下，為了盡道，反而必須捨棄生命，所以孔子有「殺身成仁」之說，孟子有「捨生取義」之說。

　　最後，我們還有一個問題，即是：孟子如何理解公利與私利

100　陳澔：《禮記集說》（臺北：世界書局，1969年），頁34。

之關係呢？《孟子‧梁惠王下》篇第5章所載孟子與齊宣王間的一段對話透露出孟子的看法。孟子勸齊宣王行王政，齊宣王自認為做不到，而一再找藉口，一下說：「寡人有疾，寡人好貨。」一下又說：「寡人有疾，寡人好色。」「好貨」、「好色」均是私欲，其所追求的「貨」、「色」均是私利。但孟子並未勸齊宣王禁絕私欲，摒棄私利，而是勸之以：「王如好貨，與百姓同之。〔……〕王如好色，與百姓同之。」換言之，孟子要求齊宣王將私利普遍化，擴展到他人身上，使之成為公利。這與康德對自身幸福與他人幸福之關係的看法何其相似！

在西方倫理學中，與以孔、孟為代表的儒家主流思想最能相契的，是康德的倫理學，因為兩者在基本型態上均屬於自律倫理學。因此，探討康德對道德與幸福的看法，自必有助於理解儒家的義利之辨。本文的比較研究顯示：在儒家的主流思想中，義利之辨不等於公私之分，因為這兩項區分並不在同一個序列上。義利之辨是基本的、原則性的區分，而唯有在這項區分的前提下，公私之分才有意義。這兩個序列之畫分也有助於澄清儒家（尤其是孟子）與功利主義之間的關係。本文的探討證明：我們並無充分的理由將孟子的倫理學歸為功利主義。這或許也有助於解決南宋以來環繞著儒家義利之辨而產生的種種爭論。

從康德的實踐哲學論王陽明的「知行合一」說

一、陽明「知行合一」說的思想史背景

　　陽明學之綱領一般以「心即理」、「知行合一」、「致良知」三說概括之。「心即理」之說陸象山（九淵，1139-1192）已先提出[1]；但王陽明（守仁，1472-1529）之提出此說，並非直接承自象山，而是在他對朱子「格物致知」之說反復致疑之餘，在他被貶謫至貴州龍場時（正德3年，西元1508年，時陽明37歲）所悟得[2]。次

1　象山〈與李宰〉書云：「心於五官最尊大。〔……〕四端者，即此心也；天之所與我者，即此心也。人皆有是心，心皆具是理，心即理也，故曰：『理義之悅我心，猶芻豢之悅我口。』所貴乎學者，為其欲窮此理，盡此心也。」語見《陸九淵集》（北京：中華書局，1980年），卷11，頁149。

2　據王陽明《年譜》記載，他於此時，「忽中夜大悟格物致知之旨，寤寐中若有人語之者，不覺呼躍，從者皆驚。始知聖人之道，吾性自足，向之求理於事物者誤也。」此處雖未出現「心即理」之語，

年，他又提出「知行合一」之說[3]。至於「致良知」之說，據王陽明《年譜》，係於正德16年正式提出，但據陳來先生的考證，當於正德15年（西元1520年，時陽明49歲）陽明居贛州時所提出[4]。此三說雖是先後提出，但就義理而言，均可上溯於孟子，有其理論上的一貫性。本文以討論「知行合一」說之哲學意涵為主，其餘二說僅在必要時始附帶論及。

「知行合一」說在孟子學中的義理根據，便是其「良知、良能」之說。《孟子·盡心上》第15章載孟子之言曰：

> 人之所不學而能者，其良能也；所不慮而知者，其良知也。孩提之童無不知愛其親者，及其長也，無不知敬其兄也。親親，仁也；敬長，義也；無他，達之天下也。

焦循《孟子正義》解釋這段話說：

但就實質內容而言，他所悟得的正是「心即理」。引文見吳光等編校：《王陽明全集》（上海：上海古籍出版社，2011年），下冊，卷33，〈年譜一〉，頁1354。

3　王陽明《年譜》是年條下云：「是年先生始論知行合一。始席元山書提督學政，問朱陸同異之辨。先生不語朱陸之學，而告之以其所悟。書懷疑而去。明日復來，舉知行本體證之五經諸子，漸有省。往復數四，豁然大悟，謂：『聖人之學復睹於今日；朱陸異同，各有得失，無事辯詰，求之吾性，本自明也。』遂與毛憲副修葺書院，身率貴陽諸生，以所事師禮事之。」（《王陽明全集》，下冊，卷33，〈年譜一〉，頁1355。）

4　《年譜》之說見《王陽明全集》，下冊，卷34，〈年譜二〉，頁1411-1412。陳先生之考證見其《有無之境》（北京：人民出版社，1991年），頁160-164。

　　孟子言良能為不學而能，良知為不慮而知。其言「孩提
　　之童，無不知愛其親也」，則不言無不能愛其親也；其言
　　「及其長也，無不知敬其兄」，則不言無不能敬其兄也。
　　蓋不慮而知，性之善也，人人所然也。不學而能，唯生
　　知安行者有之，不可概之人人。知愛其親，性之仁也，
　　而不可謂能仁也。知敬其兄，性之義也，而不可謂能義
　　也。曰親親，則能愛其親矣，仁矣，故曰「親親，仁也」。
　　曰敬長，則能敬其兄矣，義矣，故曰「敬長，義也」。何
　　以由知而能也？何以由無不知而無不能也？無他，有達
　　之者也。聖人通神明之德，類萬物之情，達之天下也。[5]

焦循將「良知」與「良能」視為二物，而將良知歸諸所有人，卻
將良能僅歸諸「生知安行者」（聖人）。由於孟子僅說：「孩提之
童無不知愛其親者，及其長也，無不知敬其兄也。」而不說：「孩
提之童無不能愛其親者，及其長也，無不能敬其兄也。」故焦循
認為：由「知」到「能」之間有一段距離，須靠聖人之教化以達
之。

　　然而，單就語法而言，焦循的解釋就不能成立。孟子在這段
話中根本未提及「聖人」二字。焦循說：「不學而能，唯生知安
行者有之，不可概之人人。」所謂「生知安行者」即是指聖人，
故這句話等於是說：唯有聖人才有良能。但是孟子明明說：「人

之所不學而能者,其良能也。」這是就所有人而言,並不僅限於
聖人。況且他接著說:「孩提之童無不知愛其親者,及其長也,
無不知敬其兄也。」「無不」二字即表示這是一個全稱命題,正
好否定了焦循的說法。最後,焦循解釋「無他,達之天下也」這
句話時亦毫不顧語法,而以「聖人」為主詞。其實,這句話的主
詞當是「親親、敬長」。孟子的意思是說:親親、敬長之心能通
達於天下,其效力具有普遍性。

　　焦循之所以誤解這段話,主要在於他不知「良知」即是「良
能」。趙岐《孟子注》猶知此義,故其注曰:「知亦猶是能也。」[6]
「親親、敬長」之心即是孟子所謂的「本心」,就其為道德之「判
斷原則」(principium dijudicationis)而言,謂之「良知」;就其為
道德之「踐履原則」(principium executionis)而言,謂之「良能」。
故「良知」即涵著「良能」,單說「無不知」,即已涵「無不能」
之義。這是陽明「知行合一」說之所本。王龍溪(畿,1498-1583)
便一語道破孟子「良知、良能」說與陽明「知行合一」說之關聯。
其〈華陽明倫堂會語〉記載:

> 諸生問知行合一之旨。先生曰:「天下只有個知,不行
> 不足謂之知。知行有本體,有工夫。如眼見得是知,然
> 已是見了,即是行;耳聞得是知,然已是聞了,即是行。
> 要之,只此一個知,已自盡了。孟子說:『孩提之童無
> 不知愛其親,及其長,無不知敬其兄也。』止曰『知』

6　趙岐註、孫奭疏:《孟子注疏》(臺北:臺灣中華書局,四部備要
　　本),卷13上,頁5下。

而已,知便能了,更不消說能愛能敬。本體原是合一,
陽明先師因後儒分知行為兩事,不得已說個合一。知非
見解之謂,行非履蹈之謂,只從一念上取證。知之真切
篤實即是行,行之明覺真察即是知。『知』、『行』兩
字皆指工夫而言,亦原是合一的,非故為立說,以強人
之信也。」[7]

　　除了上述的引文之外,孟子在其他的場合也不時強調「知」
與「能」之間的這種本質關聯。例如,《孟子‧梁惠王上》第7章
所載孟子與齊宣王之間的對話。孟子試圖說服齊宣王「保民而
王」,齊宣王則懷疑自己是否有能力做到。孟子舉齊宣王見釁鐘
之牛過堂下,因不忍其觳觫而易之以羊之事為例,證明齊宣王確
有不忍人之心,並且有能力推此心於百姓。孟子指出:「王之不
王,不為也,非不能也。」並且解釋道:

　　挾太山以超北海,語人曰:「我不能。」是誠不能也。
　　為長者折枝,語人曰:「我不能。」是不為也,非不能
　　也。故王之不王,非挾太山以超北海之類也;王之不王,
　　是折枝之類也。

趙岐注:「折枝,案摩,折手節,解罷枝也。」[8]猶今言「按摩」。
按摩,易事也。孟子指出:齊宣王有能力將不忍人之心推至於百
姓,正如他有能力為長者按摩;若他說「不能」,乃是藉口,其

7　王畿:《王龍溪語錄》(臺北:廣文書局,1977年),卷7,頁8上。
8　趙岐註、孫奭疏:《孟子注疏》,卷1上,頁2下。

實是「不為」。這猶如《論語・述而篇》第30章中所謂「我欲仁，斯仁至矣」之意，表示良知本身即涵有自求實現的力量；就此而言，良知即是良能。

再如《孟子・梁惠王下》第5章所載孟子與齊宣王之間的對話。孟子向齊宣王宣揚文王之王政，宣王大為讚嘆。孟子便趁此機會說服宣王：「王如善之，則何為不行？」宣王卻提出藉口說：「寡人有疾，寡人好貨。」孟子則舉公劉好貨之事反駁道：「王如好貨，與百姓同之，於王何有？」宣王又藉口說：「寡人有疾，寡人好色。」孟子則舉太王好色之事反駁道：「王如好色，與百姓同之，於王何有？」在孟子看來，只要齊宣王將其「與百姓同之」之心（普遍的仁心）擴而充之，便可行王政；以好貨、好色為藉口，是不為也，非不能也。又如《孟子・梁惠王下》第3章載孟子與齊宣王之間的對話。齊宣王向孟子請教交鄰國之道，孟子答以：「惟仁者為能以大事小，是故湯事葛，文王事昆夷。惟智者為能以小事大，是故太王事獯鬻，句踐事吳。」宣王不欲行，藉口道：「寡人有疾，寡人好勇。」孟子則舉文王一怒而安天下之民為例，勸宣王效之。依孟子之意，只要齊宣王能化其匹夫之勇為安天下之大勇，便可行此道；以好勇為藉口，是不為也，非不能也。是故，《孟子・公孫丑上》第6章載孟子之言曰：「人皆有不忍人之心。先王有不忍人之心，斯有不忍人之政矣。以不忍人之心，行不忍人之政，治天下可運之掌上。」「運之掌上」亦言其易也。又在同章中，孟子論及惻隱、羞惡、辭讓、是非四端之心後，明白表示：「人之有是四端也，猶其有四體也。有是四端而自謂不能者，自賊者也；謂其君不能者，賊其君者也。」這

些文獻均可證明：孟子所說的「良知」、「良能」並非二物，「良知」即涵著「良能」。故陽明「知行合一」之說本於孟子，殆無疑義。

就直接的思想史背景而言，陽明「知行合一」之說係針對朱子「知先行後」之說而發。前引王龍溪之言曰：「陽明先師因後儒分知行為兩事，不得已說個合一。」此處所說的「後儒」主要便是指朱子。朱子〈答吳晦叔書〉云：

> 熹伏承示及「先知後行」之說，反復詳明，引據精密，警發多矣。所未能無疑者，方欲求教，又得南軒寄來書。讀之，則凡熹之所欲言者，蓋皆已先得之矣。特其曲折之間，小有未備，請得而細論之。夫泛論知行之理，而就一事之中以觀之，則知之為先，行之為後，無可疑者。〔……〕今就其一事之中而論之，則先知後行，固各有其序矣。[9]

又其〈答程正思〉云：「致知、力行，論其先後，固當以致知為先；然論其輕重，則當以力行為重。」[10] 又《語類》云：「知行常相須，如目無足不行，足無目不見。論先後，知為先；論輕重，行為重。」[11] 類似的話頭還有不少。但值得注意的是：「知先行

9　《朱子大全》（臺北：臺灣中華書局，四部備要本），第5冊，《文集》，卷42，頁16上至17上。

10　同上書，第6冊，《文集》，卷50，頁27下。

11　黎靖德編：《朱子語類》（北京：中華書局，1986年），第1冊，卷9，頁148。

後」之說並非只有朱子提出。與朱子同屬一義理系統的程伊川（頤，1033-1107）亦有「先知後行」之說[12]，固無論矣。即使與朱子不屬於同一義理系統的陸象山（九淵，1139-1192）和胡五峰（宏，1105-1161），亦有類似的說法。由上文所引朱子〈答吳晦叔書〉可知：五峰門人吳晦叔（翌，生卒年不詳）、張南軒（栻，1133-1180）亦有「知先行後」之說，此係本於五峰「欲為仁，必先識仁之體」之說[13]。朱子本人雖持「知先行後」說，卻不贊成五峰門人的「知先行後」說，可見此說在不同的義理系統中可以有不同的理解[14]。象山亦有「先講明，後踐履」[15]及「致知在先，力行在後」[16]之說，而引起陽明友人之質疑[17]。反倒是朱子門人陳北溪（淳，1159-1223）視知、行為一事，其言曰：

12　伊川曰：「〔……〕人力行，先須要知。非特行難，知亦難也。《書》曰：『知之非艱，行之為艱。』此固是也，然知之亦艱。譬如人欲往京師，必知是出那門，行那路，然後可往。如不知，雖有欲往之心，其將何之？自古非無美材能力行者，然鮮能明道，以此見知之亦難也。」語見《二程集》（北京：中華書局，1981年），上冊，《河南程氏遺書》，卷18，〈伊川先生語四〉，頁187。

13　語見胡宏：《知言》，卷4；收入《文淵閣四庫全書》（臺灣商務印書館影印本，1986年），第197冊，頁222。

14　關於朱子與五峰門人在這個問題上的爭辯，請參閱牟宗三：《心體與性體》，第3冊（臺北：正中書局，1975年），頁342-351〔7: 377-387〕。〔〕中是《牟宗三先生全集》（臺北：聯經出版公司，2003年）的冊數及頁碼。

15　參閱《陸九淵集》，卷12，頁160，〈與趙詠道〉之二。

16　參閱同上書，卷45，〈語錄上〉，頁421。

17　參閱《王陽明全集》，上冊，卷6，〈文錄三〉，頁233-234，〈答友人問〉。關於陽明對象山此說的批評，參閱楊祖漢：《儒家的心學傳統》（臺北：文津出版社，1992年），頁182-187。

> 致知、力行二事，當齊頭著力並做，不是截然為二事，
> 先致知然後行，只是一套底事。行之不力，非行之罪，
> 皆知之者不真。須見善真如好好色，見惡真如惡惡臭，
> 然後為知之至，而行之力即便在其中矣。[18]

從這些相互錯雜的立場可知：無論是「知行合一」說，還是「知先行後」說，都不能從字面上來確定其真正意涵，而只能根據持論者的義理系統來判定之。因此，陽明「知行合一」說的意義只能透過其義理系統及它與朱子的義理系統間的根本區別來理解。

二、陽明「知行合一」說的形式意涵

現在我們便可開始討論陽明「知行合一」之說。此說主要見於《傳習錄》上卷所載陽明與其弟子徐愛間的問答，以及中卷所載陽明〈答顧東橋書〉[19]。因上卷所載的資料較為集中而完整，

18　黃宗羲：《宋元學案》，見沈善洪主編：《黃宗羲全集》（杭州：浙江古籍出版社，1985-1994年），第5冊，卷68，〈北溪學案〉，頁690。

19　陽明與徐愛間的問答《年譜》繫於「正德四年」（西元1509年，時陽明38歲），但載明「後徐愛因未會先生知行合一之訓〔……〕」，故此當非是年之事。〈答顧東橋書〉《年譜》繫於「嘉靖四年」（西元1525年，時陽明54歲），但據《年譜》所載，南大吉於前一年續刻《傳習錄》，又據《傳習錄》中卷〈錢德洪序〉，南大吉所刻《傳習錄》有〈答人論學書〉（即〈答顧東橋書〉）。學者因之懷疑《年譜》繫此函於嘉靖4年有誤，而有種種揣測，然迄今尚無定論。就本文的目的而言，我們只消肯定：陽明與徐愛間的問答為陽明中年之事，〈答顧東橋書〉為陽明晚年之作，即已足矣。

故將其全文錄之於次，以為討論之依據：

愛因未會先生「知行合一」之訓，與宗賢、惟賢往復辯
論，未能決，以問於先生。先生曰：「試舉看。」愛曰：
「如今人儘有知得父當孝、兄當弟者，卻不能孝、不能
弟，便是知與行分明是兩件。」先生曰：「此已被私欲
隔斷，不是知行的本體了。未有知而不行者；知而不行，
只是未知。聖人教人知行，正是要〔原作「安」，據臺
灣商務印書館四部叢刊本校改〕復那本體，不是著你只
恁的便罷。故《大學》指個真知行與人看，說『如好好
色，如惡惡臭』。見好色屬知，好好色屬行。只見那好
色時已自好了，不是見了後又立個心去好。聞惡臭屬
知，惡惡臭屬行。只聞那惡臭時已自惡了，不是聞了後
別立個心去惡。如鼻塞人雖見惡臭在前，鼻中不曾聞
得，便亦不甚惡，亦只是不曾知臭。就如稱某人知孝、
某人知弟，必是其人已曾行孝行弟，方可稱他知孝知
弟，不成只是曉得說些孝弟的話，便可稱為知孝弟？又
如知痛，必已自痛了方知痛；知寒，必已自寒了；知饑，
必已自饑了。知行如何分得開？此便是知行的本體，不
曾有私意隔斷的。聖人教人，必是如此，方可謂之知。
不然，只是不曾知。此卻是何等緊切著實的工夫！如今
苦苦定要說知行做兩個，是甚麼意？某要說做一個，是
甚麼意？若不知立言宗旨，只管說一個兩個，是甚麼
意？」愛曰：「古人說知行做兩個，亦是要人見個分曉，
一行做知的功夫，一行做行的功夫，即功夫始有下落。」

先生曰：「此卻失了古人宗旨也。某嘗說知是行的主意，行是知的功夫；知是行之始，行是知之成。若會得時，只說一個知，已自有行在；只說一個行，已自有知在。古人所以既說一個知，又說一個行者，只為世間有一種人，懵懵懂懂的任意去做，全不解思惟省察，也只是個冥行妄作，所以必說個知，方纔行得是。又有一種人，茫茫蕩蕩懸空去思索，全不肯著實躬行，也只是個揣摸影響，所以必說一個行，方纔知得真。此是古人不得已補偏救弊的說話，若見得這個意時，即一言而足。今人卻就將知行分作兩件去做，以為必先知了，然後能行；我如今且去講習討論做知的工夫，待知得真了，方去做行的工夫，故遂終身不行，亦遂終身不知。此不是小病痛，其來已非一日矣。某今說個知行合一，正是對病的藥，又不是某鑿空杜撰，知行本體原是如此。今若知得宗旨時，即說兩個亦不妨，亦只是一個。若不會宗旨，便說一個，亦濟得甚事？只是閒說話。」[20]

這段引文幾乎包含陽明「知行合一」說的所有重要論點，包括：

(1) 知行的本體；
(2) 未有知而不行者；知而不行，只是未知；
(3) 知是行的主意，行是知的功夫；
(4) 知是行之始，行是知之成。

20　《王陽明全集》，上冊，卷1，〈語錄一〉，頁4-5。標點有所調整。

他在〈答顧東橋書〉中亦提到「『致知』之必在於行，而不行之不可以為『致知』也」[21]，以及「真知即所以為行，不行不足謂之知」[22] 的說法，可視為命題（2）的另一種表述方式。另外，在此函中，陽明亦提出另一項重要的論點：

（5）知之真切篤實處，即是行；行之明覺精察處，即是知。[23]

我們要完整地把握陽明「知行合一」之說，必須將這五項論點一併考慮。

首先我們要考慮：「知行合一」的「合一」到底是什麼意思？是指概念上的「同一」嗎？從命題（3）和（4）看來，顯然不是。陽明雖然反對「說知行做兩個」，反對「將知行分作兩件去做」，但顯然並非意謂「知」在概念上即等同於「行」，否則命題（3）和（4）便很難理解。就命題（3）而言，「知」與「行」有內外之別。「主意」是內心的意圖、意向，「功夫」則是表現於外的行動。故由「知」到「行」構成一個由內而外的現實化歷程。就命題（4）而言，「知」與「行」有先後之分，因為由「始」到「成」構成一種時間關係。故在「知」與「行」之間包含一個時間上的歷程。因此，單從字面上來看，陽明似乎沒有理由反對「知先行

21　同上註，頁56。

22　同上註，頁47-48。

23　同上註，頁47。此語又見於其〈答友人問〉（《王陽明全集》，上冊，卷6，〈文錄三〉，頁232-234）及〈與道通書〉之第四書（同上書，下冊，卷32，〈補錄〉，頁1331）。

後」之說。但從他一再反對「知先行後」之說看來，其中顯然有更深一層的理由在。故他說：「今若知得宗旨時，即說兩個亦不妨，亦只是一個。若不會宗旨，便說一個，亦濟得甚事？只是閒說話。」顯然這不是字面意義的爭論。要了解其真正的爭論點，就得了解他所謂的「知」、「行」到底何所指。

由命題（2）看來，陽明對「知」、「行」這兩個概念有特殊的規定，與一般的理解不同。這個「知」即是他在〈答顧東橋書〉中所謂的「真知」，亦即「致知」之「知」。他便是根據「知」、「行」的這種特殊意義提出「知行合一」之說。但命題（2）之規定只是一種形式的說明；它僅指出「知」與「行」間的本質關聯，而未說明這兩者本身是什麼。即使是命題（5），也未明白說出「知」、「行」本身是什麼，只是指出它們是一事之兩面，「真切篤實」與「明覺精察」是對這兩個側面的形容。但由這些形式的說明，我們至少可以知道：陽明肯定「知」與「行」之間存在一種本質的關聯，正如孟子的良知學中「知」與「能」的關係一樣。西方倫理學中有「應當涵著能夠」（"Ought implies can."）的說法。這是一切有意義的「道德」概念之基本預設。因為一切道德上的要求均不得超出道德行動者的能力（譬如，「挾太山以超北海」），否則便是不合理的要求。我們不能由於一個道德行動者達不到這種要求而要他負道德責任，因為在道德上，「責任」與「能力」必須相當。就此而言，在道德上肯定「知」與「行」間的本質關聯，只能說是滿足了「應當涵著能夠」這項基本的倫理學預設。陽明說：「未有知而不行者；知而不行，只是未知。」其實，伊川、朱子也有類似的說法。伊川便說：「知之深，則行之必至，

無有知之而不能行者。知而不能行，只是知得淺。」[24] 朱子在其
〈雜學辨〉中也說：「愚謂知而未能行，乃未得之於己，豈特未
能用而已乎？然此所謂『知』者，亦非真知也。真知則未有不能
行者。」[25] 因此，由上述的命題（2）至（5），我們尚無法了解
陽明「知行合一」說的完整意義，以及他反對「知先行後」說的
真正理由。

三、康德論道德學中的「理論」與「實踐」

　　在此，筆者想暫時將問題引到西方哲學中的一個相關問題
上，這就是「理論」與「實踐」的問題，因為我們可以用「理論」
與「實踐」的問題來涵蓋「知」、「行」問題。徐愛指出一個常見
的現象：「如今人儘有知得父當孝、兄當弟者，卻不能孝、不能
弟，便是知與行分明是兩件。」這代表一般人對「知」、「行」的
理解。同樣的，一般人也往往認為「理論」和「實踐」是兩回事，
理論上雖可行，實際上卻未必可行。康德有〈論俗語所謂：這在
理論上可能是正確的，但不適於實踐〉一文，專門討論這個問題，
其中有些論點很值得我們參考。

　　他在這篇論文開宗明義便對「理論」（Theorie）與「實踐」
（Praxis）二詞加以界定。他寫道：

24　《二程集》，上冊，《河南程氏遺書》，卷15，〈伊川先生語一〉，
　　頁164。
25　《朱子大全》，第9冊，《文集》，卷72，頁35。

> 如果實踐規則在某種程度的普遍性中被當作原則，並且
> 在此從對其履行必然有所影響的諸多條件中抽離出
> 來，我們就甚至把這些規則底總合稱為理論。反之，並
> 非所有的操作都稱為實踐，而是只有一項目的之促成
> ——而這被視為對某些普遍設想的程序原則之遵循——
> 才稱為實踐。[26]

根據這項定義，一切無意識的、無原則的、盲目的行動都不屬於
「實踐」，而「理論」則可以由作為原則的實踐規則抽取出來。
在這種意義之下，「理論」與「實踐」之間存在一種互涉的關係，
也就是說，實踐必須以理論為指導，而理論必須能在實踐中應
用。康德接著指出：在某些學問中，我們可能發現理論與實踐脫
節，但我們並無理由因此便否定理論本身的意義，因為這只是由
於該項理論不完備——譬如，當機械師發現一般機械學的原理在
實際上無效時，不必因此便否定一般機械學，而只消以摩擦理論
補充之；當炮兵發現彈道的數學理論在實際上無效時，不必因此
便否定這套理論，而只消以空氣阻力理論補充之，便可以使理論
與實踐一致[27]。這種情形主要見於數學和經驗科學中，因為這些

26　"Über den Gemeinspruch: Das mag in der Theorie richtig sein, taugt aber
　　nicht für die Praxis", in: *Kants Gesammelte Schriften* (Akademieausgabe,
　　Berlin: Walter de Gruyter, 1902ff.，以下簡稱*KGS*), Bd. 8, S. 275；譯文
　　見筆者所譯《康德歷史哲學論文集》（臺北：聯經出版公司，2013年
　　增訂版），頁96。以下引用此文時，一律以括號將譯文的頁碼直接附
　　於原文的頁碼之後。

27　參閱同上註，S. 275f.〔96f.〕.

學問的對象或是在直觀中,或是在經驗中被提供出來。但是在哲學中,有些對象完全是思想的產物,它們在實踐中或是根本無法運用,或是其運用甚至對它們自己不利;在這種情況下,「這在理論上可能是正確的,但不適於實踐」這個命題便有相當的正確性[28]。

就在這個脈絡中,康德提出了一個對本文的探討極有意義的論點。他寫道:

> 然而,在一套以**義務底概念**為基礎的理論中,對於這個概念底空洞的觀念性之憂慮完全消失了。因為如果我們的意志底某項作用連在經驗中(不論經驗被設想為已完成的,還是被設想為不斷趨近於完成)都是不可能的,那麼,追求這項作用就不會是義務;而在本文中所談的只是這種理論。[29]

由此可知,康德是在實踐哲學中堅持理論與實踐之一致性。依康德之見,在數學、經驗科學,乃至於理論哲學中,理論與實踐脫節的情況可能會發生,但在實踐哲學中,這種情況卻不可能發生。換言之,在實踐哲學中,「這在理論上可能是正確的,但不適於實踐」這個命題是無意義的。康德在此文中分別從道德學、國內法、國際法三個層面申論理論與實踐之一致性。本文的探討屬於道德學的層面,故筆者僅闡述康德在這方面的論點。在道德

28　參閱同上註,S. 276〔97f.〕.
29　同上註,S. 276f.〔98〕.

學的層面上，康德主要是針對德國通俗哲學家加爾維（Christian Garve, 1742-1798）的論點而予以辯駁。

康德倫理學有一項基本預設，即是道德與幸福之區分。因此，他將「道德學」界定為「教導我們如何才會配得幸福，而非如何才會得到幸福的一門學問之引介」[30]。換言之，道德是「配得幸福」，而非幸福本身。依康德之見，道德代表絕對的「善」（價值），無法化約為「幸福」概念所涵的任何成素。因此，他反對任何形態的「幸福主義」（Eudämonismus）──諸如功利主義、快樂主義等。康德對道德與幸福所作的區分其實相當於儒家的義利之辨[31]。不過，他在強調這項區分時，特地聲明：

> 人並不因此被要求在攸關義務之遵循時，應當**放棄**其自然目的，即幸福；因為就像任何有限的有理性者一樣，他根本做不到這點。而是他必須在義務底命令出現時，完全**排除**這種考慮；他必須完全不使這種考慮成為「遵從理性為他所規定的法則」一事之**條件**，甚至盡其所能地設法留意，不讓任何由這種考慮衍生出來的**動機**不知不覺地混入，來決定義務。[32]

康德的意思是說：人作為一種有限的存有者，事實上不可能棄絕幸福，因為這是其自然生命之要求；但是這個事實無礙於道德義

30　同上註，S. 278〔100〕.

31　參閱本書〈從康德的「幸福」概念論儒家的義利之辨〉。

32　"Über den Gemeinspruch: Das mag in der Theorie richtig sein, taugt aber nicht für die Praxis", *KGS*, Bd. 8, S. 278f.〔101〕.

務之純粹性——也就是說，道德義務之所以為義務，正在於它全無其他動機之摻入。

　　就在這一點，加爾維對康德提出質疑，藉以顯示理論與實踐在道德學方面的不一致。加爾維質疑道：

> 就我來說，我承認：在我的**腦**中，我很能理解對於理念的這種畫分，但是在我的**心**中，我卻找不到對於願望和志向的這種畫分；我甚至無法理解，任何人如何能意識到自己已將其對幸福本身的期望清除殆盡，且因此完全無私地履行了義務。[33]

就本文的論題來說，加爾維在此所舉的可以說是個「知而不能行」的例子。面對加爾維的質疑，康德固然承認：「沒有人能確切地意識到自己完全無私地履行了他的義務。」[34] 但是問題的重點並不在這裡，故他接著說：

> 但是，人**應當**完全無私地**履行**他的義務，並且**必須**將他對幸福的期望同義務底概念全然分離開來，以便完全純粹地保有這個概念，這卻是他以最大的清晰性所意識到的。否則，若他不相信自己是這樣，我們可以要求他盡其所能地去做到；因為道德底真正價值正是見諸這種純粹性之中，且因此他必定也做得到。或許從未有一個人完全無私地（無其他動機之摻入）履行了他所認識並且

33　同上註，S. 284〔107〕.
34　同上註。

也尊崇的義務；或許也決不會有一個人在經過最大的努
力之後，達到這個地步。但是，他在最審慎的自我省察
當中能在自己心中察覺到，自己不但未意識到任何這類
共同發生作用的動機，反倒是在許多與義務底理念相對
立的動機方面意識到自我否定，因而意識到「力求這種
純粹性」的格律，這卻是他做得到的；而這對於他之奉
行義務也足夠了。反之，若是他以人性不容許這類的純
粹性（但他也無法確切地作此斷言）為藉口，使「助長
這類動機之影響」成為自己的格律，這便是一切道德之
淪亡。[35]

　　這段話可說是康德從其倫理學觀點對「應當涵著能夠」這個
命題所作的詮釋。為了說明理論與實踐在道德學中的一致性，他
在此作了一項精微的分辨。他指出：我們對於義務的意識並不必
然保證我們會完全無私地履行自己的義務。他在《道德底形上學
之基礎》中有一段話清楚地表示了這個意思：

〔……〕固然有時在事實上，我們在最嚴屬的自我省察
中，除了義務底道德根據外，完全找不到任何東西能有
足夠的力量，推動我們去做某項善的行為且承受極大的
犧牲。但是由此我們決無法肯定地推斷：實際上決無我
愛底祕密衝動，僅偽裝成義務底理念，成為意志底真正
決定原因。在這種情況下，我們反而樂於以一個更高貴

35　同上註，S. 284f.〔107f.〕.

> 的虛矯的動因來自我陶醉，但事實上，縱使以最努力的
> 省察，我們也決無法完全透入祕密的動機。因為當我們
> 談到道德價值時，問題並不在於我們看到的行為，而在
> 於行為底那些我們看不到的內在原則。[36]

道德工夫是永無止境的，永遠有退轉之可能，亦永遠有自欺之可
能。偽古文《尚書·大禹謨》云：「人心惟危，道心惟微。」孔
子自言：「若聖與仁，則吾豈敢？」（《論語·述而》第34章）明
儒羅近溪（汝芳，1515-1588）也說過：「真正仲尼臨終不免嘆口
氣也。」[37]均不外乎這個意思。如果我們就此而說理論與實踐之
一致性，顯然與經驗事實不合。因此，康德肯定理論與實踐在道
德學中的一致性，係就另一層意義來說，此即：在我們對於義務
的意識中，「完全無私地履行我們的義務」的要求必然包含「我
們有能力達成這種要求」的信念；只要我們的道德意識真實無
妄，這種信念必然也是真實的。因此，在我們的道德意識中便涵
有一種動力，促使我們去履行義務。這就是康德本人在這篇論文
的另一處所說的：「人意識到：由於他應當這麼做，他就能夠做
到。」[38]在道德的領域之內，對於超乎我們的能力之事（如「挾
太山以超北海」），我們不會形成「應當」的意識。反過來說，當
我們對某事（如孝親、敬長）形成義務的意識時，我們必然肯定

36　同上書，Bd. 4, S. 407；譯文見筆者所譯《道德底形上學之基礎》（臺
　　北：聯經出版公司，1990年），頁26。

37　羅汝芳：《盱壇直詮》（臺北：廣文書局，1977年），下卷，頁185。

38　"Über den Gemeinspruch: Das mag in der Theorie richtig sein, taugt aber
　　nicht für die Praxis", *KGS*, Bd. 8, S. 287〔111〕.

我們有能力履行這項義務。這種「肯定」是一種意向、一種動力，可以將「應然」轉換成「實然」。在康德倫理學中，這種動力即是意志的自由，故道德意識必然預設自由之意識。這正是孔子所謂「我欲仁，斯仁至矣」之意。

四、藉康德的理論詮釋陽明的「知行合一」說

現在我們可以回到本文的主題，看看康德的上述論點是否有助於詮釋陽明的「知行合一」說。首先我們要確定：「知行合一」說應該放在什麼脈絡中來理解？我們在此可以確定的是：這並非知識論中理論與實踐的問題，因為如上一節所述，在一般的知識中理論與實踐不必然一致[39]。康德係在「以義務底概念為基礎的理論」中——亦即，在實踐哲學中——肯定理論與實踐之一致性。與此相類似的是，「知行合一」之「知」並非指一般意義的「知識」，而是宋儒所謂的「德性之知」，就王學而言，這種「知」根源於良知。《傳習錄》上卷載有陽明答徐愛的另一段話：

> 知是心之本體。心自然會知：見父自然知孝，見兄自然知弟，見孺子入井自然知惻隱。此便是良知，不假外求。若良知之發，更無私意障礙，即所謂「充其惻隱之心，而仁不可勝用矣」。然在常人，不能無私意障礙，所以

39　杜維明先生也認為：「『知行合一』不應該理解為一項有關理論和實踐之間關係的一般性陳述，雖然它肯定蘊涵著這意義。」語見其《人性與自我修養》（臺北：聯經出版公司，1992年），頁197。

> 須用格物致知之功，勝私復理。即心之良知更無障礙，
> 得以充塞流行，便是致其知。知致則意誠。[40]

陽明「知行合一」之「知」即是「知是心之本體」之「知」，即是
「致知」之「知」，亦即「良知」之「知」。陽明《年譜》「正德七
年十二月」條下云：「〔徐愛〕與先生同舟歸越，論《大學》宗旨。
〔……〕今之《傳習錄》所載首卷是也。」[41] 據此推斷，陽明這
段話當是此時所說。其時陽明41歲，尚未正式提出「致良知」之
說，但已得其意。故黃宗羲據此斷言：「〔致良知〕三字之提，不
始於江右明矣。但江右以後，以此為宗旨耳。」[42] 由此可見，陽
明「知行合一」說與其「致良知」說之間有理論上的一貫性。

　　對於「行」，陽明亦有特殊的規定，與一般的理解不同。在
「知行合一」說之中，「行」字的意涵一方面比通常的理解要來
得窄。如上文所述，康德將一切無原則作為指導的盲目行動均排
除於「實踐」的概念之外。同樣的，陽明亦將脫離良知明覺的盲
目行動排除於「行」的概念之外。故其〈答友人問〉云：

> 行之明覺精察處，便是知；知之真切篤實處，便是行。
> 若行而不能精察明覺，便是冥行，便是「學而不思則
> 罔」，所以必須說個「知」〔……〕[43]

40　《王陽明全集》，上冊，卷1，〈語錄一〉，頁7。標點有所調整。

41　《王陽明全集》，下冊，卷33，〈年譜一〉，頁1362。

42　黃宗羲：《宋元學案》，見沈善洪主編：《黃宗羲全集》，第7冊，
　　卷11，〈浙中王門學案一〉，頁249。

43　《王陽明全集》，上冊，卷6，〈文錄三〉，頁232。

脫離良知明覺的活動（如出於生理本能的活動）陽明謂之「冥行」，冥行不屬於「知行合一」說中的「行」。由此亦可知，陽明在與徐愛討論「知行合一」之旨時（見第二節開頭的引文），以好好色、惡惡臭、知痛、知寒、知饑等感覺活動為例，均只是類比的說法而已。

　　但在另一方面，陽明賦予「行」字的意涵乂比通常的理解要更寬泛。《傳習錄》下卷有一段記載云：

> 問「知行合一」。先生曰：「此須識我立言宗旨。今人學問，只因知行分作兩件，故有一念發動，雖是不善，然卻未曾行，便不去禁止。我今說個「知行合一」，正要人曉得一念發動處，便即是行了。發動處有不善，就將這不善的念克倒了。須要徹根徹底，不使那一念不善潛伏在胸中。此是我立言宗旨。」[44]

根據「一念發動處，便即是行了」這個命題來說，作為道德的（或不道德的）行為之內在根據的動機已屬於「行」了。就此而言，陽明「知行合一」說中的「行」其實相當於康德在《單在理性界限內的宗教》一書中所理解的「行動」（Tat）一詞。康德在此書中為了解釋人為何要為其「向惡的性癖」（他稱之為「根本惡」）負責，特別對「行動」一詞加以說明：

> 〔……〕除了我們自己的**行動**之外，並無任何道德上的

44　同上書，上冊，卷3，〈語錄三〉，頁109-110。

惡（亦即能有責任的惡）。〔……〕但是一般而言，「行動」一詞能在兩種情況下適用於自由之運用：在第一種情況下，最高格律（按照或違反法則）被納入意念中；在第二種情況下，行為本身（在其實質方面，亦即關乎意念底對象）按照那項格律被履行。如今，這種向惡的性癖是第一個意義的行動（原始的罪惡〔peccatum originarium〕），並且同時是就第二個意義而言的一切違背法則的行動之形式根據，而這種行動在實質方面與法則相牴牾，並且被稱為「惡行」（衍生的罪惡〔peccatum derivativum〕）。而縱使第二種罪過（出乎並非存在於法則本身的動機）經常被避免，第一種罪過依然存在。前者是智思的行動（intelligibele Tat），可以僅藉理性、脫離一切時間條件去認識；後者則是感性的、經驗的、在時間中被給與的（事相底事實〔factum phaenomenon〕）。[45]

根據這段說明，「行動」與自由之運用有關，也就是說，它具有道德的意義，可以在道德上負責。其次，「行動」不但是指作為外在現象的事件，也是指意念的抉擇，而後者是前者之內在根據。我們的意念可能選擇了惡的格律，但卻未付諸實現。在這種情況下，我們仍可以說是犯了道德上的罪過，決不可因為這個惡的格律尚未具現為外在世界中的事件，便可以免於指摘。「一念發動處，便即是行了」一語中的「行」字正是康德所謂「第一個

---

45 *Die Religion innnerhalb der Grenzen der bloßen Vernunft*, *KGS*, Bd. 6, S. 31.

意義的行動」，與「向惡的性癖」屬於同一類[46]。這種「行動」本身已具有道德的意義，可以承擔道德責任。因此，陽明才要求我們：「發動處有不善，就將這不善的念克倒了。須要徹根徹底，不使那一念不善潛伏在胸中。」

　　陽明如此理解「行」，亦符合他一貫的看法。譬如，在他與徐愛的討論當中，他引《大學》中「如好好色，如惡惡臭」之語來說明「真知行」：「見好色屬知，好好色屬行。只見那好色時已自好了，不是見了後又立個心去好。聞惡臭屬知，惡惡臭屬行。只聞那惡臭時已自惡了，不是聞了後別立個心去惡。」《大學》此語在於解釋「誠意」，故「好好色」、「惡惡臭」之喻均是為了說明「意」之作用，而陽明已視之為「行」。可見將意、念之活動亦歸於「行」，是他一貫的立場。上文曾引王龍溪之言曰：「知非見解之謂，行非履蹈之謂，只從一念上取證。」即是此意。

　　由以上的討論可知，在陽明「知行合一」說當中，「行」具有雙重意義，一是就具體的道德活動（如事親、治民、讀書、聽訟）而言，一是就意、念之發動而言。由於「行」之雙重意義，「知行合一」說也有兩層涵義，一般學者在闡釋此說時常忽略這點。《傳習錄》下卷載陽明之言曰：「良知只是個是非之心，是非

46　康德將這種「行動」視為「可以僅藉理性、脫離一切時間條件去認識」的「智思的行動」，甚為不妥；因為無論是意念的抉擇，還是向惡的性癖，均屬於現象界，而不屬於智思界。康德的說法係出於一種概念上的滑轉。關於這點，請參閱拙作：〈康德的「根本惡」說──兼與孟子的性善說相比較〉，收入拙著：《康德倫理學與孟子道德思考之重建》（臺北：中央研究院中國文哲研究所，1994年），頁131-137。

只是個好惡。只好惡就盡了是非，只是非就盡了萬事萬變。」[47]從良知上說是非之心即好惡之心，這是「知行合一」說的第一層涵義，亦是其基本涵義。良知能知是知非，這種「知」並非一般意義的「知識」。一般意義的「知識」可以只是純然的認知，本身不同時為道德行為之動機。良知之「知」則不同；其「知」本身即涵有要求其對象實現的力量，這種力量即表現為好惡之心。此種「好惡」並非一般所理解的感性上的「好惡」，而是「好善惡惡」之「好惡」。故「知是知非」與「好善惡惡」其實是一回事。換言之，良知同時是道德之「判斷原則」與「踐履原則」。在這種意義之下，我們可以說：「知」即是「行」，或者說：「知」與「行」是一事之兩面。其次，就良知之「知」與事親、治民、讀書、聽訟等道德活動之關係而言，這些行為不能脫離良知之明覺感應，而良知本身亦涵有實現這些活動的力量。就此而言，知、行之間是一種先後或內外的關係，在此若要說「知先行後」，亦未嘗不可。這是「知行合一」說的第二層涵義。此處的「合一」只表示一種本質上不可分離的關係。

當康德說：「人意識到：由於他應當這麼做，他就能夠做到。」他同時把握了「知行合一」的這兩層涵義。但是他的倫理學系統不足以支持他的道德洞見。因為在其倫理學系統中，作為道德主體的「意志」雖是道德法則的制定者，但它只是實踐理性，其本身欠缺使道德法則實現的力量，這種力量旁落在感性層面的道德情感。因此，在這種情感與理性二分的義理間架中，「意志」只

47　《王陽明全集》，上冊，卷3，〈語錄三〉，頁126。

是道德之「判斷原則」，而不像孟子的「良知」一樣，同時為其「踐履原則」。這樣一來，康德對於意志自由的肯定勢必要落空[48]。

如果我們不區分「行」的雙重意義與「知行合一」說的兩層意涵，便很難理解陽明關於「知行合一」的說明，譬如，上述有關「知行合一」說的五個命題中，命題（3）、（4）如何與其他的命題相協調？在詮釋上的若干糾葛便由此而產生。陳來先生對「一念發動處，便即是行了」一語的理解即是一例。他說：

> 我們知道，在理學的倫理學中把道德修養分為「為善」和「去惡」兩個方面，從這個角度來看，提出一念發動即是行，對於矯治「一念發動雖是**不善**，然卻未曾行，便不去禁止」有正面的積極作用；然而，如果這個「一念發動」不是惡念，而是善念，能否說「一念發動是善，即是行善」了呢？如果人只停留在意念的善，而並不付諸社會行為，這不正是陽明所要批判的「知而不行」嗎？可見，一念發動即是行，這個說法只體現了知行合一的一個方面，它只適用於「去惡」，並不適用於「為善」，陽明的知行合一思想顯然是不能歸結為「一念發動即是行」的。[49]

陳先生將「一念發動處，便即是行了」這個命題之涵義局限於「去惡」方面，其實是多此一舉。根據這項命題，陽明固然會承認「一

48　關於康德倫理學的難題，參閱本書，頁107-127。
49　陳來：《有無之境》，頁106-107。

念發動是善，便即是行了」，但這是就康德所謂「第一個意義的行動」而言。陳先生擔心這會使人誤以為只要有善念就夠了，不必付諸實際行為，因而會流於「知而不行」。但是我們不要忘記第二節所引的命題：「未有知而不行者；知而不行，只是未知。」如果善念真是發自良知，它自然涵有使自己具現為實際行為的力量，而不會只停留在意、念的層面。如果善念僅是一種主觀的願望，而不同時具有使自己客觀化而成為實際行為的力量，則在陽明看來，此念不可能是純粹發自良知，而必為私欲所隔斷，故非真「行」，而此時之知亦非真「知」。故陽明〈大學問〉云：「意念之發，吾心之良知既知其為善矣，使其不能誠有以好之，而復背而去之，則是以善為惡，而自昧其知善之良知矣。」[50]是故「知而不行」之「行」顯然不是指意、念之發動，而是指具體的道德行為。只要將「行」字的雙重意義疏解清楚，「一念發動處，便即是行了」這個命題自然也適用於「為善」方面。

五、「心即理」、「知行合一」與「致良知」三說的邏輯關聯

以上的討論已清楚地顯示「知行合一」說與「致良知」說之間的理論關聯。據此我們可以了解：陽明所謂「知行的本體」即是良知本體，亦即心體。陽明答徐愛說：「聖人教人知行，正是要復那本體。」此「本體」正是指良知而言，「復那本體」即是

50　《王陽明全集》，中冊，卷26，〈續編一〉，頁1070。

孟子所謂「求其放心」之意，此即涵「致良知」之旨。陽明〈答
顧東橋書〉云：

> 若鄙人所謂「致知格物」者，致吾心之良知於事事物物
> 也。吾心之良知，即所謂天理也。致吾心良知之天理於
> 事事物物，則事事物物皆得其理矣。致吾心之良知者，
> 致知也；事事物物皆得其理者，格物也；是合心與理而
> 為一者也。[51]

這是陽明本人對於「致良知」說最清楚的說明。陽明以「至」訓
「致」[52]，故「致」為「推擴至極」之意。因此，「致良知」即是
將良知自身所涵的天理客觀化於事事物物中。表面看來，「致」
是向前推擴，「復」是向後回返，兩者正好相反。但事實上，良
知之推擴即是其自我實現，這需要衝破私欲之阻隔，使良知自身
之力量充分發揮出來；而除去私欲之阻隔，即可回復良知之本
然。故「致」與「復」其實是同一工夫[53]。

　　由這段引文的最後一句可知：「致良知」說預設「心即理」
說。由此我們可以推斷：「知行合一」說亦必預設「心即理」說。

51　同上書，上冊，卷2，〈語錄二〉，頁51。標點有所調整。

52　〈大學問〉云：「致者，至也，如云『喪致乎哀』之『致』。」（同
　　上書，中冊，卷26，〈續編一〉，頁1070）

53　牟宗三先生也說：「〔……〕『致』字亦含有『復』字義。但『復』
　　必須在『致』中復。復是復其本有，有後返的意思，但後返之復必須
　　在向前推致中見，是積極地動態地復，不只是消極地靜態地復。」（《從
　　陸象山到劉蕺山》〔臺北：臺灣學生書局，1979年〕，頁229〔8:
　　188-189〕）

事實上，陽明在〈答顧東橋書〉中已明白表示此意。他說：

> 夫物理不外於吾心，外吾心而求物理，無物理矣；遺物
> 理而求吾心，吾心又何物邪？心之體，性也，性即理也。
> 故有孝親之心，即有孝之理；無孝親之心，即無孝之理
> 矣。有忠君之心，即有忠之理；無忠君之心，即無忠之
> 理矣。理豈外於吾心邪？晦庵謂：「人之所以為學者，
> 心與理而已。心雖主乎一身，而實管乎天下之理；理雖
> 散在萬事，而實不外乎一人之心。」是其一分一合之間，
> 而未免已啟學者心理為二之弊。此後世所以有「專求本
> 心，遂遺物理」之患，正由不知心即理耳。夫外心以求
> 物理，是以有闇而不達之處，此告子「義外」之說，孟
> 子所以謂之「不知義」也。心，一而已矣。以其全體惻
> 怛而言，謂之仁；以其得宜而言，謂之義；以其條理而
> 言，謂之理。不可外心以求仁，不可外心以求義，獨可
> 外心以求理乎？外心以求理，此知行之所以二也。求理
> 於吾心，此聖門知行合一之教，吾子又何疑乎？[54]

這段話除了指出「知行合一」說與「心即理」說之間的理論關聯
之外，同時也揭示了陽明所以反對朱子「知先行後」說的主要理
由。簡單地說，朱子的義理系統是一個心、性、情三分的系統，
心與情屬氣，性即理。在這個系統中，心並非理之制定者，心之
於理只是一種認知意義的「賅攝」。心若無法憑其「知覺」認識

54　《王陽明全集》，上冊，卷2，〈語錄二〉，頁48。標點有所調整。

理，它便無法依理以御情，使理具現。故在朱子，「知先行後」之說有其理論上的必然性。但心既然屬於氣，它便無法超脫於氣稟之決定，而心能否憑其「知覺」認識理，又取決於氣稟之清濁。這樣一來，心之認識理只是偶然之事，並非心本身所能完全作主，而理之具現亦成了偶然之事。因此，在朱子的義理間架中，「應當涵著能夠」的倫理學原則勢必落空[55]。反之，在「心即理」的義理間架中，仁、義、禮、智之理發自於良知，良知同時是理之「判斷原則」與「踐履原則」，其「知是知非」同時即是「好善惡惡」；良知本身即涵有使仁、義、禮、智之理具現的力量，就此而言，它即是良能。由此可見，「知行合一」說的上述兩層意義只有在「心即理」的義理間架中才有充分的依據。

由以上的討論可知：陽明的「心即理」、「知行合一」、「致良知」三說雖非同時提出，但在理論上卻環環相扣，首尾相連，構成一個統一的整體。然而，陳來先生卻認為：陽明晚年提出「致良知」說時已放棄了「知行合一」說。他說：

> 在致良知的思想中不再有良知（知）與致良知（行）相互包含、相互滲透的意義。在致良知學說中，至少在邏輯上良知是先於致知的，從這個方面說，陽明晚年的致良知思想中已不強調知中有行、行中有知、知即是行、

55　關於朱子心性論所涉及的倫理學難題，參閱拙作〈孟子的四端之心與康德的道德情感〉及〈朱子論惡之根源〉。前者收入本書，頁107-148；後者收入鍾彩鈞編：《國際朱子學會議論文集》（臺北：中央研究院中國文哲研究所，1993年），上冊，頁551-580。

行即是知的思想。[56]

這顯然不合乎事實，因為在陽明晚年所撰的〈答顧東橋書〉中，不但一再提及「知行合一」說（如方才所引的那段話），甚至明白道出「致良知」說與「知行合一」說之間的理論關聯。譬如，他在解釋「學行合一」之旨時便說道：

〔……〕知不行之不可以為學，則知不行之不可以為窮理矣；知不行之不可以為窮理，則知知行之合一並進，而不可以分為兩節事矣。夫萬事萬物之理不外於吾心，而必曰窮天下之理，是殆以吾心之良知為未足，而必外求於天下之廣，以禆補增益之，是猶析心與理而為二也。夫學、問、思、辨、篤行之功，雖其困勉至於人一己百，而擴充至極，至於盡性知天，亦不過致吾心之良知而已。[57]

陽明在此不但肯定「知行合一」說與「致良知」說間的邏輯關聯，亦道出「知行合一」說與「心即理」說間的邏輯關聯。這便直接否定了陳先生的上述說法。

不過，陳先生也注意到：「陽明晚年提出致良知宗旨之後，不僅沒有放棄知行合一的說法，而且常常強調致良知本身就體現了知行合一。」[58]或許是意識到他自己的前後說法有矛盾，陳先

56　陳來：《有無之境》，頁112。
57　《王陽明全集》，上冊，卷2，〈語錄二〉，頁46。標點有所調整。
58　陳來：《有無之境》，頁182。

生又解釋說:「致良知意義上的知行合一與王申答徐愛所說的知
行合一並不完全一致。」[59]根據他的解釋,陽明早期答徐愛時所
說的「知行合一」是本體上的合一,強調「知行本體本來合一」;
但他晚年提出「致良知」說,並且區分「良知」與「致良知」之
後,他轉而強調「知行工夫的合一」,即一方面承認知在邏輯上
先於行,另一方面又提倡「知之必實行之」[60]。但只要我們回顧
上文第四節有關「知行合一」的雙重意義之討論,便知陳先生的
這種區分不能成立。再者,工夫上之合一在邏輯上必須預設本體
上之合一。難道陽明與徐愛討論知行合一時,不涵工夫意義,只
是空談理論?這豈合乎陽明提出「知行合一」說的初衷?更合理
的解釋或許是:陽明晚年將「知行合一」說吸納入「致良知」說
之中,係其原先論點之深化,而非其改變或轉移。總而言之,儘
管陽明的「知行合一」說與「心即理」、「致良知」之說並非同時
提出,但此二說在理論上仍是互涵的。

59　同上註。
60　同上書,頁182-183。

從康德的「道德宗教」論儒家的宗教性

一、重新省思「儒學是否為宗教？」之問題

「儒學是否為宗教？」這個問題一直是中外學術界爭論不休的問題。此一問題之出現，可遠溯至明末清初來華傳教的天主教傳教士之內部爭論。耶穌會士利瑪竇（Matteo Ricci, 1552-1610）基於傳教的策略，試圖將儒學與耶教信仰加以融合；而為了彌合兩者間的距離，他特別強調儒學不是宗教，使儒學不致與耶教教義產生直接的衝突[1]。但利瑪竇的繼任者卻修改他的策略，而引發了教會內部及教廷與清廷之間的「禮儀之爭」。清朝中葉以後，中西文化開始廣泛接觸，「宗教」（religion）一詞亦隨之輸入漢字文化圈，再度引發關於「儒學是否為宗教？」的爭論。根據日本

---

[1] 參閱林金水：〈儒教不是宗教──試論利瑪竇對儒教的看法〉，收入任繼愈編：《儒教問題爭論集》（北京：宗教文化出版社，2000年），頁163-170。

學者鈴木範久的研究，最初以漢語的「宗教」二字來翻譯religion一詞的是日本人，見於1868年美國公使向日本明治政府提交的抗議函之日譯本中[2]；此一用法其後逐漸流行日本，並且為中國的知識界所採納。

　　民初以來，由於受到啟蒙思想及其所隱含的科學主義之影響，中國的知識分子往往將「宗教」與「迷信」相提並論，甚至等同起來。在這種背景之下，學者多半不願將儒學視為一種宗教，而強調它是一種人文主義傳統。唯一的例外或許是試圖立「孔教」為國教的康有為及其追隨者（如陳煥章）。但有趣的是，連康有為最重要的弟子梁啟超都反對將儒學視為宗教，遑論立為國教。1902年初，他在《新民叢報》發表了〈保教非所以尊孔論〉一文，在文中論述「儒學非宗教」之義。他在文中說：

> 西人所謂宗教者，專指迷信宗仰而言，其權力範圍，乃在軀殼界之外，以魂靈為根據，以禮拜為儀式，以脫離塵世為目的，以涅盤天國為究竟，以來世禍福為法門。諸教雖有精粗大小之不同，而其概則一也。故奉其教者，莫要於起信，莫急於伏魔。起信者，禁人之懷疑，窒人思想自由也；伏魔者，持門戶以排外也。故宗教者，非使人進步之具也。[3]

2　參閱鈴木範久：《明治宗教思潮の研究》（東京：東京大學出版會，1979年），頁16。此項資料承蒙德國Bochum大學Hans Martin Krämer教授的指點，特此致謝。

3　《新民叢報》第2號（光緒28年1月15日），頁61；亦見梁啟超：《飲

在當時中國的知識界，梁啟超對於「宗教」的這種看法相當具有代表性。故無論是同情儒家的蔡元培、章太炎，還是主張「打倒孔家店」的陳獨秀，都否定儒學是宗教，而且也堅決反對將「孔教」定為國教[4]。例如，蔡元培曾提出了有名的「以美育代宗教」之主張[5]。其主要論點如下：人類精神的作用主要包含知識、意志、感情三者，最初均由宗教包辦。然隨著社會文化之進步，知識作用逐漸脫離宗教，而讓位於科學。繼而近代學者應用生理學、心理學、社會學來研究道德倫理，使意志作用亦脫離宗教而獨立。於是，與宗教關係最密切者僅剩下情感作用，即所謂「美感」。但美育附麗於宗教，常受宗教之累，而失其陶養之作用，反以刺激情感、禁錮思想為事，故美育宜由宗教獨立出來。

甚至連當代新儒家第一代的代表人物熊十力、梁漱溟與馮友蘭都不將儒學視為一種宗教[6]。舉例而言，熊十力從人類文化發展的角度來理解宗教，並且指出：

冰室文集》（臺北：臺灣中華書局，1970年），9（第2冊），頁52。

4　關於民初中國知識分子對於「宗教」的態度，請參閱苗潤田、陳燕：〈儒學：宗教與非宗教之爭——一個學術史的檢討〉，見任繼愈編：《儒教問題爭論集》，頁439-448。

5　蔡元培先後有〈以美育代宗教說〉（1917年8月）、〈以美育代宗教〉（1930年12月）、〈以美育代宗教——在上海基督教青年會講演詞〉（1930年12月）、〈美育〉（1930年）、〈美育與人生〉（1931年左右）、〈美育代宗教〉（1932年）諸文，均收入《蔡元培文集：美育》（臺北：錦繡出版公司，1995年）。

6　參閱丁為祥：《熊十力學術思想評傳》（北京：北京圖書館出版社，1999年），頁142-146；苗潤田、陳燕：〈儒學：宗教與非宗教之爭——個學術史的檢討〉，見任繼愈編：《儒教問題爭論集》，頁448。

> 人類思想由渾而之畫。宗教在上世，只是哲學科學文學
> 藝術等等底渾合物，後來這些學術發達，各自獨立，宗
> 教完全沒有領域了。如今還有一部分人保存著他底形
> 式，只是迷信神與靈魂，和原人底心理一般，這也無足
> 怪。[7]

這種看法與蔡元培的上述觀點極為類似。熊十力更基於中國文化
的立場而強調：「中國哲學亦可以《莊子》書中『自本自根』四字
概括。因此，中國人用不著宗教。宗教是依他，是向外追求。」[8]
此外，梁漱溟在其《中國文化要義》一書第六章〈以道德代宗教〉
中強調：周公、孔子之後，中國文化便「幾乎沒有宗教底人生」，
因為「周孔教化非宗教」；儒家雖非宗教，但具有與宗教類似的
功能，即「安排倫理名分以組織社會，設禮樂揖讓以涵養理性」，
故是「以道德代宗教」。

　　對於宗教的這種忌諱態度到了當代新儒家的第二代，才由於
時代背景的改變而有根本的轉變。1949年中國大陸易幟之後，唐
君毅、牟宗三、張君勱及徐復觀流寓到臺、港及海外，深切感受
到中國文化「花果飄零」之痛。對他們而言，中國大陸之易幟並
不僅是政權的轉移，而是顧炎武所謂的「亡天下」，這使他們發
心對中國文化進行徹底的反省。在反省的過程中，他們不免要面

7　熊十力：《十力語要》，卷4，見蕭萐父主編：《熊十力全集》（武
　　漢：湖北教育出版社，2001年），第4卷，頁353。
8　熊十力：〈答林同濟〉，《十力語要》，卷3，見蕭萐父主編：《熊
　　十力全集》，第4卷，頁353。

對西方人對於中國文化的誤解或成見。這種成見之一是認為：中
國人只重視現實的倫理道德，而缺乏宗教性的超越感情；中國的
倫理道德思想只涉及規範外在行為的條文，而忽略精神活動的內
在依據。筆者在〈儒家思想中的內在性與超越性〉一文中曾指出：
這種成見可以追溯到黑格爾[9]。1958年元月，他們四人共同發表〈為
中國文化敬告世界人士宣言〉[10]。這篇〈宣言〉共包括十二節，
其中第五節〈中國文化中之倫理道德與宗教精神〉便特別針對這
種成見加以澄清。他們雖然承認：中國文化中並無西方那種制度
化的宗教與獨立的宗教文化傳統；但這並非意謂：中國民族只重
現實的倫理道德，缺乏宗教性的超越感情。在他們看來，這反而
可以證明「中國民族之宗教性的超越感情，及宗教精神，因與其
所重之倫理道德，同來原於一本之文化，而與其倫理道德之精神，
遂合一而不可分」[11]。這段話主要是針對儒家傳統而說，強調儒
家的倫理道德與宗教精神之一體性。由於這篇〈宣言〉實際上是
由唐君毅先生執筆起草，故這段話正好呼應了唐先生在其《心物
與人生》一書中所言：「宗教亦是人文世界之一領域。宗教之為文
化，是整個人生或整個人格與宇宙真宰或真如，發生關係之一種

9　參閱拙著：《當代儒學之自我轉化》（臺北：中央研究院中國文哲
　　研究所，1994年），頁129-130；簡體字版（北京：中國社會科學出
　　版社，2001年），頁118-119。

10　這篇〈宣言〉最初刊載於《民主評論》，第9卷，第1期（1958年1月5
　　日）及《再生》，第1卷，第1期（1958年1月），其後收入《唐君毅
　　全集》（臺北：臺灣學生書局，1991年），卷4，易名為〈中國文化
　　與世界〉。

11　〈中國文化與世界〉（收入《唐君毅全集》，卷4），頁19。

文化，亦即是天人之際之一種文化。」[12] 換言之，在儒家傳統中，宗教與文化（人文）相即而不可分，即文化即宗教。如果說：儒家思想是一種人文主義，這也是一種具有宗教面向的人文主義，它可以通向宗教[13]。這種特色也正是美國學者芬加瑞（Herbert Fingarette）所謂的「即世俗而神聖」（the secular as sacred）[14]。

牟宗三先生即根據此義將儒家視為「人文教」，意謂人文主義與宗教之合一。他撰有〈人文主義與宗教〉一文，闡述此義。他在文中將「人文教」亦稱為「道德宗教」，並且解釋說：

> 凡道德宗教足以為一民族立國之本，必有其兩面：一，足以為日常生活軌道，（所謂道揆法守）。二，足以提撕精神，啟發靈感，此即足以維創造文化之文化生命。[15]

根據這兩項條件，他接著說明：以儒家為代表的「人文教」在何種意義下可以被視為一種「宗教」。他說：

> 人文教之所以為教，落下來為日常生活之軌道，提上去肯定一超越而普遍之道德精神實體。此實體通過祭天祭祖祭聖賢而成為一有宗教意義之「神性之實」，「價值

---

12 唐君毅：《心物與人生》（收入《唐君毅全集》，卷2），頁211。

13 關於「儒教」的這種特色，特別參閱唐君毅：〈儒家之學與教之樹立及宗教紛爭之根絕〉，收入其《中華人文與當今世界》，下冊（《唐君毅全集》，卷8），頁58-94。

14 參閱 Herbert Fingarette: *Confucius — the Secular as Sacred* (New York: Harper Torchbook, 1971)。此書有彭國翔與張華的中譯本：《孔子：即凡而聖》（南京：江蘇人民出版社，2002年）。

15 牟宗三：《生命的學問》（臺北：三民書局，1970年），頁75。

之源」。基督教中之上帝，因耶穌一項而成為一崇拜之
對象，故與人文世界為隔；而人文教中之實體，則因天、
祖、聖賢三項所成之整個系統而成為一有宗教意義之崇
敬對象，故與人文世界不隔：此其所以為人文教也，如
何不可成一高級圓滿之宗教？唯此所謂宗教不是西方
傳統中所意謂之宗教（Religion）而已。[16]

其後，牟先生在《心體與性體》中擴大「道德宗教」之涵義，
以之涵蓋儒、釋、道三教。在此書第一冊第一部〈綜論〉中，他
根據唐君毅先生的說法將中國思想史裡所論之「理」區分為名
理、物理、玄理、空理、性理、事理六種，而將玄理（屬於道家）、
空理（屬於佛家）、性理（屬於儒家）同歸屬於「道德宗教」，並
且說明：「宋、明儒所講者即『性理之學』也。此亦道德亦宗教，
即道德即宗教，道德宗教通而一之者也。」[17]他接著指出：此「性
理之學」即「心性之學」，亦即「內聖之學」，而此「內聖之學」
同時即是「成德之教」。他說：

> 此「內聖之學」亦曰「成德之教」。「成德」之最高目
> 標是聖、是仁者、是大人，而其真實意義則在于個人有
> 限之生命中取得一無限而圓滿之意義。此則即宗教即道

16　同上書，頁76-77。關於儒家的宗教性，特別參閱牟宗三：《中國哲
　　學的特質》（臺北：臺灣學生書局，1990年；收入《牟宗三先生全集》，
　　第28冊），第12章，〈作為宗教的儒教〉。

17　牟宗三：《心體與性體》，第1冊（臺北：正中書局，1973年），頁4
　　〔5：6〕。〔　〕中為《牟宗三先生全集》（臺北：聯經出版公司，2003
　　年）之冊數與頁碼。

德，而為人類建立一「道德的宗教」也。此則既與佛教
之以捨離為中心的滅度宗教不同，亦與基督教之以神為
中心的救贖宗教不同。[18]

　　牟先生對於「人文教」或「道德宗教」的看法，基本上與唐
先生對於儒家的看法並無二致。他們都承認：在儒家思想中，道
德與宗教之間存在一種「即內在即超越，亦內在亦超越」的關係[19]。
但是當時共同簽署《宣言》的徐復觀先生其實有不盡相同的看
法。1980年8月，徐先生接受林鎮國等三人的訪問時，作了如下
的告白：

　　這篇宣言是由唐先生起稿，寄給張、牟兩位先生。他們
　　兩人並沒表示其他意見，就簽署了。寄給我時，我作了
　　兩點修正：
　　（1）關於政治方面。我認為要將中國文化精神中可以
　　與民主政治相通的疏導出來，推動中國的民主政治。這
　　一點唐先生講得不夠，所以我就改了一部分。
　　（2）由於唐先生的宗教意識很濃厚，所以在「宣言」
　　中也就強調了中國文化中的宗教意義。我則認為中國文
　　化原亦有宗教性，也不反對宗教；然從春秋時代起就逐
　　漸從宗教中脫出，在人的生命中紮根，不必回頭走。便

18　同上書，頁6〔5：8〕。
19　牟先生論儒家所肯定的普遍的道德實體時說道：「此普遍的道德實
　　體，吾人不說為『出世間法』，而只說為超越實體。然亦超越亦內在，
　　並不隔離，亦內在亦外在，亦並不隔離。」（《生命的學問》，頁74）

把唐先生這部分也改了。

改了之後，寄還給唐先生，唐先生接納了我的第一項意見，第二項則未接受。這倒無所謂。就這樣發表了。[20]

以上的告白涉及當代新儒家內部對於儒家天道的不同理解，這種不同的理解極為微妙，以致過去常為研究者所忽略。若說唐、牟二人在「即人文即宗教」的思維形態中見到儒學的本質，那麼徐先生便是在由宗教意識到人文意識的轉化中窺得儒學發展的基本方向。根據徐先生在其《中國人性論史·先秦篇》一書中的描述，儒家傳統由西周初年到西漢初年的發展是一個由殷商原始宗教經由「憂患意識」之催化而逐漸理性化、人文化的過程。他將這個過程概述如下：

> 先秦儒家思想，是由古代的原始宗教，逐步脫化、落實，而成為以人的道德理性為中心，所發展，所建立起來的。從神意性質的天命，脫化而為春秋時代的道德法則性質的天命；從外在地道德法則性質的天命，落實而為孔子的內在於生命之中，成為人生命本質的性；從作為生命本質的性，落實而為孟子的在人生命之內，為人的生命作主，並由每一個人當下可以把握得到的心。心有德性與知性的兩面。德性乃人的道德主體；孟子在這一方面顯發得特為著明。知性是人的知識主體；這一方

---

20 林鎮國等：〈擎起這把香火——當代思想的俯視〉，見《徐復觀雜文·續集》（臺北：時報文化出版公司，1981年），頁408。

面，由荀子顯發得相當的清楚。所以先秦儒家的人性
論，到了孟荀而已大體分別發展成熟；由〈大學〉一篇
而得到了一個**富有深度的綜合**。也可以說是**先秦儒家人
性論的完成**。[21]

對唐、牟二人而言，宗教與人文、超越與內在，在儒家思想
之中，是一體之兩面，彼此相即而不可分，然亦具有永恆的張力。
但對徐先生而言，儒學的本質顯然是落在人文與內在的一面。他
固然不否認儒學原先具有宗教性，但此宗教性在歷史發展的過程
中卻逐步為人文精神所轉化，乃至取代。簡言之，對唐、牟二人
而言，宗教與人文、超越與內在之間的張力構成儒學的本質；但
徐先生卻僅賦予儒家的宗教性一種階段性的歷史意義，而非其本
質要素。換言之，對徐先生而言，儒學是不折不扣的人文主義；
至於其宗教性，僅是歷史的殘餘而已。他在其〈有關中國思想史
中一個基題的考察——釋論語「五十而知天命」〉一文中便從這個
觀點去詮釋孔子自述「五十而知天命」（《論語・為政篇》）之語：

> 〔……〕知天命乃是將外在的他律性的道德，生根於經
> 驗中的道德，由不斷的努力而將其內在化，自律化，以
> 使其生根於超經驗之上。借用康德的語氣，這是哥白尼
> 的大迴轉，由外向內的大迴轉。[22]

21　徐復觀：《中國人性論史・先秦篇》（臺北：臺灣商務印書館，1969
　　年），頁263。

22　徐復觀：《中國思想史論集續編》（臺北：時報文化出版公司，1982

他進而根據這個觀點去理解儒家所盛言的「天人合一」（此詞首先出現於張載《正蒙・乾稱篇》）：

> 人在反躬實踐的過程中，便必然由宗教之心，顯出其超經驗的特性；而超經驗的特性，依然是由經驗之心所認取，以主宰於經驗之心，於是乃真有所謂天人合一。故如實而論，所謂天人合一，只是心的二重性格之合一。除此而外，決無所謂天人合一。[23]

對唐、牟二人而言，儒家所言的「天人合一」意謂宗教與人文之相即而不可分；但徐先生卻將此「天」字僅理解為「超經驗」之義（如康德將道德法則視為超經驗的），而完全抖落了其宗教意義。故徐先生在文中對朱熹、張橫渠與熊十力的宇宙論頗有微辭，視之為「思想史中的夾纏」[24]。正是在這一點上，徐先生對上述〈宣言〉的內容有所保留。無怪乎他後來會撰寫〈向孔子的思想性格回歸——為紀念民國六十八年孔子誕辰而作〉一文，批評熊十力、唐君毅二人從形上學的觀點來詮釋中國文化，認為他們「把中國文化發展的方向弄顛倒了」[25]。

在前引的〈有關中國思想史中一個基題的考察——釋論語「五十而知天命」〉一文中，徐先生除了將孔子的天命觀所包含之思想轉向比擬為康德所說的「哥白尼式轉向」[26]之外，還引述

年），頁387。
23　同上書，頁393。
24　參閱同上書，頁390-393。
25　同上書，頁433。
26　Immanuel Kant: *Kritik der reinen Vernunft* (以下簡稱 *KrV*), hrsg. von

了康德在《實踐理性批判》一書的〈結語〉中的著名譬喻,來說明他自已的觀點:

> 康德在他實踐理性批導的結論中,將星辰綮列的天空,與法度森嚴的道德律相並列而加以讚嘆。若是我們將康德此處所讚歎的天空,與他創造星雲說時所說的天空,同一看待,那未兔太幼稚了。這種由主觀所轉出的客觀,由自律性所轉出的他律性,與僅從經驗中歸納出來的客觀性和他律性有不同的性格,而對人的精神向上,有無限的推動提撕的力量。[27]

有趣的是,牟先生在其〈人文主義與宗教〉一文中也表示:「〔……〕西方哲學上之唯心論足以說明並肯定道德宗教。凡想積極說明並肯定道德宗教者,總于哲學上採取唯心論之立場。」[28] 牟先生此處所說的「唯心論」顯然包括康德哲學在內,甚至可能主要是就康德哲學而言,因為康德本人確有「道德宗教」之說。由上文的討論可知:儘管唐、牟、徐三人對儒家與宗教的關係之理解有微妙的不同,但他們都引康德為同調。在這個背景之下,進一步探討康德的「道德宗教」之說,或許有助於我們釐清有關儒家與宗教的爭論。

Raymund Schmidt (Hamburg: Felix Meiner, 1976), B XVI (A = 1781年第1版,B = 1787年第2版)

27　徐復觀:《中國思想史論集續編》,頁389。

28　牟宗三:《生命的學問》,頁73。

二、康德論「道德宗教」

　　康德以「啟蒙」之子自居，他在〈答「何謂啟蒙？」之問題〉一文中便表示：「如果現在有人問道：我們目前是否生活在一個已啟蒙的時代？其答案為：不然！但我們生活在一個啟蒙底時代。」[29] 對他而言，在啟蒙的時代，最重要的工作是宗教之啟蒙。所以他說：

> 我把啟蒙（人類之超脫於他們自己招致的未成年狀態）
> 底要點主要放在**宗教事務**上。因為對於藝術和科學，我
> 們的統治者並無興趣扮演其臣民的監護者；此外，在宗
> 教上的未成年狀態也是所有未成年狀態中最有害且最
> 可恥的。[30]

因此，康德是從啟蒙的觀點來理解「宗教」，其宗教觀自然具有明顯的啟蒙色彩。

　　康德最主要的宗教哲學著作是1793年出版的《單在理性界限內的宗教》（ *Die Religion innnerhalb der Grenzen der bloßen Vernunft* ）一書，這個標題即扼要地道出了其宗教觀的啟蒙色彩。

29　Immanuel Kant: "Beantwortung der Frage: Was ist Aufklärung?", in: *Kants Gesammelte Schriften* (Akademieausgabe, 以下簡稱 *KGS*), Bd. 8, S. 40；李明輝譯註：《康德歷史哲學論文集》（臺北：聯經出版公司，2002年），頁33。

30　Kant: "Beantwortung der Frage: Was ist Aufklärung?", *KGS*, Bd. 8, S. 41；李明輝譯註：《康德歷史哲學論文集》，頁34。

簡言之，他所認可的「宗教」是建立在理性——更嚴格地說，實踐理性——的基礎上；或者換個方式說，它是建立在「理性信仰」（Vernunftglaube）或「道德信仰」（moralischer Galube）的基礎上。康德將這種宗教稱為「道德宗教」（moralische Religion）。進而言之，由於人的理性具有普遍的效力，那麼建立在理性的基礎上之宗教也應當是普遍的。因此，康德認為：「宗教」一詞應當是單數，因為真正的宗教只有一種。他在《論永久和平》中談到「宗教之不同」時，加上了一個註腳：

> **宗教之不同**：一個奇特的說法！就好像人們也談到不同的道德一樣。固然可能有不同的**信仰方式**（它們是歷史的手段，不屬於宗教，而屬於為促進宗教而使用的手段之歷史，因而屬於「學識」底範圍），而且也可能有不同的**宗教經典**（阿維斯塔經、吠陀經、可蘭經等）。但是只有一種對所有人、在所有時代均有效的**宗教**。因此，信仰方式可能僅包含宗教底資具，而這種資具可能是偶然的，並且依時代與地點之不同而轉移。[31]

康德在其《純粹理性批判》一書中對西方傳統的形上學進行全面的批判。他在此書的〈先驗辯證論〉中不但反駁西方傳統形上學關於「靈魂不滅」的論證，也反駁其上帝論證。西方傳統的「理性心理學」（作為形上學的一支）肯定心靈（或靈魂）的實

體性（Substantialität）、單純性（Simplizität）、人格性（Personalität）與觀念性（Idealität）；而由「單純性」又衍生出「常住性」（Beharrlichkeit）或「不朽」（Inkorruptibilität/Unsterblichkeit）的概念。康德指出：這一切主張共同建立在一種「言語形式之詭辯」（sophisma figurae dictionis）（B 411）──或者說，「誤推」（Paralogismus）──之上，亦即將「實體」範疇誤用於作為一切思考之形式條件的「我思」，使之成為有具體知識內容的主體。這種推論是不合法的，因為「我思」只是我們的一切思考（因而知識）之形式條件，本身不包含任何知識內容；知識內容必須藉由直觀而被給與。因此，康德在對西方傳統的「理性心理學」之全面批判中，也否定了「靈魂不滅」的命題。

其次，康德分析西方傳統形上學的「上帝」概念。他指出：作為一個「最實在的存有者」（ens realissimum）之理念，這個概念是一個「先驗的理想」（transzendentales Ideal）（A 576/B 604）。作為一切概念決定（Begriffsbestimmung）之形式條件，這個理念固然是理性本身必然要求的，但它既無法提供知識內容，亦無法成為知識的對象。然而，當理性將它先是「實在化」，繼而「實體化」，最後「人格化」時，便產生了幻相。他分別批判西方傳統形上學所提出的三種上帝論證（存有論論證、宇宙論論證、目的論論證），以顯示：我們憑藉思辨理性，既無法肯定、亦無法否定上帝之存在。在康德看來，這些上帝論證都是建立在上述的幻相之上。康德承認：在目的論的觀點之下，「上帝」概念可以作為一個「規制原則」（regulatives Prinzip）而保有其意義，即在運用理性時要求萬物之合目的性的統一（A 686ff./B 714）。這個

意義的「上帝」概念——康德將它等同於「神意」（Vorsehung）的概念——後來在其《判斷力批判》及有關歷史哲學的論文中佔有一個重要的地位。但如果我們將這種「上帝」概念當作一個「構造原則」（konstitutives Prinzip），而試圖將我們的知識擴展到經驗範圍之外時，我們的理性便誤入了歧途。無論如何，我們無法從知識的觀點去證明上帝的存在。

　　當康德在《純粹理性批判》中否定了藉由思辨理性去論證上帝存在的可能性之際，他也提出了一種「道德神學」（Moraltheologie），亦即「一種對於一個最高存有者的信仰，而此種信仰係建立在道德法則之上」（A 632/B 660, Anm.）。在此書的〈先驗方法論〉中有一節題為〈論作為純粹理性底最後目的之一個決定根據的最高善底理想〉，康德在此提出了「道德神學」的構想。他將人類理性的興趣（Interesse）歸納為三個問題：我能夠知道什麼？我應當做什麼？我可以期望什麼？第一個問題是純然思辨性的，涉及知識；第二個問題是純然實踐性的，涉及道德；第三個問題既是理論性的，又是實踐性的，涉及宗教（A 804ff./B 832ff.）。「道德神學」的構想便是從第三個問題出發。依康德之見，我們的理性在其理論性運用方面必然假定：每個人依其行為之道德性，有理由期望同等程度的幸福；故道德的系統與幸福的系統會在純粹理性之理念中結合起來（A 809/B 837）。這個理念康德稱為「道德世界」（moralische Welt）（A 808/B 836），是「衍生的最高善」，因為道德與幸福在其中的結合必須以「原始的最高善」——即上帝——為基礎（A 810/B 838）。再者，這個「道德世界」並不存在於感性世界之中，而存在於「智思世界」（intelligible Welt）

之中，故對我們而言，是一個來世（A 811/B 839）。因此，上帝
與來世是兩項必要的預設，根據純粹理性的原則，它們與純粹理
性加諸我們的責任無法分開（同上）。康德在此也將我們對於上
帝與來世的信仰稱為「道德信仰」（A 828/ B 856）。

　　接著，康德在他發表於1786年的〈何謂「在思想中定向」？〉
（"Was heißt: Sich im Denken orientieren?"）一文中進一步說明這
種「道德信仰」——在此文中，他稱之為「理性信仰」——的性
質。「定向」（sich orientieren）一詞的原義是對地理方位（東西南
北）的辨識（地理上的定向）。康德指出：要辨識地理方位，需
要在我們自己的主體中有一種分辨左右手的「感受」（Gefühl）[32]。
它之所以稱為「感受」，是因為在我們的外在直觀中，左右兩邊
並無明顯的區別，此種區別純然是主觀的[33]。同樣地，當我們要
在一個特定的空間（例如，於黑暗中在一個我們所熟悉的房間裡）
辨識我們所處的位置（數學上的定向）時，我們也需要一種主觀
的「感受」，以分辨左右[34]。最後，他才談到「在思想中定向」（邏
輯上的定向）。他寫道：

　　　我們能依類比輕易地猜到：這將是純粹理性底一項工
　　　作，即是當純粹理性從已知的（經驗）對象出發，想要
　　　擴展到經驗底一切界限之外，並且完全無直觀底對象，
　　　而是僅有直觀底空間之際，引導它自己的運用之工作。

32　"Was heißt: Sich im Denken orientieren?", *KGS*, Bd. 8, S. 134.
33　同上註，S. 134f.
34　同上註，S. 135.

> 在這種情況下，它不再有辦法根據知識底客觀根據，而
> 是僅根據一種主觀的分辨底根據，在它自己的判斷能力
> 之決定中將其判斷納入一項特定的格律之下。在這種情
> 況下還剩下來的主觀工具不外是理性特有的**需求**之感
> 覺。[35]

簡言之，所謂「在思想中定向」即是純粹理性在超經驗的領域中
的定向。在這個領域中，理性並無任何直觀的對象可為憑依，故
欠缺知識的一切客觀根據，此時理性之主觀「需求」（Bedürfnis）
便有發揮的餘地。

康德分別就理性之理論性運用與實踐性運用兩方面來說明
這種主觀需求的意義。就理性之理論性運用而言，我們僅能從知
識的觀點，證明「上帝」的概念一方面與經驗不相牴牾，另一方
面其本身不包含矛盾；簡言之，它在邏輯上是可能的。然而，我
們卻無法論斷其實在性。此時，理性之主觀需求卻使我們有理由
假設其實在性，而視之為理論上必然的對象。康德將這個假設稱
為「純粹的理性假設」（reine Vernunfthypothese），亦即「一種意
見，它基於主觀的理由，足以確認」[36]。但是康德指出：理性在
這方面的需求僅是有條件的，因為唯有當我們想要對一切偶然事
物之最初原因加以判斷時，我們才有必要假定上帝之存在；反
之，理性在其實踐性運用中的需求卻是無條件的，因為「我們之
所以不得不預設上帝之存在，並不僅是由於我們想要判斷，而是

35　同上註，S. 136.
36　同上註，S. 141.

由於我們必須判斷」[37]。康德繼續解釋說：理性之純粹實踐性的
運用在於道德法則之規定，而一切道德法則都會導向「最高善」
的理念，即道德與幸福之成比例的合一：但這只是「依待的最高
善」，理性為此進一步要求假定一個「最高的智性體」（上帝）作
為「無待的最高善」[38]。康德將這種假定稱為「理性信仰」[39]或
「理性底設準」（Postulat der Vernunft）。

　　康德後來（1788年）在《實踐理性批判》一書中從實踐的觀
點為上帝之存在與靈魂之不朽提出完整的論證，視之為「純粹實
踐理性之設準」；但此書中的主要論點幾乎都已包含於《純粹理
性批判》與〈何謂「在思想中定向」？〉之中。相關的討論見於
《實踐理性批判》一書的〈純粹實踐理性之辯證論〉中。康德的
論證由「最高善」的概念出發，而此概念意謂德行與幸福之成比
例的結合。他認為：這種結合只能由德行導出幸福，而不能反過
來，由幸福導出德行，因為前者才符合「自律」（Autonomie）之
義，後者只會形成「他律」（Heteronomie）。他接著說：

> 如今既然促進最高善（它在其概念中包含這種聯結）是
> 我們的意志底一個先天必然的對象，而且與道德法則相
> 聯繫而不可分，則前者之不可能也證明後者之虛假。因
> 此，如果根據實踐的規則，最高善是不可能的，則道德
> 法則（它要求去促進最高善）必然也是虛幻的且著眼於

37　同上註，S. 139.
38　同上註。
39　同上註，S. 140.

空洞的想像的目的，因而本身是虛假的。[40]

對康德而言，「道德法則彷彿作為純粹理性底一項事實而被提供出來」，而且這項事實「為我們先天地所意識到，並且是確然可靠的」[41]。康德在〈論俗語所謂：這在理論上可能是正確的，但不適於實踐〉一文中強調：「人意識到：由於他應當這麼做，他就能夠做到。」[42]換言之，我們的道德法則不可能要求我們去做超乎我們能力的事。因此，如果道德法則是一項「純粹理性底事實」，則它所要求的「最高善」亦不可能是虛妄的。但在現實世界中，我們人類的意志不可能完全符合於道德法則，而有德者也未必有福，這便使我們不得不「設定」（postulieren）靈魂在來世的繼續存在，使德行與幸福有可能在來世達成一致，因而「最高善」的要求不致落空。這便是「靈魂不滅」的設準。而為了要保證德行與幸福之一致，我們又必須「設定」一個全知全能的智性體——即上帝——之存在。這就是「上帝存在」的設準。

康德在《實踐理性批判》中將「靈魂不滅」、「上帝存在」與「意志自由」並列為純粹實踐理性的三個「設準」。所謂「設準」，他解釋說：

> 這些設準並非理論性的教條，而是在必然的實踐方面之**預設**。因此，它們固然並不擴展思辨性的知識，但是卻為思辨理性底理念**一般性**地（藉由這些理念與實踐性事

40　Kant: *Kritik der praktischen Vernunft, KGS*, Bd. 5, S. 114.

41　同上註，S. 47.

42　*KGS*, Bd. 8, S. 287；李明輝譯註：《康德歷史哲學論文集》，頁111。

物之關係）提供客觀實在性，並且使思辨理性有權擁有
一些概念，而在其他情況下，思辨理性甚至僅是妄議這
些概念底可能性都不成。[43]

簡言之，我們藉由思辨理性無法肯定上述理念的實在性，如今卻
因它們與道德法則（作為「純粹理性底事實」）之關聯，其實在
性得到某種肯定。這種肯定並非知識意義的肯定，但卻包含某種
確然性，故康德以「設準」一詞來表示。這種「設準」即是康德
在〈何謂「在思想中定向」？〉中所謂的「理性信仰」。

　德國詩人海涅（Heinrich Heine, 1797-1856）在《論德國宗教
和哲學的歷史》（*Zur Geschichte der Religion und Philosophie in
Deutschland*）一書中以詼諧的語氣調侃康德，說他在《純粹理性
批判》中殺死上帝之後，由於憐憫其老僕人蘭培（Lampe）的心
理不安，便在《實踐粹理性批判》中讓上帝復活了[44]。這段調侃

43　Kant: *Kritik der praktischen Vernunft, KGS*, Bd. 5, S. 132.

44　書中寫道：「〔……〕到這裡為止康德扮演了一個鐵面無私的哲學家，
　　他襲擊了天國，殺死了天國全體守備部隊，這個世界的最高主宰未經
　　證明便倒在血泊中了，現在再也無所謂大慈大悲了，無所謂天父的恩
　　典了，無所謂今生受苦來世善報了，靈魂不死已經到了彌留的瞬間
　　──發出陣陣的喘息和呻吟──而老蘭培作為一個悲傷的旁觀者，腋
　　下挾著他的那把傘站在一旁，滿臉淌著不安的汗水和眼淚。於是康德
　　就憐憫起來，並表示，他不僅是一個偉大的哲學家，而且也是一個善
　　良的人，於是，他考慮了一番之後，就一半善意、一半詼諧地說：『老
　　蘭培一定要有一個上帝，否則這個可憐的人就不能幸福──但人生在
　　世界上應當享有幸福──實踐的理性這樣說──我倒沒有關係──
　　那麼實踐的理性也不妨保證上帝的存在。』於是，康德就根據這些推
　　論，在理論的理性和實踐的理性之間作了區分並用實踐的理性，就像

的話常被人當成事實,而引起誤解。連牟先生在其《圓善論》中
也受到誤導,而說:「據說康德本想去掉這個人格神之上帝,只
因可憐他的僕人之不安,遂終于又把祂肯定了。由此可見這信仰
是情識決定,非理性決定。」[45]其實,這段話之可靠性已為上文
所提到的事實所否定,此即:康德在《實踐理性批判》中對於上
帝存在與靈魂不朽的道德論證之基本論點幾乎都已包含於《純粹
理性批判》與〈何謂「在思想中定向」?〉之中。不僅如此,這
些論點甚至可追溯到其前批判期的著作《通靈者之夢》(1766年
出版)。在此書的〈結論〉中,康德寫道:

> 難道只因為有個來世,「有德」才是善的嗎?還是毋寧
> 因為行為本身是善而有德的,它們才在將來得到報償
> 呢?人心豈非包含直接的道德規範,而我們為了使人在
> 此世按照其本分而活動,必須在另一個世界發動機關
> 嗎?有一種人只要不受到未來的懲罰所威脅,便寧願屈
> 從他所嗜好的罪惡;這種人可算是正直嗎?可算是有德
> 嗎?我們豈非更應說:他雖然不敢作惡,但其心靈卻懷
> 有邪惡的存心;而他喜好類乎德行的行為之好處,但卻
> 憎惡德行本身?而且事實上經驗也證明:極多被教以來

用一根魔杖一般使得那個被理論的理性殺死了的自然神論的屍體復
活了。」譯文採自海涅著、海安譯:《論德國宗教和哲學的歷史》(北
京:商務印書館,2000年),頁112-113;原文見 *Heines Werke* (Berlin/
Weimar: Aufbau-Verlag, 1978), Bd. 4, S. 110.

45 牟宗三:《圓善論》(臺北:臺灣學生書局,1985年),頁254〔22:
    248〕。

世且相信來世的人卻耽於罪惡和卑劣，只知盤算以奸詐
方式規避未來的威脅性報應的手段。但是從來沒有一個
正直的人能夠忍受「一切事物均隨著死亡而終結」這個
想法，且其高貴的存心不奮而期望於未來。因此，將對
於來世的期待建立在一個善良的人底感覺上，似乎比反
過來將其良好品行建立在對於另一個世界的期望上，更
合乎人性和道德底純粹性。**道德的信仰**也是如此；其純
真可免除一些詭辯底煩瑣辨析，並且只有這種信仰適合
於在所有狀態中的人，因為它把人直接引到其真正目的
上。[46]

由上下文可以推斷：這裡所說的「道德的信仰」僅是指對於上帝
存在的信仰。故這段話顯然包含了康德在《實踐理性批判》中對
於上帝存在與靈魂不朽的道德論證[47]，也包含了他在〈何謂「在
思想中定向」？〉所提到的「理性底需求」。

　　以上討論的著作雖然為康德的宗教哲學定下了基調，但它們
並非專門討論宗教哲學的著作。為了完整地了解康德的宗教哲
學，我們有必要進一步討論其唯一專論宗教哲學的著作《單在理
性界限內的宗教》。此書基本上是在上述著作的基礎上進一步討
論與宗教相關的議題，不過它從一項新議題——「根本惡」（das

46　Kant: *Träume eines Geistersehers, erläutert durch Träume der Metaphysik*,
　　KGS, Bd. 2, S. 372f.；康德著、李明輝譯：《通靈者之夢》（臺北：聯
　　經出版公司，1989年），頁77。

47　參閱拙作：〈康德的《通靈者之夢》在其早期哲學發展中的意義與地
　　位〉，收入康德著、李明輝譯：《通靈者之夢》，頁35-40。

radikale Böse）──出發。康德反對耶教傳統的「原罪說」[48]，而代之以「根本惡」之說。所謂「根本惡」，是指「趨向於道德之惡的性癖」。康德解釋道：

> 既然這種「惡」〔道德之惡〕只有作為自由意念底決定，才是可能的，但自由意念只能透過其格律而被判定為善或惡，故這種「惡」必須存在於「格律違背道德法則」的可能性之主觀根據中。再者，如果這種性癖可被假定為普遍地屬於人（因而屬於其種屬底性格），就被稱為人類向惡的一種**自然的**性癖。[49]

康德的「根本惡」說極為複雜而精微，無法僅用三言兩語說清楚。拙作〈康德的「根本惡」說──兼與孟子的性善說相比較〉曾對這套理論作了詳細的分析，讀者可參閱[50]。在此我們只消指出：一、「根本惡」是一種「道德之惡」，它是人的自由意志之產物，所以人必須為此負責；二、「根本惡」是人違背道德法則的可能性之主觀根據，就它共同屬於人類而言，可視為人性的一部分。但我們不能據此而將康德視為性惡論者。因為既然「根本惡」

48　康德說：「不論道德之惡在人內部的根源是什麼情況，在一切關於『道德之惡在所有繁衍中通過我們的種屬底所有成員而散播並延續』之想法當中，最不恰當的想法是將這種『惡』設想為通過遺傳而從始祖傳到我們。」見Kant: *Die Religion innnerhalb der Grenzen der bloßen Vernunft* (以下簡稱 *Rel.*), *KGS*, Bd. 6, S. 40.

49　同上書，S. 29.

50　收入拙著：《康德倫理學與孟子道德思考之重建》（臺北：中央研究院中國文哲研究所，1994年），頁117-146。

是人的自由意志之產物，它就不是人的本然狀態，正如康德在〈人類史之臆測的起源〉一文所說：「自然底歷史由『善』開始，因為它是上帝底創作；自由底歷史由『惡』開始，因為它是人類底創作。」[51]其次，康德也承認有三種「在人性中向善的原始稟賦」，此即「關於人（作為一個有生命的存有者）底動物性的稟賦」、「關於人（作為一個有生命且同時有理性的存有者）底人情性（Menschheit）的稟賦」，以及「關於人（作為一個有理性且同時能負責的存有者）底人格性的稟賦」[52]，而且他相信：

〔……〕在我們內部回復向善的原始稟賦，並非取得一個**已失去的**向善的動機。因為我們決無法失去這個存在於對道德法則的敬畏中的動機，而且如果此事有可能的話，我們也決不會重獲這個動機。[53]

現在的問題是：人如何在墮落之後改過遷善呢？上述三種「在人性中向善的原始稟賦」是否能提供充分的力量，使人改過遷善呢？康德一方面承認：「在意念採取格律時違反原始的道德稟賦」之「性癖」——亦即，「根本惡」——是「無法根除的」，故我們必須不斷地對抗這種性癖[54]。但在另一方面，他又表示：

如今既然這只是導致一種由「壞」到「較佳」之無止盡

51　Kant: "Mutmaßlicher Anfang der Menschengeschichte", *KGS*, Bd. 8, S. 115；李明輝譯註：《康德歷史哲學論文集》，頁82。

52　*Rel.*, *KGS*, Bd. 6, S. 26.

53　同上註，S. 46.

54　同上註，S. 51.

的進展，其結果便是：惡人底存心之轉變為一個善人底
存心，必然在於他根據道德法則採納一切格律時最高的
內在根據之改變——只要這個新的根據（新的心）本身
如今是不變的。然而，人固然無法自然地達到這種確
信，無論是通過直接的意識，還是藉由他迄今所過的生
活之證明；因為內心之深處（其格律之主觀的最初根據）
對他自己來說，是不可究詰的。但是他必定能夠**期望**藉
由使用**自己的**力量而走上通往此處，且由一種業已根本
改善的存心指示於他的道路；因為他應當成為一個善
人，但只能根據可以被算作他自己所做的事而被判定為
道德上善的。[55]

一方面，康德對於人心之幽微有很深刻的警覺，認為我們無法在
自省中完全肯定自己無一念之私：但在另一方面，他又相信我們
憑自己的力量改過遷善的可能性。故他說：「如果道德法則要求：
我們現在應當是更好的人，其必然的結論是：我們必定也能夠如
此。」[56]

　　這就牽涉到康德如何看待道德與宗教之關係。他一方面說：
「道德為了自身之故（無論在客觀方面就「意欲」而言，還是在
主觀方面就「能夠」而言），決不需要宗教，而是由於純粹實踐
理性，它是自足的。」[57] 在另一方面，他又說：「道德必然通向

55　同上註。
56　同上註，S. 50.
57　同上註，S. 3.

宗教。藉此，道德擴展到一個在人之外掌權的道德立法者之理念；在這個道德立法者底意志中，（創世底）終極目的就是能夠且應當也是人底終極目的的東西。」[58] 這裡所說的「道德立法者」顯然是指上帝。他在這裡所談的「宗教」亦未超出「理性信仰」或「道德信仰」的範圍。

在這個脈絡下，他提出了「道德宗教」的概念。他寫道：

〔……〕我們可以將所有宗教區分為**邀恩底**（純然禮拜底）**宗教**與**道德的宗教**，亦即**良好品行**底宗教。就前者而言，人或者自許上帝能（藉由赦免其咎責）使他永遠幸福，而他卻不必**成為一個更好的人**，或者，如果這對他似乎是不可能的，則甚至自許上帝能**使他成為更好的人**，而他自己除了為此而**祈求**之外，不必再做任何事。既然對一個無所不知的存有者而言，祈求不過是**願望**而已，則祈求根本等於什麼都沒有做；因為如果單憑願望就能做到這點的話，那麼每個人都會是好人。但是就道德的宗教（在所有存在過的公開的宗教中，唯有耶教屬於此類）而言，有一項原則是：每個人得盡其一切力量，以成為一個更好的人；唯有他為了成為一個更好的人，而發揮了其天賦（〈路加福音〉第19章第12-16節），運用了其向善的原始稟賦之後，他才能期望其能力不及之處會由更高的協助得到彌補。人甚至完全沒有必要知

58　同上註，S. 6.

道：這種協助存在於何處；或許根本無法避免的是：如
果這種協助發生的方式在某一時刻被啟示出來，則不同
的人在另一時刻會對此形成不同的概念，而且是完全出
於真誠。但這樣一來，以下的原則也能成立：「對每個
人而言，知道上帝為其至福做什麼或做了什麼，並非重
要的，且因此不是必要的」；反倒是他應當知道：為了
要配得這種援助，**他自己做了什麼**。[59]

對康德而言，「道德宗教」才是真正的宗教，而來自超自然力量（如
上帝）的協助由於超出了理性之界限，並不屬於道德宗教的本質
因素。憑藉上帝之協助而成為善人或得到至福，康德稱為「恩寵
底作用」（Gnadenwirkung）。他將「恩寵底作用」與「奇蹟」（Wun-
der）、「祕密」（Geheimnis）、「得到恩寵的手段」（Gnadenmittel）
並列為「理性界限內的宗教之補遺（Parerga）」[60]。所謂「奇蹟」，
是指「世界中的事件，其原因底作用法則我們絕對不知道，而且
必定始終不知道」[61]。「祕密」是指那種「雖能為每個個人所知，
但卻無法為公眾所知，亦即無法普遍傳達的神聖之事」[62]，如召
喚、救贖、揀選等。「得到恩寵的手段」則是指為獲得上帝的特
別協助而採取的手段，如祈禱、上教堂、洗禮、領聖餐等。

　　在耶教歷史的發展過程中，這四種「補遺」無疑均發揮過一

59　同上註，S. 51f.
60　同上註，S. 52.
61　同上註，S. 86.
62　同上註，S. 137.

定的功能，但是在康德看來，它們屬於「歷史的信仰」（historischer Glaube）或「教會底信仰」（Kirchenglaube），而非「純粹的理性信仰」[63]。在這個脈絡下，康德談到了「教會」，亦即「在上帝的道德立法之下的倫理共同體」[64]。他將教會區分為「無形的教會」與「有形的教會」[65]。簡言之，「有形的教會」是在歷史上現實存在的教會，帶有歷史的偶然性。但真正的教會是「無形的教會」，它是「有形的教會」之理想與原型。「無形的教會」具有以下四項特徵：

一、它是普遍的、因而唯一的教會；

二、它是純粹的，換言之，除了道德的動機之外，它不服從任何其他的動機；

三、其成員內部的關係及它與政治權力的外在關係都符合自由原則；

四、其憲章是不變的。[66]

　　總而言之，「無形的教會」是以「純粹的理性信仰」為基礎，故康德說：「唯有完全建立在理性底基礎之上的純粹宗教信仰才能被視為必然的，因而被視為唯一標識真正教會的信仰。」[67] 在這種意義之下，「有形的教會」至多僅具有歷史的意義，具有一

63　參閱同上註，S. 104 & 106.

64　同上註，S. 101.

65　同上註。

66　同上註，S. 101f.

67　同上註，S. 115.

種過渡性的功能，如康德所說：

> 縱使（基於人類理性之無法避免的限制）一種歷史性的
> 信仰作為接引手段而影響純粹宗教——但意識到它僅是
> 一種接引手段——，而且這種信仰作為教會信仰，具有
> 一項原則，即「不斷地接近純粹的宗教信仰，以便最後
> 能不需要這種接引手段」，這樣一種教會依然可以稱為
> **真正的**教會。但既然對於歷史性的教義，爭論決無法避
> 免，則它只能稱為**爭論的**教會，但卻有一種前景，即最
> 後會發展成不變的且一統的**凱旋的**教會！[68]

一言以蔽之，對於康德而言，在歷史上存在的一切「有形的教會」
至多只是過渡到「真正的宗教」之接引手段，它與一切隨之而生
的歷史性產物（恩寵底作用、奇蹟、祕密、邀恩的手段、啟示等）
均不屬於宗教的本質因素。隨著「道德宗教」之發展，這些東西
終究都會被歷史所揚棄。

三、從先秦儒學的轉折看儒家的宗教性

　　現在我們回到「儒家與宗教」的課題上。一項不可否認的事
實是：在周代以前，中國人具有強烈的宗教意識，並且有頻繁的
祭祀活動，祭祀的對象包括上帝、天地、祖先、鬼神、日月星辰、
自然現象（如四時寒暑、水旱）、四方等。西方傳教士及中國的

68　同上註。

耶教徒也往往注意到：這套原始信仰包含一種對於至高的人格神之信仰，並在此見到儒家傳統與耶教信仰相通之處。譬如，利瑪竇的《天主實義》一書中便有如下的一段文字：

> 吾天主乃古經書所稱上帝也。《中庸》引孔子曰：「郊社之禮，以事上帝也。」朱註曰：「不言后土者，省文也。」竊意仲尼明一之，以不可為二，何獨省文乎？〈周頌〉曰：「執競武王，無競維烈。不顯成康，上帝是皇。」又曰：「於皇來牟，將受厥明，明昭上帝。」〈商頌〉云：「聖敬日躋，昭假遲遲，上帝是祗。」〈雅〉云：「維此文王，小心翼翼，昭事上帝。」《易》曰：「帝出乎震。」夫帝也者，非天之謂。蒼天者抱八方，何能出於一乎？《禮》云：「五者備當，上帝其饗。」又云：「天子親耕，粢盛秬鬯，以事上帝。」〈湯誓〉曰：「夏氏有罪，予畏上帝，不敢不正。」又曰：「惟皇上帝，降衷于下民。若有恆性，克綏厥猷，惟后。」〈金滕〉周公曰：「乃命于帝庭，敷佑四方。」上帝有庭，則不以蒼天為上帝可知。歷觀古書，而知上帝與天主特異以名也。[69]

先秦儒家經典中所說「天」與「上帝」是否如利瑪竇所言，即是

---

[69] 《天主實義》，上卷，第2篇，頁20；見《天學初函》（臺北：臺灣學生書局，1965年影印本），第1冊，頁415-416。「惟皇上帝，降衷于下民。若有恆性，克綏厥猷，惟后。」係〈湯誥〉文，非〈湯誓〉文。

天主教徒所崇奉的「天主」，此處姑且不論[70]；但可以肯定的是：在古代中國人的原始宗教意識中的確存在一種對於至高的人格神之信仰。不過，我們也要同時指出：這種信仰並不排斥對於其他對象（如祖先、其他神祇）的崇拜，而是與之同時並存。

　　然而，以上的事實並非本文所要探討的重點。我們的主要興趣在於孔子在儒家傳統發展過程中的關鍵性地位，此即：透過他的學說與道德實踐，他一方面將周文中之外在的禮樂秩序，另一方面將《詩》、《書》中作為人格神之超越的「天」或「上帝」，一起內在化於人的本性及其道德實踐之中。孔子在這兩方面的轉向與康德在西方倫理學與宗教哲學的發展中的轉向如出一轍。康德在倫理學中透過「自律」概念之提出，將道德規範的根源收攝於道德主體（實踐理性）之中，而造成了所謂「倫理學中的哥白尼式革命」[71]。同樣地，孔子也在人的道德主體及其所表現的「仁」之中發現外在的禮樂秩序之根源與判準，所以他說：「禮云禮云，玉帛云乎哉？樂云樂云，鐘鼓云乎哉？」（《論語・陽貨》第9章）「人而不仁，如禮何？人而不仁，如樂何？」（《論語・八佾》第3章）而且他發現這種實踐「仁」的力量就在我們自己的主體之中，所以說：「克己復禮為仁。一日克己復禮，天下歸仁焉。為

70　關於利瑪竇此說所受到的質疑與批判，請參閱呂實強：〈由明清之際中國知識分子反教言論看中西文化交流（一五八三～一七二三）〉，見《紀念利瑪竇來華四百週年中西文化交流國際學術會議論文集》（臺北縣：輔仁大學出版社，1983年），頁420-422。

71　參閱John R. Silber: "The Copernican Revolution in Ethics: The Good Re-examined", in: Robert Paul Wolff (ed.), *Kant: A Collection of Critical Essays* (Notre Dame: University of Notre Dame Press, 1967), pp. 266-290.

仁由己，而由人乎哉？」《論語・顏淵》第1章）

其次，康德的「自律倫理學」與其「道德宗教」之間具有邏輯的關聯；我們甚至可以說：「道德宗教」是建立在「自律倫理學」的基礎之上。因此，儘管康德承認：我們對於「最高善」的期望必須預設上帝之存在，但這並不影響到他的另一項信念：人除了憑自己的理性能力從事道德實踐之外，並無其他的義務，也不應指望其他力量之協助。在孔子身上，我們也見到類似的情形。一方面，孔子對於「天」或「天命」具有強烈的意識；在若干例子中，他所理解的「天」甚至帶有人格神的色彩。試看《論語》中所記載的以下言論：

（1）　子曰：「吾十有五而志於學，三十而立，四十而不惑，五十而知天命，六十而耳順，七十而從心所欲，不踰矩。」（〈為政〉第4章）

（2）　孔子曰：「君子有三畏：畏天命，畏大人，畏聖人之言。小人不知天命而不畏也，狎大人，侮聖人之言。」（〈季氏〉第8章）

（3）　子曰：「大哉！堯之為君也！巍巍乎！唯天為大，唯堯則之。蕩蕩乎！民無能名焉。巍巍乎！其有成功也。煥乎！其有文章。」（〈泰伯〉第19章）

（4）　子曰：「天生德於予，桓魋其如予何？」（〈述而〉第23章）

（5）子曰：「予欲無言。」子貢曰：「子如不言，則
小子何述焉？」子曰：「天何言哉？四時行焉，
百物生焉。天何言哉？」（〈陽貨〉第19章）

（6）子曰：「莫我知也夫！」子貢曰：「何為其莫知
子也？」子曰：「不怨天，不尤人，下學而上達。
知我者，其天乎！」（〈憲問〉第35章）

（7）子見南子，子路不說。夫子矢之曰：「予所否者，
天厭之！天厭之！」（〈雍也〉第28章）

（8）子畏於匡，曰：「文王既沒，文不在茲乎？天之
將喪斯文也，後死者不得與於斯文也。天之未喪
斯文也，匡人其如予何？」（〈子罕〉第9章）

（9）儀封人請見，曰：「君子之至於斯也，吾未嘗不
得見也。」從者見之。出曰：「二三子何患於喪
乎？天下之無道也久矣！天將以夫子為木鐸。」
（〈八佾〉第24章）

（10）子疾病，子路使門人為臣。病間，曰：「久矣哉，
由之行詐也！無臣而為有臣。吾誰欺？欺天乎？
〔……〕」（〈子罕〉第11章）

在這十則文字當中，孔子及其同時代的人都表現出對於「天」或
「天命」之超越的宗教意識；在第（6）至（10）則中出現的「天」
字至少就字面來看，似乎還意指一個具有理智與意志的人格神。

就這點而言，孔子對於「天」的理解顯然與《詩》、《書》中所表現的原始宗教意識有歷史關聯。

但在另一方面，「天」的概念在孔子那裡也同時出現理性化與人文化的轉向。我們不妨再看《論語》中的一些其他文字：

（11）子不語怪、力、亂、神。（〈述而〉第21章）

（12）樊遲問知。子曰：「務民之義，敬鬼神而遠之，可謂知矣。」（〈雍也〉第22章）

（13）季路問事鬼神。子曰：「未能事人，焉能事鬼？」曰：「敢問死。」曰：「未知生，焉知死。」（〈先進〉第12章）

（14）子曰：「非其鬼而祭之，諂也。見義不為，無勇也。」（〈為政〉第24章）

（15）祭如在，祭神如神在。子曰：「吾不與祭，如不祭。」（〈八佾〉第12章）

（16）子疾病，子路請禱。子曰：「有諸？」子路對曰：「有之。誄曰：『禱爾于上下神祇。』」子曰：「丘之禱久矣。」（〈述而〉第35章）

（17）王孫賈問曰：「『與其媚於奧，寧媚於竈』，何謂也？」子曰：「不然！獲罪於天，無所禱也。」（〈八佾〉第13章）

　　這些文字經常被引用來說明孔子的人文思想，因為它們顯示出孔子將宗教活動（祭祀、祈禱）功能化的傾向。第（11）至（13）則顯示：孔子對傳統的宗教活動採取不反對亦不提倡的消極態度，因為他並不認可這些活動所代表的傳統意義。孔子對於傳統禮制的基本態度是將新的意義注入舊的形式中，可說是「舊瓶裝新酒」，而不採取革命性的手段。因為他知道：「禮」的功能只能在形式的連續性中維繫下來，而「禮」的變革也只能在這種連續性之前提下進行。因此當子貢欲廢除「告朔之餼羊」時，孔子答以「爾愛其羊，我愛其禮」（《論語‧八佾》第17章）。第（14）、（15）兩則顯示孔子如何對傳統的祭禮進行意義的轉化。第（14）則所說的「非其鬼而祭之」意謂以他人的祖先為祭祀對象。因為祭祖的意義當在於報本返始，故不宜以他人的祖先為對象，如《左傳‧僖公十年》所載狐突之言：「臣聞之：神不歆非類，民不祀非族。」〈僖公三十一年〉所載寧武子之言：「鬼神非其族類，不歆其祀。」若有人以他人的祖先為祭祀對象，其中必有非分的動機（如祈福、避禍）。由《左傳》的記載推斷，這可能是當時常見的現象。儘管在孔子看來，這扭曲了祭祖的真正意義，但他也承認祭祖有其道德教化的功能，如曾子所說：「慎終追遠，民德歸厚矣。」（《論語‧學而》第9章）第（15）則中所說的「祭」是指祭祖。朱子《集注》引程子（頤）曰：「祭，祭先祖也；祭神，祭外神也。祭先主於孝，祭神主於敬。」文中的「如」字表示對鬼神之存在與否存而不論。對孔子而言，鬼神之存在與否並非重點之所在，重要的是要藉「祭」的儀式來表達孝與敬之心。在此，孝與敬之心的實質必須藉由「祭」的形式來表達，而孝與

敬只能發自自己的內心，不能由他人代為表示。故當孔子未能親自參與祭禮，而由他人代行時，即無由表達孝與敬之心，而與不祭無異。總而言之，祭鬼神的意義在於藉其儀式來表達我們內心的孝與敬之心，而非祈福、避禍或其他非分之求。

第（16）、（17）兩則顯示孔子對於祈禱的看法。對於第（16）則，朱子《集注》解釋道：「禱者，悔過遷善，以祈神之佑也。無其理則不必禱。既曰有之，則聖人未嘗有過，無善可遷，其素行固已合乎神明，故曰：『丘之禱久矣。』」顯然在孔子看來，事神之道重在平素的道德實踐，而非藉祈禱以求神之佑助。這使我們不由得想到康德在《單在理性界限內的宗教》中區分「追求恩寵的宗教」（亦即「純然禮拜底宗教」）與「道德的宗教」（亦即「良好品行底宗教」）。孔子對於祈禱的看法豈非正好符合康德所說的「良好品行底宗教」，而非「追求恩寵的宗教」？

第（17）則中所說的「奧」與「竈」都是當時流行的祭祀。《爾雅・釋宮》云：「西南隅謂之奧。」故「奧」指祭神之方位。「竈」即是今之所謂「灶神」。王孫賈是衛靈公之臣，故這段對話涉及當時衛國的朝政背景。但這段對話具體指涉的對象為何，歷代注家有不同的說法，並無定論。此處姑且引述朱子《論語集注》之說：「室西南隅為奧。竈者，五祀之一，夏所祭也。凡祭五祀，皆先設主而祭於其所，然後迎尸而祭於奧，略如祭宗廟之儀。如祀竈，則設主於竈陘；祭畢，則更設饌於奧，以迎尸也。故時俗之語，因以奧有常尊而非祭之主，竈雖卑賤而當時用事，喻自結於君，不如阿附權臣也。賈，衛之權臣，故以此諷孔子。」朱子的解讀是否合乎當時的實情，此處姑且不論；重要的是：孔

子的答語「獲罪於天，無所禱也」當如何理解？對此，朱子《論語集注》解釋道：「天即理也；其尊無對，非奧、竈之可比也。逆理，則獲罪於天矣，豈媚於奧、竈所能禱而免乎？言但當順理，非特不當媚竈，亦不可媚於奧也。」朱子在此以「理」來解釋「天」字，崔述《論語餘說》、錢大昕《十駕齋養新錄》、毛奇齡《四書改錯》均有所批評[72]。朱子的解釋的確有過度詮釋之嫌，因為可以成為祈禱對象的「天」更有可能是作為人格神的「天」，而不僅是抽象的「理」。除了這點之外，朱子的解釋大體可從。如果將這一則文字與上一則配合起來看，則「獲罪於天」當是意謂「行為悖理」，而全句的意思是說：如果我們的行為違背道德，即使祈禱於天，亦無任何意義。這與康德對於祈禱的態度如出一轍，亦合乎「良好品行底宗教」之理念。

綜合以上所述，孔子對於天、天命、鬼神、祭禮、祈禱的態度使我們有充分的理由將其宗教觀歸入康德所說的「道德宗教」，這在中國古代文化的發展中代表一種根本的轉向。單就「儒家與宗教」的課題而言，由孔子開始的轉向到了《中庸》才取得最後的形式，此即「內在超越性」或「即內在即超越」的思考模式。有些現代學者已注意到《中庸》的這種思想特性。譬如，杜維明先生便撰有《論中庸》一書[73]，以《中庸》為例，來說明儒

72　參閱程樹德：《論語集釋》（北京：中華書局，1990年），第1冊，卷6，頁181-182。

73　Tu Wei-ming: *Centrality and Commonality: An Essay on Chung-Yung* (Honolulu: University of Hawaii Press, 1976)；此書後經擴充並改名為：*Centrality and Commonality: An Essay on Confucian Religiousness* (Albany: State University of New York Press, 1989)。後者有段德智的中

家的宗教性。

　　筆者在研究臺灣基督教思想家李春生（1838-1924）的著作時，發現他對《中庸》後半部的若干文句（如「贊天地之化育」、「與天地參」、「峻極於天」）特別反感。李春生是虔誠的長老會基督徒，對《聖經》採取一種基本教義式的詮釋[74]，他不但相信《聖經》中所說的奇蹟、啟示、預言[75]，也嚴厲批判達爾文（Charles Darwin, 1809-1882）、赫胥黎（Thomas H. Huxley, 1825-1895）的演化論[76]。筆者在〈轉化抑或對話？——李春生所理解的中國經典〉一文[77]中指出：李春生對《中庸》的反感其實來自耶教的一神論傳統與《中庸》所代表的「內在超越性」思想模式間之衝突。在該文中，筆者也對《中庸》的材料與思想性格加以探討，以下的闡述基本上以此為據。大體而言，《中庸》的材料是由在文體與內容上均顯然不同的兩個部分所組成，前半部以「中庸」的概念為中心，後半部則以「誠」的概念為中心，兩者之間有其邏輯

　　　譯本：《論儒學的宗教性——對「中庸」的現代詮釋》，收入郭齊勇、
　　　鄭文龍編：《杜維明文集》（武漢：武漢出版社，2002年），第3卷，
　　　頁357-485。

74　李春生對於《聖經》的詮釋見其《聖經闡要講義》（臺北：臺灣日日
　　　新報出版，1914年）。此書收入筆者與黃俊傑、黎漢基合編的《李春
　　　生著作集》（臺北：南天書局，2004年），第3冊。

75　參閱其《宗教五德備考》（臺北：臺灣日日新報，1910年）。此書亦
　　　收入《李春生著作集》，第3冊。

76　李春生對演化論的批判見其《天演論書後》（福州：美華書局，1907
　　　年）。

77　此文刊於中央大學《人文學報》，第20/21期（1999/2000年），頁133-
　　　174；後收入李明輝編：《近代東亞變局中的李春生》（臺北：臺灣
　　　大學出版中心，2010年），頁25-65。

關聯。由《中庸》前半部到後半部的思想發展係由強調「天」之超越性轉而強調其內在性;但《中庸》在強調「天」之內在性時,並不否認其超越性。李春生從耶教一神論的宗教傳統出發而反對的是《中庸》的「天人合一」觀及其所涵蘊之「即內在即超越」的思想模式。

　　無獨有偶,曾將《四書》譯成英文的基督教傳教士理雅各(James Legge, 1815-1897)對於《中庸》也有類似的看法。他如此評論《中庸》:

> 它〔按:指《中庸》〕的開頭極好,但是作者才剛道出序文中的箴言,就導入一種晦澀之中,使我們幾乎無法摸索出道路;而當我們擺脫這種晦澀時,又會被作者對於聖人的圓滿性之華而不實的圖像所困惑。作者顯然有助於助長其同胞的驕傲。他將他們的聖人提升到一切名為神或是被崇拜的東西之上,而且教導人民大眾說:有了聖人,他們就不假外求了。在這當中,《中庸》與耶教是敵對的。不久之後,當耶教在中國廣泛流行時,人們將會提及《中庸》,作為「他們的祖先憑其智慧,既不知上帝,亦不自知」之明證。[78]

在這段話中,理雅各對《中庸》的批評顯然主要也是針對其後半部。然而,這也反顯出《中庸》透過「誠」的概念所建立之天道

78　James Legge: *The Life and Teachings of Confucius* (London: N. Trübner, 1872), p. 54.

觀已步上了與耶教的一神論迥然不同的道路。

　　杜維明先生在《論中庸》一書中如此解釋《中庸》所說的「誠」：「人之所以『能夠』學習而成為誠，並不是由於天的『恩典』，而是由於其本性原本就是按此被賦予的。」[79]對於《中庸》所理解的天人關係，他也作了如下的說明：

> 誠然，人的本性是天所賦予的，但是，人並不僅僅是一種被創造物，而天也沒有窮盡創造的全部過程。從終極的意義上講，為了實現人性，人就必須充分地參與宇宙的創造過程。他們並不是從虛無中創造（就此而言，天也不是從虛無中創造），然而，他們卻能夠「贊天地之化育」。[80]

這種「天人合一」觀與儒家「即內在即超越」的思想模式之間具有一種本質的關聯。其結果是使中國傳統的「天」（或「上帝」）的概念中之「人格神」意味逐漸脫去，而成為「天」（或「上帝」）的概念中之非本質因素。

　　牟宗三先生在其《中國哲學的特質》一書中對於儒家天道觀由孔子到《中庸》的演變也作了類似的說明。他將先秦儒家遙契（印證）天道的方式區分為「超越的遙契」與「內在的遙契」兩種，而以孔子代表「超越的遙契」，以《中庸》代表「內在的遙

79　《杜維明文集》，第3卷，頁446；*Centrality and Commonality: An Essay on Confucian Religiousness*, p. 77.

80　《杜維明文集》，第3卷，頁447；*Centrality and Commonality: An Essay on Confucian Religiousness*, p. 78.

契」[81]。對於「超越的遙契」，牟先生解釋道：

> 孔子在他與天遙契的精神境界中，不但沒有把天拉下
> 來，而且把天推遠一點。雖在其自己生命中可與天遙
> 契，但是天仍然保持它的超越性，高高在上而為人所敬
> 畏。因此，孔子所說的天比較含有宗教上「人格神」
> （Personal God）的意味。[82]

至於「內在的遙契」，「不是把天命、天道推遠，而是一方把它收
進來作為他自己的性，一方又把它轉化而為形上的實體」[83]。對於
這兩種遙契天道的方式，牟先生強調它們之間並無衝突矛盾，而
且「由超越的遙契發展為內在的遙契，是一個極其自然的進程」[84]。
他將這兩種遙契方式的關係總括如下：

> 超越的遙契著重客體性（Objectivity），內在的遙契著
> 重主體性（Subjectivity）。由客觀性的著重過渡到主體
> 性的著重，是人對天和合了解的一個大轉進。而且，經
> 此一轉進，主體性與客觀性取得一個「真實的統一」
> （Real Unification），成為一個「真實的統一體」（Real
> Unity）。[85]

81　關於這兩種「遙契」，參閱牟宗三：《中國哲學的特質》，頁37-45
　　〔28: 40-50〕。
82　同上書，頁39-40〔28: 38〕。
83　同上書，頁40〔28: 38〕。
84　同上書，頁44〔28: 41〕。
85　同上書，頁44-45〔28: 42-43〕。

在上述的脈絡下，牟先生特別指出：「這種統一，不是儒教所獨有，耶教亦有類似的發展過程」，並且以耶穌來代表耶教的主體性[86]。不過，他最後還是強調：「耶教始終為重客體性的宗教。孔子未使他的思想成為耶教式的宗教，完全由於他對於主體性仁、智、聖的重視。」[87]然則，在《中庸》的「內在遙契」所體現的主體性與耶穌透過「道成肉身」（incarnation）所體現的主體性之間究竟有何本質上的區別，以致儒教無法發展成耶教的型態呢？牟先生在《中國哲學的特質》第十二講〈作為宗教的儒教〉中有一節題為「儒教何以未成為普通宗教的形式」，即試圖回答這個問題，並且指出：其關鍵就在人格化的「上帝」概念。他承認：在中國文化中並非沒有人格化的「上帝」概念及因此而形成的祈禱之情。但他接著指出：

> 〔……〕儒家并沒有把意識全幅灌注在客觀的天道之轉為上帝上，使其形式地站立起來，由之而展開其教義。在主觀方面也沒有把呼求之情使其形式地站立起來。如使其形式地站立起來，即成為祈禱。此兩方面在儒家并非沒有，他只是把它輕鬆了。因為儒家的中心點不落在這裡，其重點亦不落在這裡。[88]

在《圓善論》中，牟先生甚至點明人格化的「上帝」概念之虛妄

86　同上註，頁45〔28：43〕。

87　同上註。

88　同上書，頁104〔28：104〕。

性[89]。從他的儒家觀點看來,「圓善」之可能性只需要靠「無限的智心」,而毋須將此「無限的智心」人格化而成為「上帝」的概念。他一再強調:一個人格化的「上帝」概念並不在理性的界限之內,而是非理性的「情識作用」。但是否定人格化的「上帝」概念對於儒家之意義,並不等於否定儒學的超越性,乃至宗教性。徐復觀先生將儒家之「天」的超越意義視為非本質的,無異於否定了儒學的宗教性;這並不符合孔子以後儒學發展的實情。

綜合以上的討論,我們可以將先秦儒學發展的基本方向歸結如下:孔子首先將中國古代的原始宗教意識加以轉化,使其中作為人格神之超越的「天」或「上帝」開始內在化於人的本性及其道德實踐之中;但他仍然保留了「天」或「上帝」的人格性,以凸顯其超越性。到了《中庸》,「天」或「上帝」的人格性進一步淡化,而確定了「即超越即內在」的思想模式及「天人合一」的觀點。在孔子的學說裡,我們見到與康德的「道德宗教」最為接近之宗教型態。《中庸》的天道觀則是康德的「道德宗教」之進一步理性化。這便決定了日後宋明儒學的基本方向。由此,我們便不難理解何以來華的西方傳教士(如利瑪竇)及中國的基督徒(如李春生)均對宋明儒學有所不滿,而要回到所謂的「原始儒學」(先秦儒學)、回到孔子,甚至回到《詩》、《書》中所表現的原始宗教意識。

---

89 參閱牟宗三:《圓善論》,頁243-255〔22: 237-248〕。

四、從康德的宗教觀所引發之批評看儒家的宗教性

筆者在上一節曾指出：康德的「道德宗教」是建立在「自律倫理學」的基礎之上，兩者之間具有邏輯的關聯。更確切地說，康德的「道德宗教」說是他根據「自律倫理學」的觀點對「宗教」的本質所作之說明。康德自己深信：「道德宗教」說在邏輯上可由「自律倫理學」推衍出來。但是在康德生前，就已有人對此提出質疑。例如，德國杜賓根（Tübingen）大學教授福拉特（Johann Friedrich von Flatt, 1759-1821）於1789年出版《論一般而言的宗教之道德的認知依據之書簡——特別就康德哲學而論》一書，對康德及其學派的宗教觀提出質疑。全書共包含十封書簡。在第三封書簡中，福拉特將康德對於上帝的道德論證歸納為以下兩項要點：

> 一、實踐理性使我們不得不假定**最高善**——亦即幸福與道德之完全和諧（或是最精確地按照道德的比例去分配幸福）——之**實在性或可能性**。
> 二、幸福與道德之這種完全和諧只能在**上帝存在**之預設下被設想為實在的或可能的。[90]

他接著評論道：「對於這兩個命題，我必須對你們承認：對我而言，你們的學派為此所提出的理由，部分似乎本身就不充

---

90 J.F. von Flatt: *Briefe über den moralischen Erkenntnisgrund der Religion überhaupt, und besonders in Beziehung auf die Kantische Philosophie* (Tübingen: Johann Georg Cottaische Buchhandlung, 1789), S. 14f.

分，部分似乎與康德的其他原理不一致。」[91]在福拉特看來，上述的第一個命題就提供了一個「與康德的其他原理不一致」之例。他指出：根據康德的原理，最高的道德原則之客觀有效性與必然性所依靠的最後根據，只是一種「主觀的理性底必然性」；而第一個命題卻逾越此限，而賦予最高善一種「客觀的有效性與必然性」，這便違背了康德的原理[92]。

在第四封書簡中，福拉特進一步指出：康德將「促進最高善」視為我們的道德義務，違背他自己對道德的看法。福拉特寫道：

> 在第一個命題——**我們應當設法促進最高善**——當中似乎已有一項預設作為基礎，而我們在康德的批判中找不到此項預設之保證。因為如果最高善（我相信可以如此假定）必須被理解為一個（在先驗意義下）存在的**精神世界**之最高善，則我以為：除非預設**精神世界之存在**，否則我們無法設想「促進最高善」的責任，這是顯而易見的。但是這項預設究竟有何依據呢？根據實踐理性本身？還是根據理論理性呢？我們根據什麼權利而能主張最高善呢？我都無法理解。因為即使我們承認：康德所提出的最高道德原則——**按照普遍有效的格律而行為**——係作為先天綜合命題而獨自責求我們，而且最高善的意識是純粹實踐理性的一項事實，我們仍無法由此推衍出一項**定言**命題：我有義務盡我的一切力量去促成精

91　同上書，頁14。
92　同上書，頁15-16。

神世界的最高善，而是只能推衍出一項**假言**命題：如果
有一個精神世界存在，我就有責任去促成精神世界的最
高善。[93]

換言之，福拉特認為：康德主張我們有「促進最高善」的義務，與
他主張道德法則是無條件的「定言令式」（kategorischer Imperativ），
是相互矛盾的；因為「最高善」的義務要求德行與幸福之連結，
這無異使道德的要求成為有條件的「假言令式」（hypothetischer
Imperativ），而違反了康德倫理學的基本觀點[94]。

　　無獨有偶，當代知名的康德專家貝克（Lewis White Beck）也
質疑康德將「促進最高善」視為我們的道德義務之合理性。貝克
寫道：

假定我盡我的一切力量去做（這是任何道德誡命所能要
求我的極致），以促進最高善，則我該做什麼呢？僅只
是出於對法則的敬畏而行動，而我已知道這一點。我絕
對無法做任何其他的事，以便依據功績來分配幸福——
這是一個道德的世界主宰之任務，而非一個葡萄園園丁
之任務。這並非**我的**任務；我的任務是實現最高善的一
個條件，而這是我的能力所能及〔……〕[95]

93　同上書，頁31-32。

94　黃振華先生也有類似的批評，請參閱其〈康德純粹實踐理性的辯證論
　　批判〉，收入其《論康德哲學》（臺北：時英出版社，2005年），特
　　別是頁288-293。

95　L.W. Beck: *A Commentary on Kant's Critique of Practical Reason* (Chicago:

如第二節所述，康德對上帝存在的道德論證基本上預設了一項倫理學的前提：「應當涵著能夠。」（"Ought implies can."）貝克的質疑正是從這一點出發。因為既然在構成「最高善」的兩項因素——德行與幸福——當中，只有德行才是在我們人類（作為有限的存有者）的能力範圍之內，而德行與幸福之一致必須靠上帝的保證，則「追求最高善」就不當成為我們人類的義務，否則就如同要求我們「挾太山以超北海」，這是非常荒謬的。而既然康德對上帝存在的道德論證是建立在「促進最高善」為「我們的意志底一個先天必然的對象」之前提上，則否定「最高善」可以作為我們的意志追求之道德目標便意謂否定他的整個道德論證。

當代的天主教學者薩拉（Giovanni B. Sala）同意貝克的這項質疑，並進一步指出康德的道德論證必然要面臨的「兩難之局」（Dilemma）：如果康德承認：我們必須「設定」上帝的存在，才能使「追求最高善」的道德義務不致落空而成為虛妄的要求，這就意謂：道德法則的約束力並非完全繫於人類的理性，而是繫於能保證最高善之實現的上帝；這必然與其「道德自律」的倫理學觀點相牴牾。反之，如果康德要堅持「道德自律」的觀點，他就得承認：縱使上帝不存在，因而最高善可能永遠無法實現，「追求最高善」的道德義務對我們人類依然有約束力；但這樣一來，他的整個道德論證（包括對上帝存在與靈魂不滅的論證）都將失去著力點；而這也意謂：我們在道德上將面對一個無可期待的荒

University of Chicago Press, 1960), pp. 244f.《聖經·新約》以葡萄園園主與園丁來比喻人與上帝的關係，參閱〈馬太福音〉第22章第1-14節、〈馬可福音〉第12章第1-12節、〈路加福音〉第20章第9-19節。

謬的世界[96]！薩拉的質疑與福拉特的批評如出一轍。在其《康德論人類理性》一書的結尾，薩拉喟然問道：

> 是否我們願意承認：人的尊嚴在其最深層處係在於他可以因上帝的恩惠與恩寵而生活？——因此，正好不是一種依靠自己的自律。或者為了不落入對於上帝（唯有他能實現道德之目的）的依待之中，我們寧可將道德的意義置於「我們充當為無意義之事而生死的英雄」之中？[97]

薩拉基於他的宗教立場選擇了第一條路。但康德基於其自律倫理學的觀點，不可能選擇這條路。而在另一方面，康德基於其道德目的論，亦不可能選擇第二條路。

康德當如何回應上述的質疑呢？他是否能擺脫薩拉所指出的「兩難之局」呢？首先，針對貝克的質疑，我們可以代康德提出以下的辯解：我們的道德法則僅要求我們「促進」（befördern）、而非「實現」最高善。儘管唯有上帝有能力「實現」最高善，但我們人類仍能「促進」最高善。因此，承認我們無能力「實現」最高善，並無礙於要求我們「促進」最高善的義務之合理性。這猶如依康德之見，人類不可能達到「神聖」（Heiligkeit），但卻無

96　參閱 Giovanni B. Sala: *Kant und die Frage nach Gott* (Berlin: Walter de Gruyter, 1990), S. 392-396; Sala: *Kant über die menschliche Vernunft. Die Kritik der reinen Vernunft und die Erkennbarkeit Gottes durch die praktische Vernunft* (Weilheim-Bierbronnen: Gustav-Siewerth-Akademie, 1993), S. 98-109.

97　Sala: *Kant über die menschliche Vernunft,* S. 129-130.

礙於他將「努力趨近於神聖」視為人類的義務[98]。

　　然而，上述的辯解雖可說明「促進最高善」的義務之合理性，但卻無助於化解薩拉所指出的「兩難之局」。因為如果此項義務之合理性毋須預設最高善之可實現性，我們便無必要「設定」靈魂之不滅與上帝之存在，來保證最高善之實現，而使康德的道德論證出現一個邏輯上的缺口。然則，康德大可停留於人類理性之道德自律中，而毋需進入宗教的領域。筆者在第二節提過，康德在《單在理性界限內的宗教》中一方面說：「道德為了自身之故〔……〕，決不需要宗教，而是由於純粹實踐理性，它是自足的。」另一方面又說：「道德必然通向宗教。」在此，我們不禁會問：如果道德是自足的，就意謂它毋須進入宗教的領域；如果它必須通往宗教，豈非意謂它不是自足的？此時康德所面對的，豈非正是薩拉所指出的「兩難之局」？

　　為了化解這種兩難之局，我們不妨回到「儒家的宗教性」之問題上。以第一節所述當代新儒家內部對於「儒家的宗教性」問題所持的兩種不同觀點來說，徐復觀先生所採取的是薩拉所說的第二條路，即停留在人類的自律當中；這自然可以避免兩難之局，但也消解了儒家的宗教性。如果這只是徐先生自己的觀點，自然可以自圓其說。但如果徐先生要據此來說明宋明儒學的發展，他不免會尷尬地發現：在《中庸》、《孟子》、《易》傳及日後宋明儒學中有關「天人合一」的所有論述都成了毫無實義的廢話。至於牟宗三、唐君毅所採取的詮釋觀點，則接近康德的「道

98　Kant: *Kritik der praktischen Vernunft, KGS*, Bd. 5, S. 83, 122 & 128.

德宗教」說，因為他們一方面把握住儒家向「道德自律」的轉向，另一方面又能正視儒家的宗教性，而不僅視之為歷史的殘餘。但與康德不同的是，他們可以避免康德所面對的「兩難之局」。其關鍵在於：儒家的「天人合一」說採取的是「即內在即超越」的思想模式，故天之超越性即內在於人性之中。因此，當儒家強調人的「道德自律」時，並無礙於他同時承認天之超越性；反之，承認天之超越性，亦無損於人的「道德自律」，因為「事天」並非侍奉一個外在的對象，而是藉由提昇自我來實現人性。不過，儒家的「天人合一」說並非一種天真的樂觀主義，反而承認天人之間有一種永恆的張力。人固然可以參贊化育，但博施濟眾，「堯、舜其猶病諸？」孔子亦不敢自許為聖。儒家的「天人合一」猶如康德的「最高善」，是人類的神聖義務，追求其實現是一個永恆的歷程。對儒家而言，「天人合一」的可能性就存在於人性之中，故追求它，並非如希臘的悲劇英雄西西佛斯推石上山，在追求一個毫無意義的目標。在這個意義下，儒家的道德既非「英雄道德」，亦非——套用薩拉的用語——「酬賞道德」（Lohnmoral）。

現在我們可以回到本文開頭所提出的問題：儒學是否為宗教？長期以來，中外學者談到「宗教」時，均有意無意地以猶太教－耶教的一神教傳統為判準，來界定宗教的本質。在這個背景下，不但是儒家，甚至連佛教、道教都難以符合這項判準。然而，世界各文化之間的廣泛交流與二十世紀宗教研究的長足發展使得這種狹隘的宗教觀面臨改變的必要。英國宗教哲學家希克（John Hick, 1922-2012）便承認：他無法界定「宗教」的本質，而只能將「宗教」當作「一個具有家族類似性的概念」（religion as a family resemblance concept）[99]。據此，他將宗教界定為「對於超越者的信念」（belief in the transcendent），並且說明道：

> 儘管這不屬於宗教的本質，〔……〕大部分的宗教形式仍然都肯定了一種超越人類與世界（通常也被認為內在於其中）之救贖性的實在，而這種實在被分別設想為一個人格神或非人格的絕對者，或是被設想為宇宙之井然有序的結構或過程或基礎。[100]

這個較為寬鬆的「宗教」定義自然可以將孔子以後的儒家傳統包括進去，因為如上文所述，即使在經過人文化的轉向之後，儒家仍然保有對於超越者（天）的信念。

近年來，劉述先先生也根據德裔美國神學家田立克（Paul Tillich, 1886-1965）以「終極關懷」（ultimate concern）來界定「宗教」或「信仰」（faith）的觀點，將儒學視為一種宗教[101]。田立克在《信仰的動力》一書開宗明義便說道：「信仰是終極地被關涉的狀態：信仰的動力即是人的終極關懷之動力。」（"Faith is the

---

99　John Hick: *An Interpretation of Religion: Human Responses to the Transcendent* (Houndmills: The Macmillan Press, 1989), pp. 3-5.

100　同上書，p. 6.

101　參閱Shu-hsien Liu: "The Religious Import of Confucian Philosophy: Its Traditional Outlook and Contemporary Significance", *Philosophy East and West*, Vol. 21, No. 2 (April 1971), pp. 157-175；劉述先：〈由當代西方宗教思想如何面對現代化問題的角度論儒家傳統的宗教意涵〉，收入劉述先編：《當代儒學論集：傳統與創新》（臺北：中央研究院中國文哲研究所，1995年），頁1-32。

state of being ultimately concerned: the dynamics of faith are the
dynamics of man's ultimate concern."）[102]儘管田立克花了不少篇幅
去解釋「終極關懷」一詞的涵義，但不可否認的是：這個定義並
非一目了然，以致他必須花費不少篇幅將諸如國家主義或無神論
的「信仰」排除在「終極關懷」之外。在此我們不妨指出：在田
立克的德文著作裡，「終極關懷」一詞根本沒有相對應的語彙；
此詞完全是個英文的語彙。在《信仰的動力》一書的德文本中，上
述的引文譯作：「信仰是被無條件地關涉我們的東西所感動。」
（"Glaube ist das Ergriffensein von dem, was uns unbedingt an-
geht."）[103]相形之下，他在早期的德文著作《宗教哲學》中，藉
由宗教與文化之對比而為兩者提出的定義顯然清楚得多：「宗教
是對於無條件者之祈嚮，文化是對於有條件的形式及其統一性之
祈嚮。」（"Religion ist Richtung auf das Unbedingte, Kultur ist
Richtung auf die bedingten Formen und ihre Einheit."）[104]。他還進
一步說明宗教與文化的關係：「文化是宗教的表現形式，而宗教
是文化的內容。」[105]這個早期的定義其實更適於說明儒學的宗教

102　Paul Tillich: *Dynamics of Faith* (New York: Harper & Row, 1957), p. 1.

103　Paul Tillich: *Wesen und Wandel des Glaubens*, in: Paul Tillich: *Gesammelte Schriften* (Stuttgart: Evangelisches Verlagswerk, 1970), Bd. 8, S. 111. 此德文本最初於1961年由法蘭克福的Ullstein 出版社出版。.

104　Paul Tillich: *Religionsphilosophie*, in: Paul Tillich: *Gesammelte Schriften*, Bd. 1, S. 320. 此書原先包含於Max Dessoir (Hg.): *Lehrbuch der Philosophie*, Bd. 2: "Die Philosophie in ihren Einzelgebieten" (Berlin: Ullstein, 1925), S. 765-835. 此書之英譯本收入Paul Tillich: *What is Religion?* (New York: Harper & Row, 1969).

105　Paul Tillich: *Religionsphilosophie*, in: Paul Tillich: *Gesammelte Schriften*,

性及其「寓宗教於人文」的特性。

　　康德雖是一位啟蒙哲學家，但其宗教哲學仍深受其耶教背景的影響。他本人雖然不上教堂，不重視宗教儀式，卻仍懷有虔誠的宗教情感。他所提出的「道德宗教」基本上是耶教傳統之產物，但在本質上卻可與孔子所開啟的儒家傳統相會通、相印證。作為人格神的「上帝」概念在儒學日後的發展中逐漸被揚棄，這無礙於儒學之為「道德宗教」，反而能極成康德的「道德宗教」，避免康德所要面對的兩難之局。對於「儒學是否為宗教？」這個問題，如今我們可以回答如下：就田立克所說的「宗教是對於無條件者之祈嚮」及「宗教是文化的內容」這兩點而言，儒學無疑是一種宗教；進而言之，這種宗教極接近康德所理解的「道德宗教」。

Bd. 1, S. 329.

餘論

　　筆者相信：以上的討論已充分證明了儒學與康德哲學的比較研究之意義，因為一項研究工作的成果最足以顯示其意義。但是最近，友人馮耀明先生在其大作《中國哲學的方法論問題》中對這項比較研究工作提出質疑。他比較柏拉圖（理型／具體事物）、亞里斯多德（形式／質料）、康德（物自身／現象）、儒家（性理／氣）、佛家（空理／法）的五種概念架構，分別就其內存性、分享性、超越性、主體性、恆常不變性、客觀實在性、主客對立性·真實對比性、價值意味性、形上先在性各項特徵評分，發現在理論性格上與儒家最接近的不是康德，而是柏拉圖[1]。因此，他斷言：「要中國哲學的各個義理系統容納或融攝康德的物自身概念之知識論的含義，或要康德的批判哲學容納或融概中國哲學各義理系統中的物概念之心性論的意味，同樣是雙方的負擔。」[2]

1　　馮耀明：《中國哲學的方法論問題》（臺北：允晨文化公司，1989年），頁303-306。

2　　同上註，頁307-308。

依筆者之見，這種質疑其實並無多大的意義，因為儒學與康德哲學的相切點並不在於知識論或存有論，而在於倫理學或道德底形上學。如果我們另外擬出幾項特徵來比較上述五家的倫理學型態，必然得出與馮先生不同的結論。從以上〈孟子與康德的自律倫理學〉一文可知：就倫理學型態而言，儒家（至少就其主流而言）與康德最為接近。再者，即使就康德哲學中「物自身」與「現象」的概念架構而言，其重點亦不在馮先生所擬的這些特徵中。因為正如筆者在以上〈再論孟子的自律倫理學〉一文中所指出的，康德的「物自身」概念究極而言，並非一個知識論的概念，而是一個倫理學的概念；或者說，這個概念的真正涵義只能在道德底形上學之脈絡中充分彰顯出來。這種解釋並非筆者所杜撰，而是可證諸康德自己的話。譬如，康德在《道德底形上學之基礎》一書中便訴諸「物自身」與「現象」的雙重觀點，以說明「定言令式（道德令式）如何可能」。他此書中寫道：

> 有一項省察，其進行不太需要精微的思慮，反而我們可假定：最通常的知性也可能作這項省察（雖然是按照它自己的方式，藉著它稱作「情感」的判斷力底一項模糊分別）。這項省察即是：一切非因我們的意念而來的表象（如感覺底表象）使我們認識的對象，只是觸動我們的那些對象，而在此我們仍不知道這些對象自身可能是什麼；因此，就這種表象而論，縱使知性加上最大的注意力和明晰性，我們以此方式仍只能得到**現象**底知識，決非**物自身**底知識。這項分別或許只是緣於我們注意到由他處所給與我們的表象（在此我們是被動的）與我們

單憑自己產生的表象（在此我們表現我們的活動）間的差異。一旦我們作了這項分別，其自然的結果便是：我們得承認且假定在現象背後還有某個不是現象的東西，即物自身——儘管我們自然會知道：既然我們決無法認識物自身，而永遠只能認識它們觸動我們的方式，則我們決無法更接近它們，並且知道它們本身是什麼。這必然提供一項**感性世界**與**知性世界**底區別（雖然是粗糙的）；其前者依各種宇宙觀察者內的感性之差異，也能有極大的差異，但是作為前者底基礎的後者卻始終保持不變。甚至對於自己，人也不可依據他由內在感覺所得到的自我認識，自以為認識他自己的本來面目。因為既然他的確並未彷彿創造自己，且並非先天地、而是經驗地得到關於他自己的概念，則他甚至能透過內感——且因而僅透過其本性底現象，以及其意識被觸動的方式——蒐取關於他自己的訊息，乃是自然之事。但除了他自己的主體之這種純由現象所組成的特性外，他還必然假定另一個作為基礎的東西，即他的自我（如它自身的可能情況一般）。因此，就純然的知覺及對感覺的感受性而言，他得將自己歸入**感性世界**；但就可能在他之內作為純粹活動的東西（它決不經由感覺之觸動、而是直接進入意識中）而言，他得將自己歸入**智性世界**（intellektuelle Welt），但他對這個世界無進一步的認識。[3]

3　*Grundlegung zur Metaphysik der Sitten,* in: *Kants Gesammelte Schriften*

　　在此，「現象」與「物自身」的區分顯然不再像在《純粹理性批判》中一樣，表示一種知識論的區分。如今在康德看來，這項區分及人的雙重身分係隱含於一般人的實踐判斷力之中，而這項區分的真實涵義只能透過其道德意識彰顯出來，故物自身即是真正的道德主體。這就顯示：馮先生的質疑並非基於對康德哲學的深入了解。

　　最後，筆者要強調：儒家與康德的比較研究之可能成果當不止於此，本書僅是初步的成果而已。在兩千多年來的儒學發展史中，尚有許多問題可以由這種比較研究得到相當程度的澄清。譬如，董仲舒的宇宙觀涉及天人之際，陳同甫與朱子關於漢、唐的爭論涉及義利之辨，戴東原對宋儒的批評涉及理欲之分，康德的哲學架構可為這些問題的解決提供極有用的視域。當然，還有不少其他問題屬於這個範圍。這需要我們同時對儒學與康德哲學作深入的探討。筆者希望將來能在這方面提出進一步的成果。

(Akademieausgabe), Bd. 4, S. 450f.

參考書目

一、中文著作

丁為祥：《熊十力學術思想評傳》。北京：北京圖書館出版社，1999年。

王畿：《王龍溪語錄》。臺北：廣文書局，1977年。

王懋竑：《宋朱子年譜》。臺北：臺灣商務印書館，1987年。

王守仁著、吳光等編校：《王陽明全集》（3冊）。上海：上海古籍出版社，2011年。

牟宗三：《生命的學問》。臺北：三民書局，1970年。

———：《心體與性體》（3冊）。臺北：正中書局，1973-1975年。

———：《智的直覺與中國哲學》。臺北：臺灣商務印書館，1974年。

———：《現象與物自身》。臺北：臺灣學生書局，1975年。

———：《從陸象山到劉蕺山》。臺北：臺灣學生書局，1979年。

———（譯註）：《康德的道德哲學》。臺北：臺灣學生書局，1982年。

———：《圓善論》。臺北：臺灣學生書局，1985年。

———：《中國哲學的特質》。臺北：臺灣學生書局，1990年。

———：《牟宗三先生全集》（33冊）。臺北：聯經出版公司，2003年。

克隆納（Richard Kroner）：〈康德的世界觀〉。收入關子尹譯：《論康德與黑格爾》（臺北：聯經出版公司，1985年），頁45-164。

朱熹：《朱子大全》（12冊）。臺北：臺灣中華書局，四部備要本。

———：《四書集注》。臺北：臺灣中華書局，四部備要本。

李春生：《天演論書後》。福州：美華書局，1907年。

———：《宗教五德備考》。臺北：臺灣日日新報，1910年。

———：《聖經闡要講義》。臺北：臺灣日日新報，1914年。

李春生著、李明輝、黃俊傑、黎漢基編：《李春生著作集》（5冊）。臺北：南天書局，2004年。

李明輝：〈獨白的倫理學抑或對話的倫理學？——論哈柏瑪斯對康德倫理學的重建〉。《科學發展月刊》，第18卷第1期（1990年1月），頁29-47；收入李明輝：《儒學與現代意識》（臺北：臺灣大學出版中心，2016年增訂版），頁333-373。

———：〈朱子論惡之根源〉。收入《國際朱子學會議論文集》（臺北：中央研究院中國文哲研究所，1993年），頁551-580。

———：〈康德的「根本惡」說——兼與孟子的性善說相比較〉。收入李明輝：《康德倫理學與孟子道德思考之重建》（臺北：中央研究院中國文哲研究所，1994年），頁117-146。

———：〈轉化抑或對話？——李春生所理解的中國經典〉。
中央大學《人文學報》，第20/21期（1999/2000年），頁
133-174；收入李明輝編：《近代東亞變局中的李春生》（臺
北：臺灣大學出版中心，2010年），頁25-65。

———：《當代儒學之自我轉化》。臺北：中央研究院中國文
哲研究所，1994年；簡體字版：北京：中國社會科學出版
社，2001年。

杜維明：《人性與自我修養》。臺北：聯經出版公司，1992年。

杜維明著、段德志譯：《論儒學的宗教性——對「中庸」的現
代詮釋》。收入郭齊勇、鄭文龍編：《杜維明文集》（武
漢：武漢出版社，2002年），第3卷，頁361-485。

利瑪竇：《天主實義》。收入李之藻編：《天學初函》（臺北：
臺灣學生書局，1965年影印本），第1冊，頁351-635。

呂實強：〈由明清之際中國知識分子反教言論看中西文化交流
（一五八三～一七二三）〉。收入《紀念利瑪竇來華四百
週年中西文化交流國際學術會議論文集》（臺北縣：輔仁
大學出版社，1983年），頁407-430。

林金水：〈儒教不是宗教——試論利瑪竇對儒教的看法〉。收
入任繼愈編：《儒教問題爭論集》（北京：宗教文化出版
社，2000年），頁163-170。

林鎮國等：〈擎起這把香火——當代思想的俯視〉。收入《徐
復觀雜文・續集》（臺北：時報文化出版公司，1981年），
頁407-414。

胡宏：《知言》。收入《文淵閣四庫全書》（臺北：臺灣商務
印書館影印本，1986年），第197冊，頁109-158。

胡適：《戴東原的哲學》。臺北：臺灣商務印書館，1971年。

苗潤田、陳燕：〈儒學：宗教與非宗教之爭——一個學術史的檢討〉，收入任繼愈編：《儒教問題爭論集》（北京：宗教文化出版社，2000年），頁438-454。

韋政通（主編）：《中國哲學辭典大全》。臺北：水牛出版社，1988年。

韋政通：《中國哲學辭典》。臺北：大林出版社，1980年。

唐君毅：《中華人文與當今世界》。收入《唐君毅全集》（臺北：臺灣學生書局，1991年），卷7及8。

———：《心物與人生》。收入《唐君毅全集》（臺北：臺灣學生書局，1991年），卷2。

唐君毅等：〈為中國文化敬告世界人士宣言〉。最初刊載於《民主評論》，第9卷第1期（1958年1月5日）及《再生》，第1卷第1期（1958年1月）；其後易名為〈中國文化與世界〉，收入《唐君毅全集》（臺北：臺灣學生書局，1991年），卷4。

孫振青：〈關於道德自律的反省〉。《哲學與文化》，第15卷第6期（1988年6月），頁17-19。

徐復觀：《中國人性論史・先秦篇》。臺北：臺灣商務印書館，1969年。

———：《學術與政治之間》。臺北：臺灣學生書局，1980年。

———：《中國思想史論集・續編》。臺北：時報文化出版公司，1982年。

海涅（Heinrich Heine）著、海安譯：《論德國宗教和哲學的歷史》。北京：商務印書館，2000年。

康德（Immanuel Kant）著、李明輝譯：《通靈者之夢》。臺北：
　　聯經出版公司，1989年。

———：《道德底形上學之基礎》。臺北：聯經出版公司，1990
　　年。

———：《康德歷史哲學論文集》。臺北：聯經出版公司，2013
　　年增訂版。

———：《道德底形上學》。臺北：聯經出版公司，2015年。

張載：《張載集》。北京：中華書局，1978年。

梁啟超：〈保教非所以尊孔論〉。《新民叢報》第2號，光緒28
　　年1月15日。收入臺灣《飲冰室文集》（臺北：臺灣中華書
　　局，1970年），9（第2冊），頁50-59。

陳大齊：〈孟子義利學說的探討〉。刊於《中國學術史論集》
　　（一），臺北：中華文化出版事業委員會，1956年；亦收
　　入其《陳百年先生文集》（臺北：臺灣商務印書館，1987
　　年），第1輯：孔孟荀學說，頁271-302。

———：《孟子待解錄》。臺北：臺灣商務印書館，1980年。

陳來：《有無之境》。北京：人民出版社，1991年。

陳亮：《龍川文集》。臺北：臺灣中華書局，四部備要本。

陳榮捷（編）：《王陽明傳習錄詳註集評》。臺北：臺灣學生
　　書局，1983年。

陳澔：《禮記集說》。臺北：世界書局，1969年。

陸九淵：《陸九淵集》。北京：中華書局，1980年。

勞思光：《新編中國哲學史》（3卷4冊）。臺北：三民書局，
　　1984年。

焦循著、沈文倬點校：《孟子正義》（2冊）。北京：中華書局，

1987年。

程樹德：《論語集釋》（4冊）。北京：中華書局，1990年。

程顥、程頤：《二程集》（4冊）。北京：中華書局，1981年。

馮友蘭：《三松堂全集》（14卷）。鄭州：河南人民出版社，2001。

馮耀明：《中國哲學的方法論問題》。臺北：允晨文化公司，1989年。

黃宗羲著、沈善洪主編：《黃宗羲全集》（12冊）。杭州：浙江古籍出版社，1985-1994年。

黃俊傑：〈先秦儒家義利觀念的演變及其思想史的涵義〉。《漢學研究》，第4卷第1期（1986年6月），頁109-151。

黃振華：〈康德與儒家哲學〉。《鵝湖月刊》，第117期（1985年3月），頁1-28。

───：《康德哲學論文集》。臺北：自印本，1976年。

黃振華著、李明輝編：《論康德哲學》。臺北：時英出版社，2005年。

黃進興：〈所謂「道德自主性」：以西方觀念解釋中國思想之限制的例證〉。《食貨》，復刊第14卷第7/8期（1984年10月），頁77-88；收入其《優入聖域──權力、信仰與正當性》（臺北：允晨文化出版公司，1994年），頁3-24。

黃慧英：《後設倫理學之基本問題》。臺北：東大圖書公司，1988年。

楊伯峻：《孟子譯注》。北京：中華書局，1960年。

───：《論語譯注》。北京：中華書局，2006年。

楊祖漢：《儒家的心學傳統》。臺北：文津出版社，1992年。

葉適：《習學記言序目》（2冊）。北京：中華書局，1977年。

鈴木範久：《明治宗教思潮の研究》。東京：東京大學出版會，
　　1979年。

熊十力著、蕭萐父主編：《熊十力全集》（10卷）。武漢：湖
　　北教育出版社，2001年。

趙岐註、孫奭疏：《孟子注疏》。臺北：中華書局，四部備要本。

劉述先：《朱子哲學思想的發展與完成》。臺北：臺灣學生書
　　局，1982年。

───：〈由當代西方宗教思想如何面對現代化問題的角度論
　　儒家傳統的宗教意涵〉。收入劉述先編：《當代儒學論集：
　　傳統與創新》（臺北：中央研究院中國文哲研究所，1995
　　年），頁1-32。

蔡元培：《蔡元培文集：美育》。臺北：錦繡出版公司，1995年。

蔡信安：〈論孟子的道德抉擇〉。《國立臺灣大學哲學論評》，
　　第10期（1987年1月），頁135-175。

黎靖德編：《朱子語類》（8冊）。北京：中華書局，1986年。

盧梭（Jean Jacques Rousseau）著、何兆武譯：《社會契約論》。
　　臺北：唐山出版社，1987年。

顏元、李塨：《顏李叢書》。臺北：廣文書局，1965年。

羅汝芳：《盱壇直詮》。臺北：廣文書局，1977年。

二、西文著作

Beck, Lewis White: *A Commentary on Kant's Critique of Practical
　　Reason.* Chicago: The University of Chicago Press, 1960.

──: "Kant's Two Conceptions of the Will in Their Political

Context". In: idem, *Studies in the Philosophy of Kant* (Indiana-polis: Bobbs-Merrill, 1965), pp. 215-229.

Descartes, René: *The Philosophical Works of Descartes*. Trans. Elizabeth S. Haldane & G. R. T. Ross, Cambridge: Cambridge University Press, 1968.

Fingarette, Herbert: *Confucius - the Secular as Sacred*. New York: Harper Torchbook, 1971.
彭國翔、張華譯:《孔子:即凡而聖》。南京:江蘇人民出版社,2002年。

Flatt, J.F. von: *Briefe über den moralischen Erkenntnisgrund der Religion überhaupt, und besonders in Beziehung auf die Kantische Philosophie*. Tübingen: Johann Georg Cottaische Buchhandlung, 1789.

Frankena, William K.: *Ethics*. Englewood Cliffs/N.J.: Prentice-Hall, 1973, 2nd edition.

Hartmann, Nicolai: *Ethik*. Berlin: Walter de Gruyter, 1962.

Hegler, Alfred: *Die Psychologie in Kants Ethik*. Freiburg i. Br.: J.C.B. Mohr, 1891.

Heine, Heinrich: *Heines Werke*, Berlin/Weimar: Aufbau-Verlag, 1978.

Heinrichs, Jürgen: *Das Problem der Zeit in der praktischen Philosophie Kants* (Kantstudien-Ergänzungshefte 95), Bonn: Bouvier, 1968.

Henrich, Dieter: "Ethik der Autonomie". In: idem, *Selbstverhältnisse* (Stuttgart: Reclam,1982), S. 6-56.

Hick, John: *An Interpretation of Religion: Human Responses to the Transcendent*. Houndmills: The Macmillan Press, 1989.

Hildebrand, Dietrich von: *Die Idee der sittlichen Handlung/Sittlichkeit und ethische Werterkenntnis.* Darmstadt: Wissenschaftliche Buchgesellschaft, 1969.

Kant, Immanuel: *Träume eines Geistersehers, erläutert durch Träume der Metaphysik.* In: *Kants Gesammelte Schriften* (Akademieausgabe, Berlin: Walter de Gruyter, 1902ff.), Bd. 2, S. 315-373.

————: "Untersuchung über die Deutlichkeit der Grundsätze der natürlichen Theologie und der Moral" in: *Kants Gesammelete Schriften* (Akademieausgabe), Bd. 2, S. 273-301.

————: *Grundlegung zur Metaphysik der Sitten.* In: *Kants Gesammelte Schriften* (Akademieausgabe), Bd. 4, S. 385-463.

————: *Kritik der praktischen Vernunft.* In: *Kants Gesammelte Schriften* (Akademieausgabe), Bd. 5, S. 1-163.

————: *Kritik der Urteilskraft.* In: *Kants Gesammelte Schriften* (Akademieausgabe), Bd. 5, S. 165-485.

————: *Die Religion innnerhalb der Grenzen der bloßen Vernunft.* In: *Kants Gesammelte Schriften* (Akademieausgabe), Bd. 6, S. 1-202.

————: *Die Metaphysik der Sitten.* In: *Kants Gesammelte Schriften* (Akademieausgabe), Bd. 6, S. 203-493.

————: *Anthropologie in pragmatischer Hinsicht.* In: *Kants Gesammelte Schriften* (Akademieausgabe), Bd. 7, S. 117-333.

————: "Beantwortung der Frage: Was ist Aufklärung?". In: *Kants Gesammelte Schriften* (Akademieausgabe), Bd. 8, S. 33-42.

————: "Mutmaßlicher Anfang der Menschengeschichte". In: *Kants*

Gesammelte Schriften (Akademieausgabe), Bd. 8, S. 107-123.

——: "Über den Gemeinspruch: Das mag in der Theorie richtig sein, taugt aber nicht für die Praxis". In: *Kants Gesammelte Schriften* (Akademieausgabe), Bd. 8, S. 273-313.

——: "Was heißt: Sich im Denken orientieren?". In: *Kants Gesammelte Schriften* (Akademieausgabe), Bd. 8, S. 131-147.

——: *Zum ewigen Frieden.* In: *Kants Gesammelte Schriften* (Akademieausgabe), Bd. 8, S. 341-386.

——: *Vorarbeiten zu Die Metaphysik der Sitten.* In: *Kants Gesammelte Schriften* (Akademieausgabe), Bd. 23, S. 207-419.

——: *Kritik der reinen Vernunft.* Hrsg. von Raymund Schmidt, Hamburg: Felix Meiner, 1976.

Lee, Ming-huei (李明輝): *Das Problem des moralischen Gefühls in der Entwicklung der Kantischen Ethik.* Taipei: Institute of Chinese Literature and Philosophy, Academia Sinica, 1994.

Legge, James: *The Life and Teachings of Confucius.* London: N. Trübner, 1872.

Liu, Shu-hsien (劉述先): "The Religious Import of Confucian Philosophy: Its Traditional Outlook and Contemporary Significance". *Philosophy East and West*, Vol. 21, No. 2 (April 1971), pp. 157-175.

Menzer, Paul (Hg.): *Eine Vorlesung Kants über Ethik.* Berlin: Pan Verlag Rolf Heise, 1924.

Nohl, Hermann (Hg.): *Hegels theologische Jugendschriften.* Tübingen J.C.B. Mohr, 1907.

Polanyi, Michael: "Tacit Knowing". In: idem, *The Tacit Dimension*, Garden City/N.Y.: Anchor Books, 1967.

Reich, Klaus: *Rousseau und Kant*. Tübingen: J.C.B Mohr, 1936.

Sala, Giovanni B.: *Kant und die Frage nach Gott*. Berlin: Walter de Gruyter, 1990.

———: *Kant über die menschliche Vernunft. Die Kritik der reinen Vernunft und die Erkennbarkeit Gottes durch die praktische Vernunft*. Weilheim-Bierbronnen: Gustav-Siewerth-Akademie, 1993.

Scheler, Max: *Der Formalismus in der Ethik und die materiale Wertethik*. Bern: Francke, 1966.

Schiller, Friedrich: "Über Anmut und Würde". In: Eduard von den Hellen (Hg.), *Shillers Sämtliche Werke* (Säkular-Ausgabe, Stuttgart/Berlin: Cotta, 1904/5), Bd. 11, S. 180-245.

Schmucker, Josef: "Der Formalismus und die materialen Zweckprinzpien in der Ethik Kants". In: Johannes B. Lotz (Hg.), *Kant und die Scholastik heute* (Pullacher philosophische Forschungen, Bd. 1, Pullach bei München: Verlag Berchmanskolleg, 1955), S. 155-205.

Schwemmer, Oswald: *Philosophie der Praxis. Versuch zur Grundlegung einer Lehre vom moralischen Argumentieren in Verbindung mit einer Interpretation der praktischen Philosophie Kants*. Frankfurt/M.: Suhrkamp, 1980.

Silber, John R.: "The Copernican Revolution in Ethics: The Good Reexamined". In: Robert Paul Wolff (ed.), *Kant: A Collection of Critical Essays* (Notre Dame: University of Notre Dame Press, 1967), pp. 266-290.

Tillich, Paul: *Dynamics of Faith*. New York: Harper & Row, 1957.

——: *Religionsphilosophie*. In: Paul Tillich: *Gesammelte Schriften*, Bd. 1, S. 297-388; also included in: Max Dessoir (Hg.): *Lehrbuch der Philosophie*, Bd. 2: "Die Philosophie in ihren Einzelgebieten" (Berlin: Ullstein, 1925), S. 765-835; Paul Tillich: *What Is Religion?* (New York: Harper & Row, 1969), pp. 27-121.

——: *Wesen und Wandel des Glaubens*. In: Paul Tillich: *Gesammelte Schriften* (Stuttgart: Evangelisches Verlagswerk, 1970), Bd. 8, S. 111-196.

Tu Wei-ming (杜維明): *Centrality and Commonality: An Essay on Chung-Yung*, Honolulu: University of Hawaii Press, 1976.

——: *Centrality and Commonality: An Essay on Confucian Religiousness*. Albany: State University of New York Press, 1989.

Wolff, Christian: V*ernünftige Gedanken von der Menschen Thun und Lassen, zu Beförderung ihrer Glückseligkeit*. Frankfurt u. Leipzig, 1733.

人名索引

二、西文人名

概念索引

儒家與康德（增訂版）

2018年11月 增訂一版　　　　　　　　　　　　　　定價：新臺幣420元
2021年7月 增訂一版二刷
有著作權・翻印必究
Printed in Taiwan.

著　　　者	李　明　輝	
叢書編輯	黃　淑　真	
特約編輯	王　又　仕	
內文排版	王　又　仕	
封面設計	兒　　　日	

出　版　者	聯經出版事業股份有限公司	副總編輯	陳　逸　華
地　　　址	新北市汐止區大同路一段369號1樓	總編輯	涂　豐　恩
叢書編輯電話	(02)86925588轉5322	總經理	陳　芝　宇
台北聯經書房	台北市新生南路三段94號	社　　長	羅　國　俊
電　　　話	(02)23620308	發行人	林　載　爵
台中分公司	台中市北區崇德路一段198號		
暨門市電話	(04)22312023		
台中電子信箱	c-mail：linking2@ms42.hinet.net		
郵政劃撥帳戶第0100559-3號			
郵撥電話	(02)23620308		
印　刷　者	世和印製企業有限公司		
總　經　銷	聯合發行股份有限公司		
發　行　所	新北市新店區寶橋路235巷6弄6號2樓		
電　　　話	(02)29178022		

行政院新聞局出版事業登記證局版臺業字第0130號

本書如有缺頁，破損，倒裝請寄回台北聯經書房更換。　　ISBN　978-957-08-5194-6 (平裝)
聯經網址：www.linkingbooks.com.tw
電子信箱：linking@udngroup.com

國家圖書館出版品預行編目資料

儒家與康德（增訂版）/李明輝著 . 增訂一版 . 新北市 .
聯經 . 2018年11月（民107年）. 336面 . 14.8×21公分
ISBN　978-957-08-5194-6（平裝）
[2021年7增訂一版二刷]

1.康德（Kant, Immanuel, 1724-1804）　2.儒家

121.2　　　　　　　　　　　　　　　　107017362